本书出版得到“西北师范大学重点学科建设经费”、西北师范大学国家级“新农村发展研究院”,以及西北师范大学“青年教师科研能力提升计划”资助。

魏彦珩◎著

公司治理法律关系的均衡机制

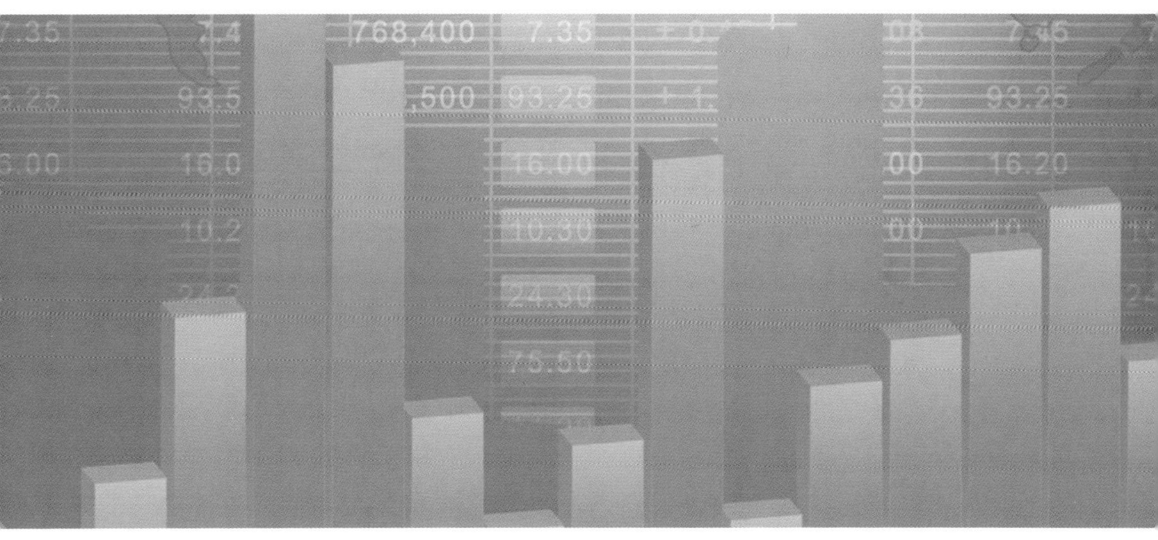

中国社会科学出版社

图书在版编目(CIP)数据

公司治理法律关系的均衡机制／魏彦珩著．—北京：中国社会科学出版社，2015.12

（企业发展理论与实践丛书）

ISBN 978－7－5161－7358－9

Ⅰ.①公… Ⅱ.①魏… Ⅲ.①公司法—研究—中国 Ⅳ.①D922.291.914

中国版本图书馆CIP数据核字(2015)第313140号

出 版 人 赵剑英
责任编辑 王 茵
特约编辑 王 衡
责任校对 董晓月
责任印制 王 超

出 版 中国社会科学出版社
社 址 北京鼓楼西大街甲158号
邮 编 100720
网 址 http://www.csspw.cn
发 行 部 010－84083685
门 市 部 010－84029450
经 销 新华书店及其他书店

印 刷 北京君升印刷有限公司
装 订 廊坊市广阳区广增装订厂
版 次 2015年12月第1版
印 次 2015年12月第1次印刷

开 本 710×1000 1/16
印 张 16.5
插 页 2
字 数 245千字
定 价 59.00元

凡购买中国社会科学出版社图书，如有质量问题请与本社营销中心联系调换
电话：010－84083683

《企业发展理论与实践丛书》编委会

总　序

企业是国民经济的细胞，是市场经济的主体，是技术进步的主导力量，是社会财富的创造者，是社会文明与物质进步的倡导者与推动者。企业发展水平决定社会与经济的发展水平。

改革开放30多年，虽然我国企业在数量、规模和创造财富的能力等方面飞速发展，但如今仍面临生死存亡的严峻挑战：2008年经济危机的后续影响带来的经济增长减速、市场需求滞缓导致实体经济效益下滑，越来越多的企业生存困难，企业停产、破产数量增加；企业发展模式中对固定资产投资的路径依赖限制了企业技术进步的积极性，导致企业技术创新动力不足，产品附加值低，在国际分工和全球价值链上处于中低端；技术创新动力不足，缺乏核心技术，部分企业成为实质上的“加工制造商”，压缩了企业的利润空间，降低了企业抗风险能力，加剧了同质竞争，非正常竞争手段被频繁运用，助长了企业经营中的“劣币驱逐良币”现象；高速发展过程中忽视商业伦理建设，导致企业在追求利润的同时忽视其作为“公司公民”应承担的社会责任，牺牲环境创造利润的现象屡禁不绝，食品安全、产品严重质量缺陷等问题时有发生，使企业和企业家的社会形象受到损害；忽视现代企业制度建设、治理制衡机制缺乏、所有者与经营者权利纷争等问题严重困扰企业长期发展；中小微企业虽然在吸收就业、经营创新等方面发挥着重要作用，但获得的支持远远无法支撑其发展需要，导致其获利能力与抗风险能力弱于大企业，其发展战略与支持政策研究仍有待深入；企业在日常经营管理中，对市场信息把握不够及时，捕捉市场机会的能力不足，导致企业“蓝海战略”制定能力和执行力不足，“红海竞争”缩短了企业的生命周期；企业薪酬分配中内部薪酬差距过大，对员工的成就导向、敬业度等积极工作心理与工作行为产生不利影响；等等。

创百年企业、树百年品牌是每个企业可持续发展的“梦”。系统介绍企业竞争情报分析的原理、工具与手段，帮助企业用科学手段参与市场竞争，在纷繁复杂的环境中发现机遇，捕捉稍纵即逝的市场机会；解读并建立企业股东会内部股东关系的均衡，股东会与董事会关系的均衡，股东会与监事会关系的均衡，董事会与监事会关系的均衡，股东会、董事会、监事会与经理层关系的均衡，公司财务控制权分配的均衡，关联公司关系的均衡，公司与债权人关系的均衡，健全公司与社会关系等均衡关系治理机制，保障企业运营；深入分析小微企业发展的战略重点、战略原则与战略政策，从融资发展战略、自主创新战略、集群发展战略与社会化服务体系建设等方面，提出小微企业的发展环境、政策及战略；在视角创新与理论创新的基础上深入研究薪酬差距拉大的客观现实，回答宏观层面劳动报酬增长对物价水平增幅的联动作用，解析企业层面持续增大的薪酬差距对企业绩效产生的积极作用，以及薪酬差距对员工积极性工作心理与行为产生影响的情境等问题，对提高企业管理水平，增强企业环境竞争力，保障企业可持续发展，实现人民生活水平提高与经济增长同步，建设和谐社会意义重大。

序　言

时至今日，经济的全球化已经达到了登峰造极的程度，不但任何一个国家不可能离开世界经济体系独善其身，即使一家普通的企业也或多或少，或直接或间接地受世界经济形势的影响和制约。无论是国家之间还是企业之间，都在一个统一的世界市场平台上进行竞争。国家间的经济竞争实际上取决于企业间的竞争，企业是各国派到世界市场上的排头兵，可以说，国家间的经济竞争胜负取决于各国企业间的竞争格局。企业的活力、盈利能力乃至综合竞争力归根结蒂取决于企业的治理机制的有效性和治理水平，所以，企业间的竞争格局取决于企业治理机制的效率。近一个世纪以来，企业治理问题成为法律界、经济界、管理界的热门问题，对企业治理的研究也成了这些领域的显学，各国企业立法也在不断调整企业治理的法律制度，完善企业治理的法律机制，以提高本国企业治理机制的效率。现代市场经济环境下，企业的主要形态是以有限责任制度为基础的公司制企业，所以企业治理问题主要是公司治理的问题。

对公司治理问题的研究有很多角度，比如法律的角度、经济的角度、管理的角度等。从管理角度研究公司治理主要是揭示公司内部组织结构安排的最佳状态、对经营者的有效激励等，从经济角度研究公司治理主要是利用微观经济学的均衡理论寻找和揭示公司投入产出等经营活动的均衡点，从法律角度研究公司治理主要是发现和设计公司治理中各种法律关系安排的最佳制度。公司治理是由一系列关系构成的关系网，这些关系都是以权利义务为内容的法律关系，通过公司法律制度为这些治理关系设计出最佳的权利义务分配方案是提升公司治理水平的基础，是提升公司治理的经济效益和管理效益的基础。因此，公司治理的法律关系研究更具基础意义。无论是从经济的角度研究公司治理，还是从管理的角度研究公司治理，对公司治理法律关系的科学合理设计是基础，这也是欧、美、日、韩等主要市场经济国家这些年来频繁修订《公司法》的原因所在。我国《公司法》自2005年大修以后虽然比之前有了长足的进步，但是，还有一些制度设计不尽合理，有待将来修法时改进；在用来调整丰富多彩的公司治理关系时发现还有很多法律漏洞，有待将来修法时填补，这些都是对我国公司治理法律关系进行研究和总结的必要性所在。

公司治理中的法律关系荦荦大者有：股东之间的法律关系，股东与公司之间的法律关系，股东及股东会与董事会、监事会、高级管理人员之间的关系，董事、监事、高级管理人员与公司之间的关系，监事及监事会与董事、董事会、高级管理人员之间的关系，股东、董事、高级管理人员等公司内部人与公司的交易相对人之间的关系，公司与员工之间的关系、公司与政府之间的关系，公司与社会之间的关系，公司与国家之间的关系，等等。维持公司治理法律关系的平衡和稳定是公司得以正常开展经营活动的基础。但是，公司治理法律关系是动态的，不是静态的，是在平衡—平衡被打破—恢复平衡这样一个动态过程寻求平衡。本研究通过梳理公司治理各种法律关系中各方当事人的权利义务，使其明确自己的权利（力）边界和义务底线，恰当地行使权利，充分地履行义务，以实现两个目标：一是使得公司治理各方参与者顾及到成本问题，因而没有积极性打破公司治理法律关系的均衡，二是当这种均衡被打破以后，能够通过有效法律机制尽快回复均衡，使违反规则者付出相应的成本。我国公司法律法规对公司治理有关法律关系的规定散见于不同的法律文件中，在同一法律文件中，对同一法律关系的规定也常常散见于不同的条款中，给公司治理当事人正确适用带来很大的不便，另外，与千变万化的公司治理实践和千奇百怪的公司治理问题相比照，我国公司法律制度对很多公司治理关系中的权利义务及救济措施未作明确规定，这就需要根据有关法律理论进行漏洞填补，尽可能为失衡的公司治理法律关系找到恢复平衡的途径。

本研究的目的，一方面通过梳理现行公司法律法规对公司治理关系的规范，为公司治理实践正确适用法律法规维护公司治理关系的平衡和恢复失衡的治理关系提供便利，另一方面结合丰富多彩的公司治理实践案例和发生的问题，揭示公司法律法规在公司治理法律关系规范上存在的法律漏洞，并提出符合法理的解决方案，为正当解释《公司法》提供借鉴，也为将来进一步修订完善《公司法》提供借鉴。

目　录

第一章

股东关系的均衡

公司是股东出资设立的，没有股东的出资，公司就不可能存在。股东关系是公司关系群中最重要的一种关系。如果公司股东之间的关系没有理顺，没有实现均衡，就会给公司经营带来很大麻烦，甚至不可能开展正常经营活动。

第一节　股东之间出资契约关系的均衡

有限责任公司设立时的股东、股份有限公司的发起人在设立公司的过程中，他们之间就设立公司形成了契约关系。为了明确相互之间的契约关系以及各自的权利义务，通常会签订书面的股东协议或发起人协议，这是公司设立过程中股东或发起人行使权利、履行义务的基本依据，相当于公司章程的雏形，在公司成立后，其主要内容会被公司章程吸收。

一　股东应当按照约定全面履行出资义务

有限责任公司股东或股份公司发起人的出资是设立公司基本条件，也是股东之间约定的基本义务。公司设立过程中，股东或发起人向公司出资的义务在股东或发起人相互之间是一种契约义务。股东或发起人向公司出资是履行股东或发起人之间约定的义务。至于出资方式，《中华人民共和国公司法》（以下简称《公司法》）第二十七条规定：股东可以用货币出资，也可以用实物、知识产权、土地使用权等可以用货币估价并可以依法转让的非货币财产作价出资；但是，法律、行政法规规定不得作为出资的财产除外。可以用来作为股东出资的非货币财产的形式可以多种多样，包括股权、债权等财产。设立公司时，在有限责任公司中要计算各股东通过出资取得的公司的股权比例，在股份公司中要计算股东通过出资获得的股份数，所以对股东各种形式的出资，要量化为货币，才可以按统一标准计算出资额和计算股权比例或股份数。因此，对作为出资的非货币财产应当评估作价，核实财产。在评估作价时，应当遵循法律、行政法规规定的规范，股东之间应当互相监督，评估机构应当依法公正评估，不得高估或者低估作价。股东或发起人完全履行出资义务须把握好三个关键环节：一是按期出资。我国《公司法》规定，公司注册资本实行认缴制，股东认缴出资或约定股份以后，可以根据约定或公司章程规定分期缴纳。只要是根据约定，按期缴纳了每一期出资，即为按期履行出资义务。二是足额出资。股东应当足额缴纳所认缴的每一期出资。对于货币出资，是否足额是清楚的。对于非货币出资，即实物出资，要通过法定的评估机构和评估程序，将其量化为货币，这时就存在被高估或低估的可能，如果被高估，即构成该股东出资的不足额。三是完成出资的所有权转移。股东向公司出资的性质是向公司转让所出资货币或实物资产的所有权。对于货币出资，股东须将其缴存至设立时公司在银行开立的临时账户；对于实物出资，股东须向公司实际交付、转移占有，使公司实现对该出资的实际占有；如果出资标的是所有权需要登记公示的不动产、知识产权等财产，出资股东还应当完成所有权的变更登记，将所出资财产登记到公司的名下。

二　股东之间违反出资约定的违约责任

如果股东没有按股东协议或发起人协议向公司履行出资义务或没有完全履行约定的出资义务，除了继续向公司履行出资义务外，对其他股东或发起人构成违约，应当向已按期足额缴纳出资的股东承担违约责任。究竟需要承担什么样的违约责任，取决于股东协议或发起人协议的约定，这是股东或发起人意思自治范围内的事情，法律未做强制性规定。协议可以事先约定违约金的具体数额，也可以约定违约金或违约责任的计算方法。在没有约定的情况下，如果可以客观地计算出违约给已按期缴纳出资的股东造成的损失数额，则违约股东应当承担该违约损害赔偿责任。如果既没有约定违约金或违约金计算方法，也没有造成实际损失或实际损失无法计算，则违约股东可能不会实际承担违约责任。股东与公司之间的出资和接受出资的关系是另一法律关系。

三　股东、发起人之间承担向公司补足出资的连带责任

对于股东与公司之间的出资关系来说，有限责任公司设立时的股东、股份有限公司发起人相互之间对按期足额缴纳出资承担连带责任。对于股份有限公司，《公司法》第九十三条规定：股份有限公司成立后，发起人未按照公司章程的规定缴足出资的，应当补缴；其他发起人承担连带责任。股份有限公司成立后，发现作为设立公司出资的非货币财产的实际价额显著低于公司章程所定价额的，应当由交付该出资的发起人补足其差额；其他发起人承担连带责任。股份有限公司发起人相互之间对缴足货币出资或非货币出资均承担连带责任，这是为了保护广大公众股东的合法权益，加重了发起人的责任。对于有限责任公司，《公司法》第三十条规定：有限责任公司成立后，发现作为设立公司出资的非货币财产的实际价额显著低于公司章程所定价额的，应当由交付该出资的股东补足其差额；公司设立时的其他股东承担连带责任。至于有限责任公司股东未按期缴足货币出资的，公司设立时的其他股东是否对此承担连带责任，《公司法》未作明确规定，根据《最高人民法院关于适用〈中华人民共和国公司法〉若干问题的规定（三）》（以下简称为“《公司法》司法解释（三）”）第十三条第三款规定，股东在公司设立时未履行或者未全面履行出资义务，公司的发起人与被告股东承担连带责任。据此，通过司法解释，明确了无论是有限责任公司还是股份有限公司，设立时的股东或发起人，相互之间承担完全履行出资义务的连带责任。

有限责任公司设立时的股东、股份有限公司发起人之间的这种连带缴纳出资或补足出资的责任会一直持续到公司解散清算或破产清算阶

段。公司解散时，股东尚未缴纳的出资均应缴付公司作为公司的清算财产，用来清偿公司债务。股东尚未缴纳的出资，包括到期应缴未缴的出资，以及依照《公司法》规定或公司章程规定分期缴纳尚未届满缴纳期限的出资。公司财产不足以清偿债务时，债权人有权主张未缴出资股东，以及有限责任公司设立时的其他股东或者股份有限公司发起人在未缴出资范围内对公司债务承担连带清偿责任。如果股东的非货币出资的实际价额显著低于公司章程所定价额，公司债权人有权主张缴付该出资的股东补足差额，并有权主张有限责任公司设立时的股东、股份有限公司发起人对此差额承担连带补足责任。

无论在哪种情况下，有限责任公司设立时的股东、股份有限公司发起人对其他股东或发起人缴足或补足出资承担连带责任后，有权向未缴足出资或应当补足出资的股东行使追偿权。

四　股份公司发起人与认股人之间的法律关系

在募集设立股份有限公司的情形中，发起人与其他认股人之间还有特别的出资关系，即公司不能成立时，发起人对认股人已缴纳的股款，负返还股款并加算银行同期存款利息的连带责任。发起人对认股人承担退还股款本息的连带责任后，发起人之间如何分担责任，由发起人协议约定。一般有发起人按照认缴出资比例分担和发起人平均分担两种情形。在没有约定或约定不明的情况下，应当优先考虑平均分担。发起人涉及实际出资人与名义股东的问题时，应当由作为名义股东的发起人首先承担《公司法》上的连带返还认股人出资本息的责任，然后由作为名义股东的发起人与其他发起人之间分配责任，名义股东与实际出资人之间的关系作为另外的法律关系处理。但是，如果实际出资人与名义股东的关系已经向其他发起人作了披露，则在发起人之间分配责任的关系中，实际出资人应当与名义股东之间承担连带责任。

第二节　股东之间的股权或股份转让关系及其均衡

股东转让部分或全部股权或股份实际上是部分或全部退出公司

的机制之一。一方面，为了鼓励公众对公司投资，《公司法》需要设计好股东退出公司的机制，只有能够自由地退出，公众才愿意向公司投资，如果进去了就退不出来或者退出渠道不畅，大多数人就不愿意进入公司；另一方面，在维护股东进出自由权的同时，《公司法》还要维护公司存续的相对稳定性，不能因为股东的自由进出破坏公司正常的经营活动。《公司法》对股东股权或股份转让关系的调整即是对这两方面法益的平衡保护。

一　有限责任公司股东股权转让关系及规则

有限责任公司股权转让关系分为股东之间转让股权和股东向股东以外的人转让股权两种情形，两种情形下转让规则也不相同。

（一）有限责任公司股东之间转让股权的规则

《公司法》规定，有限责任公司的股东之间可以相互转让其全部或者部分股权。股东之间的股权转让由转让方与受让方之间就股权转让的数量、价格等协商确定，不涉及其他股东的权利义务，其他股东也无权干涉。不过基于诚信合作原则，转让方与受让方应当将股权转让事项向其他股东予以告知，但告知不是转让股权行为的生效要件。

（二）有限责任公司股东向股东以外的人转让股权的规则

有限责任公司股东向股东以外的人转让股权，应当经其他股东过半数同意。股东应就其股权转让事项书面通知其他股东征求同意，其他股东自接到书面通知之日起满三十日未答复的，视为同意转让。其他股东半数以上不同意转让的，不同意的股东应当购买该转让的股权；不购买的，视为同意转让。股东以外的人受让有限责任公司股权意味着其加入公司。但是，基于有限责任公司的资合兼人合属性，为了维护有限责任公司的人合性基础，股东向股东以外的人转让股权导致新股东加入的行为应当受到现有股东意思表示的约束，否则，放任股东以外的任何人通过受让股权加入公司必定破坏有限责任公司的人合性基础，有限责任公司的股东在五十人以下，股东之间的相互信任对公司的正常经营管理活动起着至关重要的作用。但是，有限责任公司又不像普通合伙企业那样完全以人合性为基础，所以《公司法》并未规定股东向股东以外的人转让股权亦即其他人加入公司需要全体股东同意，而是只要求除转让股权的股东以外的其他股东过半数同意即可，体现了半资合半人合属性。过半数应当不包括半数，即只有其他股东恰好半数同意时，该股东不得对外转让股权。但是，在股东转让股权的权利与其他股东是否同意其向外转让股权的权利之间，《公司法》优先保护股东的股权转让权即退出权，如果其他股东不同意，就必须受让该股权，不受让即视为其同意转让。不能既不同意股东向外转让股权，自己又不受让，堵死股东退出的渠道。至于不同意向外转让股权的股东购买股权的价格是按照向股东以外的人转让的价格还是另行确定价格，比如评估定价，法律和司法解释都没有明确的规定，笔者认为转让方有权要求不同意的股东以与股东以外的受让人所出的相同价格受让股权，因为股东的优先受让权应当是在同等条件下的优先受让权，价格无疑是转让股权最重要的条件。如果股东以外的人出价高于其他股东，转让股权的股东当然有权向股东以外的人转让。如果转让方与拟受让股权的外人尚未确定股权转让价格，不同意的股东以何价格受让该股权，值得探讨。可以考虑到的方案有：一是双方协商；二是聘请第三方评估确定；三是通过拍卖竞价的方式向市场询价。不过无论如何，公司章程可以对此事先作出规定。

需要特别注意的是，拟向股东以外的人转让股权的股东应当以书面方式通知其他股东并征求其是否同意的意见。如果未向其他股东书面通知并获得其他股东过半数同意，就向股东以外的人转让股权，该转让效力如何看待，有五种不同观点：有效说、无效说、效力待定说、可撤销说、附生效条件说等。笔者认为，结合《中华人民共和国合同法》（以下简称为《合同法》）精神看，《公司法》第七十一条规定的有限责任公司股东向股东以外的人转让股权须经其他股东过半数同意不是股权转让合同生效的要件，对于股权的转让人和受让人来说，双方意思表示真实且达成一致为已足，所以无效说、效力待定说和附生效条件说在法理上难以说通。应当认定股权转让合同本身有效，但是其他欲行使优先受让权的股东可以请求人民法院撤销股权转让协议。对于行使撤销请求权的期限，法律没有明确规定，一般审判实践认为应当在知道或应当知道撤销事由之日起的合理期限内行使，所以其他股东如果要以行使优先购买权为由行使撤销请求权的，应当及时行使。如果其他股东行使撤销请求权，获得人民法院的支持，即人民法院判令撤销了股权转让合同，则行使撤销请求权的其他股东应当以原转让价格受让所转让的股权。有一种观点认为，股权转让合同作为商事合同与民事合同不同，股权转让合同在转让人和受让人之间有效，未经其他股东过半数同意的，该转让合同相对于其他股东和公司是无效的，[①] 加之，股权受让人在受让股权时应当承担审查公司内部关于股权转让的有关决议文件的义务，受让人未履行此等审查义务的，应当认定其受让股权的权利具有瑕疵。在公司不配合办理工商登记的情况下，股权受让人无法在工商行政管理机关登记为股东，受让人无法取得股东资格，股权转让合同无法完全履行，股权转让合同的目的不能实现，转让人应当承担违约责任。如果受让人明知股权转让未经公司内部决议程序仍受让股权的，应承担相应责任。

其他股东要行使优先购买权的，如果知悉受让人，为了更有力地保护自己的优先权，可以将行使优先购买权的意思表示以书面形式通知受让人，以阻止其受让股权，也为将来请求人民法院撤销股权转让协议增加理由。两个以上股东主张行使优先购买权的，协商确定各自的购买比例，或者按人数平均受让；协商不成的，按照转让时各自的出资比例行使优先购买权。还有一个问题：股东要向股东以外的人转让股权，其他股东表示了优先受让的意思表示后该股东不转让股权了，算不算违约？笔者认为不算违约。一是转让股东与意欲受让股东之间尚未达成意思表示的一致。二是股东是否转让股权的权利应当优先于其他股东的优先受让权得到法律的保护，毕竟其他股东的优先受让权是以股东决定转让股权为前提条件的。

人民法院依照法律规定的强制执行程序转让股东的股权时，应当通知公司及全体股东，其他股东在同等条件下有优先购买权。其他股东自人民法院通知之日起满二十日不行使优先购买权的，视为

① 最高人民法院民事审判第二庭编：《公司案件审判指导》，法律出版社 2014 年版，第 384 页。以下引用本书，只注书名和页码。

放弃优先购买权，股东以外的人就可以参与受让股权了。

其他股东对所转让股权的优先购买权应当是整体行使还是部分行使，法学理论界和司法实践中有不同的看法，典型的观点可归纳为三种。第一种观点认为股东优先购买权必须整体行使，不能对所转让的股权部分行使优先购买权。[①] 理由是同等条件包括了价格、标的在内的每个条件的集合，非单纯局限于价格条件。其他股东以同等条件行使优先购买权，不能仅在价格上达到同等条件，也应包括形成该价格的标的整体。该标的在数量上表现为特定比例的股权，这一特定的比例份额应当属于交易的条件。第二种观点认为优先购买权可以针对部分股权行使。[②] 理由如下：一是有限责任公司的股权是可分物，法律允许分割转让。二是《公司法》并不禁止对部分股权行使优先购买权，法无禁止即可为。三是有限责任公司兼具资合与人合性质，《公司法》为股东规定优先购买权，目的就是为了让股东通过行使优先购买权，维持公司的人合性基础，保持对公司的控制权，减少因新股东的加入而导致新老股东之间摩擦的可能，维护公司的稳定发展，维护股东的既得利益。允许部分行使优先购买权更有利于实现这一目的。四是有利于公司股东根据其财力状况和实现控制公司等利益最大化的需要做出选择，既可以部分行使优先购买权，也可以整体行使优先购买权。第三种观点认为，能否针对所转让股权部分行使优先购买权，应当根据个案具体分析，不可一概而论。[③] 在股东转让股权时，其他股东能否部分行使优先购买权，应当取决于股东以外的股权拟受让人。如果拟受让人是以整体受让股权为条件的，把所转让股权分割以后，无论价格如何，他就不再受让剩余股权了，说明股权整体转让是受让的条件之一，这时欲行使优先购买权的其他股东应当将整体受让股权作为同等条件接受，哪怕股东数人合作受让全部也行，不能只针对部分股权行使优先购买权，否则，其只针对部分股权行使优先购买权后，剩余

① 赵旭东主编：《新公司法实务精答》，人民法院出版社 2005 年版，第 184 页。

② 江平、李国光主编：《最新公司法培训教程》，人民法院出版社 2005 年版，第 129 页。

③ 参见《公司案件审判指导》，第 383 页。

股权就无法转让了。这时，其他股东如果坚持优先受让部分股权，应当认定为其不接受“同等条件”。笔者赞成第三种观点。《公司法》既规定了股权的自由转让原则，这是为了让股东能够通过转让股权自由退出公司，也规定了其他股东的优先购买权，把股东对自己所持股权的转让权与其他股东对该股权的优先购买权两种权利相比较，无疑股东的转让权应当优先于其他股东的优先购买权，也就是说，行使优先购买权应当以不妨碍股权的转让为前提条件，优先购买权是其他股东对抗股东以外的受让人的受让权的权利，不是对抗股东对其股权的转让权的权利。当股东转让其股权时，面对其他股东和股东以外的受让人，应当在同等条件下，将股权转让给其他股东，但不能造成为了照顾其他股东的优先购买权而导致股权无法转让的局面，否则，就是其他股东的优先购买权侵害到了股东的股权转让权了，此非立法本意。

股权转让后，公司应当向受让人出具出资证明书，将受让人记载于股东名册，修订公司章程，并办理工商变更登记。但是记载于股东名册和工商变更登记不是股权转让合同生效的法定要件，股权转让合同遵循意思自治原则，只要股权转让行为合法有效，公司拒不履行上述义务的，股权受让人可以诉请人民法院判令公司办理相关手续。当然，根据合同的意思自治原则，股权转让合同当事人约定变更工商登记为合同生效要件的，其约定有效，当且仅当约定的生效要件成就时，合同生效。

对于有限责任公司股权转让，《公司法》第七十一条第四款规定，“公司章程对股权转让另有规定的，从其规定。”因为有限责任公司是封闭公司，股东人数法定在五十人以下，既方便协商决议，又不涉及广大公众利益，所以《公司法》充分尊重了股东的意思自治权利，只要公司章程对股权转让有规定，即优先适用章程的规定。而且，经工商登记的公司章程具有公示效力，可以对抗第三人，违反章程的强制性限定条件的股权转让是无效的。但是，在这个问题上要区分初始章程与修订章程的不同。公司的初始章程是有限责任公司股东、股份有限公司发起人全体一致通过制定的，而且在公司成立之前制定，具有合同的意思表示一致的属性，初始章程对股权转让做出的限制，签署者应当无条件遵守；公司成立以后，章程的修订只需要有限责任公司股东所持表决权三分之二以上同意就通过，而且修订公司章程的主体是公司，修订内容是公司的意思表示，不是股东个体的意思表示，股东会、股东大会是作为公司的意思机构做出修订章程的决议，股东会、股东大会不是独立的法律主体。修订章程内容可以对股权转让的程序做出限制性规定，但不应对股东处分股权的实体权利做出限制，除非股东同意，否则此等限制应为无效，因为股权作为股东的私人财产权，他人无权做出限制。比如章程规定非经一定比例股东的同意，股东不得转让其所持股权，这就造成了限制股权自由转让的基本原则，也堵死了股东的退出渠道。[①]

（三）有限责任公司新增资本时股东的认缴规则

有限责任公司新增资本时，股东有权优先按照实缴的出资比例认缴出资。但是，全体股东约定不按照出资比例优先认缴出资的除外，比如可以约定按人数平均认缴，或约定按其他不规则数额认缴，只要全体股东一致同意即可。有约定从约定，没有约定从法定。按照实缴的出资比例（不是认缴的出资比例）认缴公司新增资本是法定规则。

（四）有限责任公司股权的继承

有限责任公司股权的转让还有一种特殊情形，即股权的继承。有限责任公司自然人股东死亡后，其合法继承人是否可以继承股东资格的问题，《公司法》第七十五条规定，公司章程有规定，从规定；没有规定，从法定。该条规定，有限责任公司自然人死亡后，其合法继承人可以继承股东资格。如果股东看重股东之间的人合性基础，可以在章程中规定，自然人股东死亡后，未经其他股东全体一致或者一定比例同意，其合法继承人不得继承股东资格，而是对死者生前股权通过清算按减资处理，并无不可。

（五）出资瑕疵与股权转让的关系

股权转让合同不因转让人瑕疵出资而无效。瑕疵股权转让纠纷常见的有两种情形：一是受让人明知股权瑕疵而受让；二是受让人

---

① 参见钱玉林《公司章程对股权转让限制的效力》，《法学》2012 年第 10 期；钱玉林《公司章程“另有规定”检讨》，《法学研究》2009 年第 2 期；刘俊海《股东权法律保护概论》，人民法院出版社 1995 年版，第 24 页。

在不知悉股权瑕疵的情况下受让股权，一般是由于转让人的隐瞒导致的。受让人明知转让人的出资有瑕疵而受让的，受让股权后当然承担对公司或公司债权人弥补出资瑕疵的责任。转让人隐瞒出资瑕疵转让股权的，属于《合同法》第五十四条规定的欺诈情形，受让人有权以欺诈为由请求人民法院或仲裁机构变更或撤销股权转让合同，当然，受让人完全有权利选择弥补出资瑕疵后享有股东权利。至于受让人弥补出资瑕疵后向转让人进行追偿属于另一个法律关系。瑕疵出资股权转让后，对公司来说，瑕疵出资的民事责任由转让人与受让人连带承担，转让人或受让人不得以内部关于责任承担的约定对抗公司和公司债权人。对公司债权人等第三人来说，根据《公司法》第三十二条规定，由登记于工商档案的股东在出资瑕疵范围内连带承担公司债务。

（六）有限责任公司股权转让过程中的纠纷处理

股东将其无权处分的股权转让，或者股东将股权转让后尚未到公司登记机关办理变更登记，原股东将已转让但仍登记于其名下的股权再行转让、质押或者以其他方式处分，使用善意取得制度，受让股东可以依据《中华人民共和国物权法》（以下简称为《物权法》）第一百零六条规定行使权利，即受让股东可以以其对于股权享有实际权利为由，请求人民法院认定在后的处分股权行为无效，并有权追回股权。但是，基于保护善意第三人利益的原则，除法律另有规定外，同时符合下列条件的，在后的受让人取得该股权所有权：①受让人受让该股权时是善意的；②以合理的价格转让；③转让的股权已经在公司登记机关办理了变更登记。在后的受让人取得股权的，在先的受让人有权向转让股东请求赔偿损失，转让股东应当承担赔偿责任。转让股东处分股权造成在先受让股东损失，对于未及时办理变更登记有过错的公司董事、高级管理人员或者实际控制人，受让股东有权请求其承担相应责任，但是，受让股东对于未及时办理变更登记也有过错的，可以适当减轻董事、高级管理人员或者实际控制人的责任。

股权转让合同所依赖的公司决议被判决无效、撤销或不存在后，对股权转让合同效力的影响如何判定，是一个复杂的问题。司法实践中有人认为应当区分股东内部转让与向股东以外的人转让两种情形，处理上内外有别。如果是股东内部转让股权，公司关于股权转让的决议被判决无效、撤销或不存在后，股权转让合同丧失效力，股权恢复到转让前的状态。对决议瑕疵负有责任的股东应当向无过错的股东承担损害赔偿责任。如果股权转让给公司以外的第三人，应尽量适用代表权、表见代理等法则保护因信赖公司决议有效而交易的善意第三人的利益，维持股权转让的效力。当然，第三人明知公司关于股权转让的决议存在瑕疵而受让股权的，则股权转让的效力应当被否定。①

经营特殊业务的公司，或者中外合资、中外合作经营的公司，法律法规对公司的设立、出资人资格有特殊要求的，或者对股权转让需要经过批准，如果当事人就股权转让签订了合同，但未取得审批部门的批准的，股权转让合同应属有效，因未获批准不能履行时，应当对合同予以解除。如果是依照法律法规经批准才能生效的股权转让合同未获批准前属于合同未生效，不是无效，合同签订后，各方有义务报批或配合报批，有报批义务的一方，拒绝报批或配合报批的，其行为性质为阻止合同生效，对方可以请求人民法院判令其履行报批义务。《最高人民法院关于适用〈中华人民共和国合同法〉若干问题的解释（二）》第八条规定，有义务办理申请批准手续的一方当事人未按照法律规定或者合同约定办理申请批准手续的，人民法院可以判决相对人自行办理相关手续，对方当事人承担由此产生的费用。因未及时履行报批手续给对方造成损失的承担赔偿责任。

二　股份有限公司的股份转让规则

股份有限公司的股东可以自由转让其所持公司的股份，无须通知其他股东或取得其他股东的同意，其他股东也不享有优先受让权。股份有限公司新增资本时，既可以定向增资，即向特定人发行新股，包括向发起人定向发行新股，也可以向社会公众公开发行新

---

① 《公司案件审判指导》，第 391 页。

股，如果是向社会公众公开发行新股，发起人以及现有股东都不享有优先认购权。这是股份公司作为开放公司、公众公司不同于有限责任公司的地方。

但是，《公司法》对股份有限公司具有特殊身份的股东的股份转让权规定了限制条件，他们包括发起人，在公司担任董事、监事、高级管理人员职务的股东。《公司法》第一百四十一条规定：发起人持有的本公司股份，自公司成立之日起一年内不得转让。公司公开发行股份前已发行的股份，自公司股票在证券交易所上市交易之日起一年内不得转让。股份有限公司董事、监事、高级管理人员应当向公司申报所持有的本公司的股份及其变动情况，无论公司上市与否，在任职期间每年转让的股份不得超过其所持有本公司股份总数的百分之二十五；如果公司上市，董事、监事、高级管理人员所持本公司股份自公司股票上市交易之日起一年内不得转让。股份有限公司董事、监事、高级管理人员离职后半年内，不得转让其所持有的本公司股份。公司章程可以对公司董事、监事、高级管理人员转让其所持有的本公司股份做出其他限制性规定。法律做出这种规定的目的，一是加强这些在公司中具有特殊身份的股东对公司的责任；二是保护其他普通股东利益。问题是，《公司法》只做了限制性规定，并没有规定受限制股东违反法律转让其股份的法律责任，也没有规定违法转让以后的救济措施。如果这些特殊股东违反法律规定转让其所持有的股份有限公司的股份，转让合同是否有效？对其他普通股东是否构成侵权？其他普通股东可以通过什么程序救济？现行法律尚没有明确规定，需要进一步探讨。可以确定的是，在限售期内，有关主体即使转让了其所持不得转让的股份，其应当对公司承担的法律责任不得因此解除。

第三节　名义股东与实际出资人之间的关系均衡

有限责任公司出资人因为某种原因不愿意以股东身份出现时，与他人约定，由他人出面充当公司股东，行使出资人出资所对应的股权权利、履行相应义务。前者称为实际出资人，后者称为名义股东。形成名义股东现象的原因比较复杂多样，包括有些人为了不设立一人公司，由自己全部出资，再吸收一个人名义上充当股东，在他名下分配一定比例的股权；有的是实际出资人不符合股东条件（如人民警察等），有的是由实际出资人的近亲属作为名义股东，有的是为了特别的财产和身份安排等。

实际出资人与名义股东之间的这种约定和安排对于公司登记和公示造成负面影响，因此在很长一段时间内，均不被行政和司法机关认可。一旦发生纠纷，实际出资人的利益无法获得保护。但随着市场经济实践的发展和法治观念的进步，根据私法领域“法无禁止即可为”的原则，2011 年，《最高人民法院关于适用〈中华人民共和国公司法〉若干问题的规定（三）》颁布，首次明确了名义股东的概念，并对其与实际出资人发生纠纷时应当如何适用法律做了规定，从司法层面认可了实际出资人与名义股东协议在不违反法律强制性规定的前提下的合法性。在实际出资人与名义股东之间的民事合同关系中，实际出资人与名义出资人订立合同，约定由实际出资人出资并享有投资权益，以名义出资人为名义股东，实际出资人与名义股东对该合同效力发生争议的，如无《合同法》第五十二条规定的法定无效情形，人民法院应当认定该合同有效。

隐名出资涉及的法律关系主要有三个方面：一是实际出资人与名义股东之间的合同关系；二是实际出资人与名义股东分别与公司之间的法律关系；三是实际出资人与名义股东分别与公司债权人、各自的债权人之间的法律关系。

处理隐名出资有关商事法律关系，主要是正确运用商事外观主义法理。所谓商事外观主义是指在上市活动中，以商主体的行为外观认定其行为所生之效果的法律原则。商事外观主义的宗旨在于维护交易安全。相对人如果对商主体对外公示的外观事实产生合理信赖，并以此从事相应的行为，即使外观事实与真实事实不一致，仍然依照外观事实认定行为的法律效力。

一 名义股东与公司、其他股东、公司债权人之间的关系

名义股东与其他股东、公司、公司债权人之间的法律关系依据

公司法律制度调整，亦即它们属于公司法律关系。从本质上看，名义股东相当于实际出资人在公司中的代理人，但从法律关系上，名义股东不是实际出资人的代理人，他们之间的关系也不是委托代理关系，在《公司法》上，名义股东就是公司的股东，其对其他股东、公司、公司债权人真正行使股东权利、履行股东义务、承担股东的责任，而不仅仅是名义上的权利、义务和责任，其行为是自己行为，而不是代表或代理实际出资人。比如，公司债权人以登记于公司登记机关的名义股东未履行或未完全履行出资义务为由，请求其对公司债务不能清偿的部分在未出资本息范围内承担补充赔偿责任的，名义股东应当承担此责任，名义股东以其仅为名义股东而非实际出资人为由进行抗辩的，法律不予支持。名义股东对其名下的股权进行转让、质押的行为不因未取得实际出资人的认可或授权而影响其效力。

二　实际出资人与公司、其他股东、公司债权人之间的关系

实际出资人不是股东，也不能称为实质股东或实际股东，在《公司法》上股东概念是特定的，有法定的权利、义务和责任，把不是股东的实际出资人称为实质股东或实际股东已经违反了公司法律制度。实际出资人与公司、其他股东以及公司债权人之间不形成公司法律关系，不得向其他股东以及公司主张行使股东权利，当然也无须履行股东义务。也就是说，在《公司法》上，实际出资人与公司、其他股东以及公司债权人之间没有任何关系。

在《公司法》层面上，只有名义股东是公司股东，实际出资人并不是公司股东，实际出资人无权仅根据其实际出资行为要求变更名义股东或将自己转化为股东。实际出资人要变更名义股东或由自己直接作为公司股东的，按照《公司法》第七十一条规定的有限责任公司股权转让规则，由名义股东向新的名义股东或实际出资人转让股权，该转让行为须经名义股东以外的其他股东过半数同意方可为之。实际出资人未经公司其他股东半数以上同意，请求公司变更股东或将自己转化为股东、向新指定的名义股东或自己签发出资证明书、将新指定的名义股东或将自己记载于股东名册、记载于公司

章程并办理公司登记机关登记的，人民法院不予支持。

三　实际出资人与名义股东之间的法律关系

实际出资人与名义股东之间是民事合同法律关系，他们通过签订合同，约定由实际出资人出资并享有投资权益，承担名义股东因履行股东义务而发生的成本和责任，可以约定实际出资人是否向名义股东支付报酬，名义股东只在针对公司、其他股东、公司债权人时扮演股东角色，名义股东须按照实际出资人的意志行使股东权利，履行股东义务。相应地，实际出资人对公司、对其他股东、对公司债权人既不能直接行使属于股东的权利，也无须履行属于股东的任何义务。

实际出资人与名义股东因对投资权益的归属没有约定或约定不明发生争议时，实际出资人只要能够证明其实际履行了出资义务，并据此向名义股东主张投资权益权利的，人民法院应予支持。名义股东仅以公司股东名册记载、公司登记机关登记为由否认实际出资人有关民事权利的，人民法院不予支持。就是说，在实际出资人与名义股东之间的法律关系中，他们的约定优先适用，《公司法》的规定不能用来否定实际出资人与名义股东之间的民事合同关系的效力。

实际出资人与名义股东之间可以约定对名义股东行使股权的限制，根据协议约定名义股东对股权没有处分权的，名义股东不得擅自处分其名下的股权。名义股东违反约定或实际出资人的意思表示，将登记于其名下的股权转让、质押或者以其他方式处分，实际出资人可以以其对股权享有实际权利为由，请求人民法院认定名义股东处分股权行为无效。此种情况，应当参照《物权法》第一百零六条的规定处理。首先，应当认定名义股东无权处分股权，实际出资人有权追回被转让的股权；但是，基于保护善意第三人利益的原则，除法律另有规定外，同时符合下列情形的，受让人取得该股权：(1) 受让人受让该不动产或者动产时是善意的；(2) 以合理的价格转让；(3) 转让的已经在公司登记机关办理了变更登记。受让人据此取得股权所有权的，或因名义股东的处分行为给实际出资人造成其他损失的，实际出资人有权根据其与名义股东之间的协议向名义股东请求赔偿损失，人民法院应予支持。

实际出资人未履行或未完全履行出资义务的，公司债权人有权请求名义股东对公司债务不能清偿的部分在未出资本息范围内承担补充赔偿责任，名义股东应当承担补充赔偿责任。名义股东承担赔偿责任后，有权向实际出资人追偿。

以规避法律的强制性规定为目的的隐名出资关系不受法律保护。实践中有很多隐名出资是为了规避法律的某种强制性规定，比如人民警察等法律禁止从事营利活动的主体，逃避证券监管，逃避司法强制执行，某些主体为了进入法律禁止其投资的特定行业等。

实际出资人的股东身份确认，即隐名股东的显名化。在一定条件下，实际出资人可能会主张由自己代替名义股东直接出任公司股东，这时如果名义股东反对，或者公司或其他股东反对，实际出资人的主张不能实现，就会发生纠纷，实际出资人有必要通过诉讼途径，请求人民法院确认自己的股东资格。根据《公司法》的规定，人民法院确认实际出资人的股东资格，应当主要审查两个核心条件：一是实际出资人即隐名股东是否实际出资，为了设立公司实际出资是取得股东资格的最基本的实体要件，这种出资关系与单纯提供资金的借贷关系不同。二是其他股东的意思，有限责任公司具有人合性，实际出资人转化为公司股东，实质上的法律关系是受让名义股东名下的股权，所以应当经名义股东以外的股东过半数同意，适用有限责任公司股东转让股权规则的拘束。另外，还有一个辅助条件是，实际出资人是否参与公司的经营管理，其实际出资人的地位其他股东是否知情，是否认可实际出资人对公司事务的参与。如果其他股东对其实际出资人身份明知，而且对实际出资人参与公司经营管理活动并不反对，则可以认定实际出资人的股东资格。但此时还涉及另外一个问题，就是如果在实际出资人与名义股东办理变更登记之时，或者人民法院对实际出资人的股东确认之诉进行审判过程中，名义股东的债权人申请人民法院依据公司登记事项对名义股东名下的股权采取了保全措施，根据商事外观主义原则，应当保护善意第三人的合法权益，名义股东名下的股权不能再确认到实际出资人名下。为了减少纠纷，实际出资人、名义股东与公司或者其他股东之间签订名实股东有关协议，约定实际出资人、名义股东的权利义务，以及行使股东权利的方式，也可以约定实际出资人转化为显名股东的条件，只要约定不违反法律的强制性规定就是有效的。

冒用他人名义出资并将该他人作为股东在公司登记机关登记的，其性质属于侵权行为，不适用实际出资人与名义股东的关系，冒名登记行为人应当承担相应责任，被冒名者不承担股东的任何责任。公司、其他股东或者公司债权人不得以未履行出资义务为由，请求被冒名登记为股东者承担补足出资责任或者对公司债务不能清偿部分的赔偿责任。实践中，区别被冒名登记为股东还是自愿做名义股东，主要取决于登记为股东者的真实意思表示，如果被登记为股东者签署了股东协议、公司章程等公司文件，配合办理公司登记行为，参加股东会，行使表决权等股东权利，应当认定其为股东或名义股东，要求其享受权利的同时，履行义务，承担责任，对其在行使权利时认可自己的股东身份，在被要求履行义务或承担责任时声称自己是被冒名登记为股东的主张不应支持。另外，实际出资人出具的其与被登记为股东者之间的约定实际出资与名义股东权利义务关系的协议，也对确定是否是名义股东有相当的证明力。

四　实际出资人的债权人与名义股东的债权人对股权的受偿权关系

这里有一个问题，就是实际出资人的债权人和名义股东的债权人对由实际出资人出资、名义股东占有的股权的受偿关系如何。实际出资人的债权人可否申请人民法院执行其在公司中的实际出资份额；名义股东的债权人可否申请人民法院执行其作为名义股东名下的股权。对此，法律没有明确规定，最高人民法院没有做出相应明确的司法解释，学界观点也不一致。笔者认为，在一般情况下，实际出资人的债权人不能申请人民法院执行实际出资人在公司的实际出资份额，名义股东的债权人可以申请人民法院执行其名下的股权。原因如下：一是公司登记公示形式确认的权利具有对抗第三人的效力，根据商事外观主义原则，法律应当优先保护，登记在名义股东名下的股权在法律上就是名义股东的财产，无论是对公司还是对第三人，甚至在名义股东与实际出资人之间，实际出资人也不能越过名义股东直接支配该股权。这是《公司法》规定的法定权利，不可以通过当事人之间的约定加以改变。对通过公示的权利社会公众有理由信赖，法律应当保护这种信赖关系，否则，连公示的权利都不可信赖的话，法律规定的权利秩序将遭到破坏。但是，如果有确实充分的证据证明名义股东名下的股权是实际出资人的财产，且名义股东并不对此股权主张权利；或者，实际出资人认可名义股东名下的股权为其出资取得，并且名义股东也认可其名下的股权是实际出资人的财产，则实际出资人的债权人对名义股东名下的股权享有受偿权。而且，此时应当没有名义股东的债权人同时申请执行该股权，否则名义股东的债权人应当优先。名义股东的债权人在以该股权受偿时依据公司登记为已足。二是从权利平衡的角度考虑，在实际出资人与名义股东的债务人之间应当优先保护后者的权利，实际出资人既然要隐藏于幕后，一般情况下，在公司法律关系中其权利会存在一定的瑕疵，既然隐名于幕后，就应当承担相应的不利后果。三是如果名义股东名下的股权不能用来清偿名义股东的债务，意味着实际出资人与名义股东之间的内部协议有了对抗第三人的效力，也意味着以内部协议否定了《公司法》规定的股权登记公示的效力，显而易见是错误的。四是如果名义股东名下的股权不能用于清偿名义股东的债务，会有两种结果：要么可以用于清偿实际出资人的债务，如前所述，公司登记公示效力对此构成阻却；要么不可以用于清偿实际出资人的债务，这样就形成了这部分股权类似于无主财产的局面，也是不符合权利逻辑体系的。五是当名义股东债权人申请人民法院执行其名下股权时，即使名义股东和实际出资人一致认可股权归实际出资人所有，也不能构成对名义股东债权人请求权的阻却，因为在此场合实际出资人与名义股东有着共同的利益，其很容易形成恶意串通，以损害名义股东债权人利益。名义股东与实际出资人之间的协议关系是他们的内部关系，这种关系无须公示，无论是名义股东的债权人还是实际出资人的债权人，都很难掌握此等证据，如果任由实际出资人和名义股东之间相互证明，很容相互串通损害他们债权人的利益，当实际出资人的债权人主张权利时，他们主张登记对抗原则，认为股权归名义股东，当名义股东债权人主张权利时，他们又共同证明股权实际归属于实际出资人。有人主张登记对抗原则只适用于商事交易关系，不适用于债权的单纯执行关系。[①] 对此，笔者不同意。商事交易关系应当从广义上理解，不可只局限于一次交易的具体关系和交易标的。商事交易关系中，交易相对人是基于对对方的整体经济实力的信赖进行交易的，换句话说，每一个商事主体在交易的过程中，是以其全部财产对自己的债务提供潜在担保的。在此意义上，不可认为，名义股东与其债权人的其他交易活动与其名下的股权无关，或者其名下的股权不在其债权人的信赖范围之内。

实际出资人股东资格确认生效判决有无溯及力的问题，法律和司法解释尚无明确规定，笔者认为，根据法不溯及既往的原则，该等判决应当不具有溯及力。原因：一是如果有溯及力，判决生效之前名义股东行使股东权利的行为都要归于无效，会给公司经营活动和股东关系乃至公司债权人带来很大的混乱和麻烦，也等于解除了名义股东的所有义务。二是名义股东既然名义上承担了股东的角色，就要履行股东义务，充当名义股东要承担一定成本。三是没有溯及力的情况下，在判决生效前已经发生和履行了的权利义务由名义股东和实际出资人之间内部处理，这样比有溯及力的情况下，牵涉公司、其他股东、公司债权人等众多主体要简单得多。

第四节　股东之间的侵权损害赔偿法律关系

《公司法》第二十条规定：公司股东应当遵守法律、行政法规和公司章程，依法行使股东权利，不得滥用股东权利损害其他股东的利益。公司股东滥用股东权利给其他股东造成损失的，应当依法承担赔偿责任。

---

① 参见《公司案件审判指导》，第244页。

股东之间的这种损害赔偿法律关系具有特定性，特指股东在公司治理关系中因不正当行使自己的股权侵害了其他股东的股权，并给其他股东造成了损害后果。正确理解这一损害赔偿法律关系需要注意其与相近的两种法律关系的区别。一是与普通的侵权损害赔偿法律关系的区别。普通的侵权情形形态多种多样，调整其法律关系的法律依据主要是侵权责任法。股东之间的侵权是基于公司这一平台，侵权形态是股东以滥用股东权利的方式实施的，调整其关系的法律主要是《公司法》。可能涉及的法律关系包括因资本多数决与股东平等原则等权益调整机制失衡产生的股东间权利义务关系。体现为对股东固有的、非经股东自身同意不可剥夺的权利遭受大股东或控股股东侵害。对属于资本多数决处分范围的股东权，只要行使股权的程序和方式是正当的，法律应尊重公司多数股东的意志[①]。二是与公司和股东间的损害赔偿法律关系相区分。股东间的损害是股东自身的利益受到直接损害，利益受到损害的主体是股东，不是公司利益受损后通过股权关系传导机制使股东利益间接受损。如果股东滥用股东权利侵害的是公司利益，由公司向侵权行为股东行使损害赔偿请求权，不存在股东间的损害赔偿法律关系，如果公司怠于行使损害赔偿请求权，其他股东只能对滥用股权的股东提起派生诉讼。比如，在公司资金充裕的情况下，部分股东根据资本多数决原则形成股东会、股东大会决议，以低于净资产值的价格增资，进一步稀释小股东股权比例，损害小股东利益。此时，小股东除了诉请人民法院撤销该股东会、股东大会决议外，还可以对形成股东会、股东大会决议的股东提起损害赔偿之诉。[②]

① 参见《公司案件审判指导》，第79页。

② 参见范黎红《大股东滥用资本多数决进行增资扩股的司法介入》，《法学》2009年第3期。

第二章

股东与公司关系的均衡

第一节　股东对公司的出资关系

一　股东资格的取得

股东资格是指各种民事主体作为公司股东的一种身份和地位。具有股东资格，就意味着股东享有包括自益权和共益权在内的各项股东权利，同时，也意味着需要履行股东义务、承担股东责任。通常情况下，民事主体取得公司的股东地位有两种方式：原始取得和继受取得。除此之外，还有一种特殊的取得方式，即股东资格的善意取得。

（一）股东资格的原始取得

股东资格的原始取得，是指民事主体通过向公司出资或者认购股份而取得股东资格。原始取得又可分为两种情形：一是公司设立时的原始取得。即在公司设立时向公司出资或者认购公司股份，从而取得股东资格。通过这种方式取得股东资格的人包括有限责任公司设立时的全部股东，股份公司设立时的发起人和设立过程中的认股人。二是公司成立后的原始取得。即在公司成立后，公司在增资扩股时，通过向公司出资或者认购公司股份的方式取得股东资格。最高人民法院《公司法》司法解释（三）规定：为设立公司而签署公司章程、向公司认购出资或者股份并履行公司设立职责的人，应当认定为公司的发起人，包括有限责任公司设立时的股东。

拟投资于公司者认缴公司出资或认购公司股份后，就产生了向公司出资的义务，出资义务是一种债务，也就是说股东与公司之间的出资关系是一种债权债务关系，股东是债务人，公司是债权人。股东的出资义务包括：

1. 缴付出资

股东出资是向公司转移财产所有权的行为，股东以货币出资的，应当将货币出资足额存入有限责任公司在银行开设的账户；以非货币财产出资的，应当将所出资财产交付公司占有，如果所出资财产所有权是依法应当登记的，还应当在缴付的同时依法办理其财产权的转移登记手续。股东以非货币财产出资的，在履行缴付出资义务时经常出现的问题有两种情况：①出资人交付了非货币财产，公司对该财产实际行使占有、使用、受益、支配权，但没有办理财产的过户登记手续，属于出资瑕疵。公司有权要求股东弥补瑕疵。如果因此发生纠纷并提起诉讼，公司可以采取两种诉讼策略：一是诉请人民法院判令股东履行变更登记行为。人民法院可判令股东在合理期限内办理权属过户的变更登记，如果在指定的时间内办理了权属变更登记，可以认定出资瑕疵得到弥补，股东权利可不受影响。如果在指定的期限内未完成权属的变更登记，可以认定该股东未履行义务，其不应享有相应的股东权利。至于公司实际使用股东所缴付的非货币财产的问题，应当作为另外一个法律关系处理。二是公司可提起确认之诉。请求人民法院确认出资人所交付的非货币财产所有权归公司，如果人民法院确认出资财产所有权归公司，则公司可以直接以该判决为依据申请财产权属登记机关办理过户的变更登记。②出资人虽然办理了所出资财产的过户手续，但没有向公司实际缴付财产，导致应当属于公司的财产权利公司完全没有享受到，这是实质性的出资瑕疵，在实际缴付前其股东权利在未缴付出资范围内应受相应限制，即使事后向公司补充缴付该出资，还应当向公司赔偿迟延缴付期间的损失，如此，方能享受完全的股东权利。如果股东将不享有处分权的他人财产用于出资，应按照《物权法》第一百零六条规定的善意取得制度处理。由于财产的真实权利人主张权利，导致出资行为无效，或者无法办理财产的过户登记的，视为股东未履行出资义务，应当承担相应责任。如果所出资财产已经办理了过户登记，且公司没有过错，则应认定出资有效，股东对所出资财产的实际权利人造成的损失由其自行承担，这样既符合民法的一般原理，也实现了公司、公司债权人、受害人之间的利益平衡。同理，如果股东的出资财产是其贪污、受贿、侵占、挪用等违法犯罪所得，在已经完成了出资行为并取得股权的情况下，根据《公司法》司法解释（三）的规定，对违法犯罪行为予以追究、处罚时，应当采取拍卖或者变卖的方式处置其股权，而不能直接处置出资到公司中的犯罪所获财产，也是为了保护公司、公司债权人的利益。处置时如果股权没有受让人，可以要求公司以合理价格回购，如果公司拒绝回购，可对该部分出资做减资处理，公司按减资程序退出该部分出资财产后，由执法、司法机关依法处置。

2. 足额出资

股东应当按期足额缴纳公司章程中规定的认缴出资额。对作为出资的非货币财产应当评估作价，核实财产，不得高估或者低估作价。对于股东与公司之间的出资关系，有限责任公司设立时的股东、股份有限公司发起人相互之间对按期足额缴纳出资承担连带责任。《公司法》第三十条规定：有限责任公司成立后，发现作为设立公司出资的非货币财产的实际价额显著低于公司章程所定价额的，应当由缴付该出资的股东补足其差额；公司设立时的其他股东承担连带责任。对于非货币财产的估价，是有限责任公司设立时的股东的共同行为，他们之间有相互监督的义务，如果记载于公司章程中的估价显著高于实际价额的，应当推定公司设立时的股东主观上有过错，客观上所实施的高估行为侵害了公司的合法权益，所以应当对此承担连带责任。至于有限责任公司股东未按期缴足货币出资的，公司设立时的其他股东是否对此承担连带责任，《公司法》未做明确规定，可由公司章程规定，公司章程未作规定的，其他股东应当不承担连带责任。对于股份有限公司，《公司法》第九十三条规定：股份有限公司成立后，发起人未按照公司章程的规定缴足出资额的，应当补缴；其他发起人承担连带责任。股份有限公司成立后，发现作为设立公司出资的非货币财产的实际价额显著低于公司章程所定价额的，应当由缴付该出资的发起人补足其差额；其他发起人承担连带责任。股份有限公司发起人相互之间对缴足货币出资或非货币出资均承担连带责任，这是为了保护广大公众股东的合法权益，加重了发起人的责任。需要注意的是，对于非货币财产的估价与实际价额的比较，应当比较出资当时的市场实际价额，如果评估价额与出资当时的实际价额基本相当，而是出资以后，由于市场行情的变化，所出资的非货币财产贬值，使得该财产实际价额明显低于章程所定价额的，这种财产贬值应当属于公司承担的正常商业风险，出资人没有过错，不应再对此承担补足责任，除非公司股东之间或者公司章程另有约定。导致股东未履行或未足额履行出资义务的另一种可能的情况是：股东以设定了担保权的财产出资，由于担保权人行使权利会造成公司丧失全部或部分财产，公司或其他股东有权要求出资股东重新履行出资义务或解除所出资财产负担的担保物权。如果第三人与股东协商约定，由其代垫协助股东出资，公司成立后，股东抽回出资偿还该第三人，这种情况下，股东不能补足出资时，该第三人与出资人承担连带责任，包括连带补足出资，在抽回出资的范围内对公司债权人承担连带清偿责任。

3. 按期缴纳出资

如果公司章程约定分期出资的，应当按照约定的每期出资期限完成出资，未按约定期限缴付出资的，应当承担迟延缴付出资的法律责任，包括对公司迟延缴付出资的损害赔偿责任，对其他股东的违约责任。

4. 公司解散时缴清出资的义务

公司解散时，股东尚未缴纳的出资均应作为清算财产。股东尚未缴纳的出资，包括到期应缴未缴的出资，以及依照《公司法》第二十六条和第八十条的规定分期缴纳尚未届满缴纳期限的出资。这是为了充实公司财产，保护公司债权人的利益，公司股东应当将认缴未缴的出资缴清，用来清偿公司债务。有限责任公司设立时的股东、股份有限公司发起人之间的连带缴纳出资或补足出资的责任会一直持续到公司解散清算或破产清算阶段。公司解散时，股东尚未缴纳的出资均应作为清算财产。公司财产不足以清偿债务时，公司债权人有权主张未缴出资股东，以及有限责任公司公司设立时的其他股东或者股份有限公司发起人在未缴出资范围内对公司债务承担连带清偿责任。如果股东的非货币出资的实际价额显著低于公司章程所载价额，公司债权人有权主张缴付该出资的股东补足差额，并有权主张有限责任公司设立时的股东、股份有限公司发起人对此承担连带责任。

股东出资瑕疵情形下，公司除了请求或诉讼请求股东及相关责任人履行出资、弥补出资瑕疵之外，还可以采取更进一步的自力救济措施。根据《公司法》司法解释（三）的规定，股东未履行或者未全面履行出资义务或者抽逃出资，公司可以根据公司章程或者通过股东会决议对其利润分配请求权、新股优先认购权、剩余财产分配请求权等股东权利做出相应的合理限制，该股东请求认定该限制无效的，人民法院不予支持。有限责任公司的股东未履行出资义务或者抽逃全部出资的情况下，经公司催告缴纳或者返还，其在合理期间内仍未缴纳或者返还出资，公司可以以股东会决议解除该股东的股东资格，该股东请求确认该解除行为无效的，人民法院不予支持。公司解除股东资格的，公司应当及时办理法定减资程序或者由其他股东或者第三人缴纳相应的出资。在办理法定减资程序或者其他股东或者第三人缴纳相应的出资之前，公司债权人有权请求出资有瑕疵的股东承担相应责任。

另外，《公司法》司法解释（三）规定，股东的出资义务不受诉讼时效期间的限制。未尽出资义务或抽逃出资的股东，不得以该义务已经过诉讼时效为由进行抗辩。

（二）股东资格的继受取得

股东资格的继受取得，也称为传来取得或派生取得，即通过受让、受赠、继承、公司合并等途径取得公司的股权或股份的方式取得股东资格。继受取得股东资格的股东，如果原股东的出资有瑕疵，继受取得股东资格者是否承担瑕疵弥补责任，在股份有限公司和有限责任公司中的情况不同。股份有限公司作为开放公司，受让股份的股东有理由认为股份不存在出资瑕疵，故不承担弥补瑕疵的义务。有限责任公司中要分不同的情形，《公司法》司法解释（三）规定，有限责任公司的股东未履行或者未全面履行出资义务即转让股权，受让人对此知道或者应当知道的，受让人对履行出资义务、弥补瑕疵承担连带责任；在未履行或者为全面履行出资义务范围内对公司债权人的债权承担连带责任。如果受让人对转让股权的股东未履行或未全面履行出资义务不知道，则不对公司及公司债权人承担弥补出资瑕疵的连带责任，如果转让股东是原始股东，有限责任公司成立时的其他股东要对其出资瑕疵承担连带责任，所以基于有限责任公司的人合性特征，股东转让股权时，其他股东因收到转让通知而知情，应当将所转让股权存在的瑕疵告知受让人，受让人明知后还要受让，则出资瑕疵由其承担，也减轻公司成立时的其他股东的负担。当然，受让人承担了弥补出资瑕疵的责任后，有权向该未履行或者未全面履行出资义务的转让股东追偿。但是，当事人另有约定的除外。

（三）股东资格的善意取得

善意取得是指股权或股份的受让人，依据《公司法》所规定的转让方法，善意地从无权利持股人处取得股票，从而获得股东资格。善意取得从表面上看，是股权或股份的转让，具有继受取得的特征。但是，由于善意取得不用依赖于转让人的意志（因为其是无权持股）就可直接取得股权，因此从本质上来说，它是一种特殊的原始取得方式。股东资格的善意取得须同时满足以下条件：①股票本身有效；②股份具有可处分性，法律所禁止处分的股份不能构成善意取得；③须从无权利人处取得，如果转让人为正当权利人，则无须启动善意取得制度；④取得时主观上善意，无恶意或重大过失，若明知或怠于注意让与人无权利之事实而取得股票，不能取得股权；⑤依法律规定的股票转让方法取得股票，记名股票以背书方式取得，无记名股票缴付即可。

二 股东资格的限制

（一）自然人股东的资格

虽然《公司法》并未对自然人股东的行为能力做出明确要求，但是，按照《民法通则》的基本规定，自然人作为公司股东应当具备完全行为能力才能有效地进行相关投资协议的签订、章程的签署、出资的缴纳等法律行为。如果不具备完全民事行为能力，则上述行为应由其法定代理人代为行使。如果其本人行使了上述行为，应属效力待定行为。

（二）法人股东应是可以从事营利性活动的法人

当前，各类国家机关被禁止经商、办企业，也就不能成为公司的发起人和股东；但是，经国家授权的从事国有资产经营的专门机构可以作为发起人投资设立公司，譬如，中央汇金公司即是国务院批准组建的国有独资投资公司，代表国家对中国银行、中国建设银行等重点金融企业行使出资人的权利和义务。关于非营利性社会团体法人、事业法人能否成为公司股东，尽管国务院《社会团体登记管理条例》对此予以禁止，但国家工商行政管理局《关于企业登记管理若干问题的执行意见》又有所松动，其第六条指出，“社会团体（含工会）、事业单位及民办非企业单位，具备法人资格的，可以作为公司股东或投资开办企业法人，但按照中共中央、国务院的规定不得经商办企业的除外”。此外，我国禁止律师事务所、会计师事务所和资产评估机构等中介机构作为股东设立从事其他行业的公司，《律师法》第二十七条规定，“律师事务所不得从事法律服务以外的经营活动”；国家工商行政管理局的《公司登记管理若干问题的规定》第二十一条规定，“会计师事务所、审计事务所、律师事务所和资产评估机构不得作为投资主体向其他行业投资设立公司”。

（三）公司不能成为自己的股东

为了避免因公司兼为自己股东的双重身份可能导致的权利义务关系不清，防范因公司收购和持有自己的股权导致公司实际资本的减少，以及可能发生的上市公司借此操纵本公司股票价格的现象，也基于《公司法》法律制度的基本逻辑，各国《公司法》一般都禁止公司成为自己的股东。

（四）企业法人的法定代表人不得成为所任职企业投资设立的有限责任公司的股东

为了避免在被投资的有限公司股东会中的身份重合，进而危害任职企业的利益，《公司登记管理若干问题的规定》第二十四条做出如上禁止性规定，这也同《公司法》第一百四十九条禁止董事、高级管理人员同本公司竞业的立法精神相一致。

（五）股份有限公司发起人资格的限制

《公司法》第七十九条规定，设立股份有限公司须有半数以上的发起人在中国境内有住所，这是为了便于公司设立责任的承担和对公司经营活动的监督。

三　股东资格的公示

能够获得法律保护的完整的股东资格应当同时具备实质要件和形式要件。实质要件即实际向公司出资，形式要件即股东资格以符合法律规定的方式予以公示。根据《公司法》的规定，对有限责任公司股东资格的公示和股份有限公司的股东资格公示要求是不同的。对有限责任公司股东资格的公示主要采取三种方式：一是出资证明书。股东向公司缴付出资后，公司应当向股东出具出资证明书。出资证明书是股东据以证明向公司缴付出资的证据，一般情况下，持有出资证明书就应当认定为其已向公司缴付了出资，取得了股东资格，并可以行使股东权利，除非有效力更高的相反证据。二是有限责任公司置备股东名册，股东名册记载下列事项：①股东的姓名或者名称及住所；②股东的出资额；③出资证明书编号。股东名册的记载是对公司股东资格的证明，记载于股东名册的股东，可以依股东名册主张行使股东权利。有限责任公司股东名册是公司确定股东的依据，也是股东证明股东资格并据以行使股东权利的依据。三是有限责任公司应当将股东资格向公司登记机关登记，包括股东的姓名或者名称以及出资额和股权比例；登记事项发生变更的，应当办理变更登记。未经登记或者变更登记的，不得对抗第三人。出资证明书和股东名册主要用于在股东和公司之间确定股东资格、出资关系以及出资额。公司登记机关的登记主要体现向社会公众公示的效力。当第三人与公司发生交易或涉及股东权利义务时，在公司登记机关登记的股东行使相应的权利、履行相应义务，未在公司登记机关登记的人，即使已经受让了股权或正在受让股权，相对于还未变更登记的转让人，其并不享有股东权利，也无须履行股东义务。比如，公司债权人以登记于公司登记机关的股东未履行出资义务为由，请求其对公司债务不能清偿的部分在未出资本息范围内承担补充赔偿责任，即使登记股东正在或已经转让了其持有的股权，在没有变更登记的情况下，他不能以此抗辩或免责。

如果股东与公司之间发生股东资格确认纠纷，经股东之间以及股东与公司之间协商不能解决的，可以通过诉讼程序请求人民法院裁决。根据最高人民法院《公司法》司法解释（三）的规定，“当事人向人民法院起诉请求确认其股东资格的，应当以公司为被告，与案件争议股权有利害关系的人作为第三人参加诉讼。当事人之间对股权归属发生争议，一方请求人民法院确认其享有股权的，应当证明以下事实之一：①已经依法向公司出资或者认缴出资，且不违反法律法规强制性规定；②已经受让或者以其他形式继受公司股权，且不违反法律法规强制性规定”。

需要注意的是，公司不能以股东会决议的方式决定股东转让股权的条件，除非全体股东一致同意。比如，有的公司以股东会决议规定，作为公司职工的自然人股东如果从公司离职，必须转让全部股权，由其他股东接受。这样的股东会决议，如果离职股东未投赞成票，对离职股东不发生法律约束力，因为股权是股东私人所有的权利，非经股东以其真实的意思表示处分，他人（包括其他股东和公司）无权对其做出处分决定。当然，如果股东全体一致通过了这样的股东会决议，离职股东应受自己真实意思表示的约束，相当于其对转让自己的股权事先设定了条件，当条件成就时，其应当履行转让股权的义务，这与《合同法》上附条件合同的法理是一致的。但是，这样的股东会决议，如果不是股东全体一致同意，为避免股东会决议对部分股东没有约束力，而对另外部分股东有约束力的尴尬局面，应当认定其为无效。① 愿意受此等条件约束的股东可以另外签订类似协议，而不要以股东会决议的形式出现。

当事人依法履行出资义务或者依法继受取得股权后，公司未根据《公司法》第三十一条、第三十二条的规定签发出资证明书、记载于股东名册并办理登记，当事人可以请求公司履行上述义务，公

---

① 参见《公司案件审判指导》，第81页。

司拒绝履行上述义务的，当事人可以诉请人民法院依法判令公司履行义务。

冒用他人名义出资并将该他人作为股东在公司登记机关登记的，冒名登记行为人应当承担相应责任；公司、其他股东或者公司债权人不得以未履行出资义务为由，请求被冒名登记为股东的人承担补足出资责任或者对公司债务不能清偿部分的赔偿责任。

股份有限公司只对发起人进行登记，对普通股东不要求在公司登记机关登记，这是由股份有限公司股份的自由流通性所决定的。股份有限公司股东以持有公司股票证明股东资格，在股票电子化和电子交易系统背景下，股份公司股东资格以证券登记结算系统的登记为准。

第二节　股东(大)会会议关系的均衡

股东对公司的权利即股权只能通过召开股东会或股东大会会议的方式行使，不能单独直接针对公司行使。会议方式包括现场会议方式和书面会议方式。对审议事项股东以书面形式一致表示同意的，可以不召开股东会会议，直接做出决定，并由全体股东在决定文件上签名、盖章。股东在股东会或股东大会会议中的关系主要体现在股东能否顺利地参加会议并通过会议行使权利、履行义务，既包括实体上的权利义务，也包括程序上的权利义务。这一关系处理不好，往往导致股东关系的失衡甚至破裂。

一　股东（大）会的性质和职权

公司成立后，全体股东组成股东（大）会，作为公司的最高权力机构，行使对公司的重大事项的最终决定权。《公司法》规定，这一机构，在有限责任公司中称为股东会，在股份有限公司中称为股东大会。

根据《公司法》第三十七条、第九十九条的规定，股东（大）会行使下列职权：①决定公司的经营方针和投资计划；②选举和更换非由职工代表担任的董事、监事，决定有关董事、监事的报酬事项；③审议批准董事会的报告；④审议批准监事会或者监事的报告；⑤审议批准公司的年度财务预算方案、决算方案；⑥审议批准公司的利润分配方案和弥补亏损方案；⑦对公司增加或者减少注册资本做出决议；⑧对发行公司债券做出决议；⑨对公司合并、分立、解散、清算或者变更公司形式做出决议；⑩修改公司章程；⑪公司章程规定的其他职权。

二　股东依法参加股东（大）会的权利

股东的权利主要通过参加股东会、股东大会行使，所以股东行使股东权利的前提是其参加股东会、股东大会的权利得到保障。

为了在程序上确保股东参加股东会或股东大会的权利，《公司法》规定，在有限责任公司，召开股东会会议，应当于会议召开十五日前通知全体股东；但是，公司章程另有规定或者全体股东另有约定的从其规定或约定。

在募集方式设立的股份公司，全体股东参加的第一次股东大会会议是创立大会，发起人应当在创立大会召开十五日前将会议日期通知各认股人或者予以公告。创立大会应有代表股份总数过半数的发起人、认股人出席方可举行。股份公司成立后，公司召开定期股东大会会议，应当将会议召开的时间、地点和审议的事项于会议召开二十日前通知各股东；召开临时股东大会会议的，应当于会议召开十五日前通知各股东；发行无记名股票的，应当于会议召开三十日前公告会议召开的时间、地点和审议事项。

股份公司中，单独或者合计持有公司百分之三以上股份的股东，可以在股东大会召开十日前提出临时提案并书面提交董事会；董事会应当在收到提案后二日内通知其他股东，并将该临时提案提交股东大会审议。临时提案的内容应当属于股东大会职权范围，并有明确议题和具体决议事项。股东大会不得对通知或公告中未列明的事项和依法提出并通知的临时提案以外的事项做出决议。

为了确保参加股东大会人员或其委托人在会议期间持续具备股东身份，无记名股票持有人出席股东大会会议的，应当于会议召开五日前至股东大会闭会时将股票缴存于公司。

三　股东行使表决权的关系

（一）股东表决权的规定和行使方式

有限责任公司股东会会议由股东按照出资比例行使表决权，但是，公司章程另有规定的从其规定。也就是说，《公司法》允许公司章程规定股东行使表决权不以出资比例为依据，比如一人一票制，或者限定某个大股东的票数等。股东会的议事方式和表决程序，除《公司法》有规定的外，由公司章程规定。《公司法》对有限责任公司股东会普通决议的通过没有规定表决权比例，可以由公司章程规定，一般可以规定为简单多数即过半数表决权通过，也可规定其他低于半数或高于半数的比例。《公司法》规定，有限责任公司股东会会议做出特别决议，即修改公司章程、增加或者减少注册资本的决议，以及公司合并、分立、解散或者变更公司形式的决议，必须经代表三分之二以上表决权的股东通过。

股份公司股东出席股东大会会议，所持每一股份有一项表决权。与有限责任公司不同，股份公司每一股份有一项表决权是法定的，公司章程不得做出其他规定。但是，股份公司持有的本公司股份没有表决权。股份公司股东大会做出普通决议，必须经出席会议的股东所持表决权过半数通过。股东大会做出特别决议，即修改公司章程、增加或者减少注册资本的决议，以及公司合并、分立、解散或者变更公司形式的决议，必须经出席会议的股东所持表决权的三分之二以上通过。

有限责任公司股东会计算表决权以全体股东所持公司全部表决权为基数。股份公司股东大会计算表决权以出席会议的股东所持股份数为基数，只要股东大会会议的通知程序合法，未出席股东大会会议的股东视为其放弃表决权，其所持股份不计入表决权总数。

股东会或股东大会应当对会议所议事项的决定做成会议记录，出席会议的股东应当在会议记录上签名。股东会、股东大会决议内容约定于会议记录内容一致。保留会议记录可以防止大股东或董事擅自改变会议审议内容制作决议。

（二）股东表决权的排除

股东表决权的排除就是在法律法规或公司章程规定的股东会表决事项与股东自身有特别利害关系的情况下，股东会就有关事项表决时，有特别利害关系的股东不得行使表决权的制度。所谓特别利害关系，是指这种关系与股东在公司中的股东地位无关，仅与公司的表决事项有特定的利害关系。比如，公司与某一股东发生一项交易，此时发生交易的股东是公司的交易相对人，该股东因此项交易而与公司有利害关系，这种利害关系与其股东身份无关。相反，公司的利润分配方案、增减注册资本议案、修改公司章程议案等事项，与股东都有利害关系，但这种利害关系是基于股东在公司中的股东地位而发生的。我国《公司法》对股东表决权的排除没有系统性的规定，《公司法》对公司为公司股东或者实际控制人提供担保的表决权排除做了规定，《公司法》第十六条规定，公司为公司股东或者实际控制人提供担保的，必须经股东会或者股东大会决议。该股东或者受该实际控制人支配的股东，不得参加该项股东会决议事项的表决。该项表决由出席会议的其他股东所持表决权的过半数通过。《公司法》在此笼统规定由“出席”会议的其他股东所持表决权的过半数通过是有问题的。《公司法》一贯规定股份公司股东大会决议由出席会议的股东所持股份过半数或三分之二同意通过；有限责任公司股东会决议由股东所持表决权过半数或者三分之二同意通过，在此也应该是按排除关联股东后的其他股东所持表决权计算，而不应该是按出席会的股东所持表决权计算。

证监会《上市公司股东大会规则》《上市公司章程指引》都规定：股东与股东大会拟审议事项有关联关系时，应当回避表决，其所持有表决权的股份不计入出席股东大会有表决权的股份总数。证监会在对上市公司监管中，把排除股东表决权的范围扩大了，不限于公司为股东或实际控制人提供担保的事项。这种规定对有限责任公司和非上市的股份有限公司有参考价值，所有公司都可以在公司章程中规定排除股东表决权的情形。《公司法》第二十一条规定：公司的控股股东、实际控制人、董事、监事、高级管理人员不得利用其关联关系损害公司利益。此条规定可以看作是对股东表决权排除的概括性支持。参考域外《公司法》并结合我国公司治理实践，设定股东表决权排除的常见事项有：①免除某股东责任或义务；②公司对股东主张权利；③公司与股东之间的交易；④免除某股东在公司中的职务或减少其职务薪金。衡量这些事项与股东的关联程度时，所涉主体的范围应当适度扩大，不能仅限于股东本人，至少应当扩大到相关股东的近亲属，包括配偶、父母子女、兄弟姐妹、祖父母外祖父母、孙子女外孙子女，还要包括股东的实际控制人和股东实际控制的人以及与股东被同一个控制人控制的人。为了更好地实现表决权的排除，公司章程可以规定，被排除表决权的股东不能接受其他股东的委托行使表决权。[①]

违反股东表决权排除制度形成的股东会决议属于程序违法，其效力是有瑕疵的，从性质上来说，是可以被撤销的。至于其他股东应不应该提起撤销之诉，应考虑违反表决权排除规定的股东所持股权比例，如果剔除应当被排除表决权的股份后，决议所获赞成数仍符合法律法规或公司章程规定的标准，提起撤销之诉就没有多大必要了。另外，须判断股东会决议是否损害公司或其他股东的权益以及损害的程度。

四　股东提请公司召开或主持临时股东（大）会会议的权利

召开股东会、股东大会会议讨论或决定有关问题，是全体股东确保自身利益免受管理层侵害的必要方式，也是中小股东表达意愿、免受大股东侵害的有效方式。正常情况下，股东会、股东大会会议由公司董事会召集、董事长主持，但是，当公司出现特殊情形，需要由股东会、股东大会讨论决定或者处理时，董事会有可能出于某种目的，怠于履行召集股东会、股东大会会议的义务，这时，《公司法》赋予股东在特定条件下提请公司召开股东会、股东大会临时会议并主持会议的权利，其目的是有效保护股东利益。《公司法》第四十条规定，有限责任公司董事会或者执行董事不能履行或者不履行召集股东会会议职责的，由监事会或者不设监事会

---

① 参见《公司案件审判指导》，第267页。

的公司的监事召集和主持；监事会或者监事不召集和主持的，代表十分之一以上表决权的股东可以自行召集和主持股东会临时会议。《公司法》第一百零一条规定，股份有限公司董事会不能履行或者不履行召集股东大会会议职责的，监事会应当及时召集和主持；监事会不召集和主持的，连续九十日以上单独或者合计持有公司百分之十以上股份的股东可以自行召集和主持股东大会临时会议。

五　股东（大）会决议违法或存在瑕疵的救济

（一）决议的无效

违反法律、行政法规或者存在瑕疵的股东会或股东大会决议往往损害一部分股东的合法权益。根据《公司法》第二十二条规定，公司股东会、股东大会的决议内容违反法律、行政法规的无效。由此可见，除了法律、行政法规以外的规范性文件都不能作为判断股东会、股东大会决议无效的依据，这是法律尊重公司意思自治的体现。对于违反法律、行政法规的股东会、股东大会决议，相关股东有权利也有义务向人民法院提起股东会、股东大会决议无效的确认之诉。但是，股东提请人民法院确认股东会、股东大会决议有效，缺乏法律和法理依据，人民法院不应受理，司法介入公司治理应当限于对违法行为的救济。①

（二）决议的可撤销

股东会决议可撤销的情形有两种：一是程序瑕疵。股东会或股东大会会议的有效召开和决议的做出，需要满足一系列程序性要求，包括召集、通知、公告、登记、提案审议、表决投票、会议记录和签署、决议的形成等。第一，会议的召集人和主持人要适格。我国《公司法》第四十条规定，有限责任公司设立董事会的，股东会会议由董事会召集，董事长主持；董事长不能履行职务或者不履行职务的，由副董事长主持；副董事长不能履行职务或者不履行职务的，由半数以上董事共同推举一名董事主持。有限责任公司不设董事会的，股东会会议由执行董事召集和主持。董事会或者执行董

① 参见俞巍《股东请求确认股东会决议有效的诉讼不宜受理》，《法学》2008 年第 9 期。

事不能履行或者不履行召集股东会会议职责的，由监事会或者不设监事会的公司的监事召集和主持；监事会或者监事不召集和主持的，代表十分之一以上表决权的股东可以自行召集和主持。有限责任公司股东会会议的适格召集人和主持人的确定是严格按次序确定的，第一顺序是董事会召集、依次确定由董事长、副董事长、半数以上董事推举的董事主持，或执行董事召集并主持；第二次序是监事会或者不设监事会的公司的监事召集和主持；第三次序是代表十分之一以上表决权的股东召集和主持。这一确定股东会会议召集人和主持人的次序不能改变，前一顺序的主体未表示拒绝召集和主持股东会会议的情况下，后一顺序的主体不能召集和主持股东会会议。《公司法》第一百零一条规定，股份有限公司股东大会会议由董事会召集，董事长主持；董事长不能履行职务或者不履行职务的，由副董事长主持；副董事长不能履行职务或者不履行职务的，由半数以上董事共同推举一名董事主持。董事会不能履行或者不履行召集股东大会会议职责的，监事会应当及时召集和主持；监事会不召集和主持的，连续九十日以上单独或者合计持有公司百分之十以上股份的股东可以自行召集和主持。第二，通知要适格。会议的通知时间和通知方式应确保股东能够收到通知，有限责任公司股东会会议的通知时间是否应符合《公司法》第四十一条规定的于会议召开十五日前通知全体股东，或者按照公司章程规定或者全体股东的约定时间通知全体股东。股份有限公司股东大会会议是应按照《公司法》第一百零二条规定的将会议召开的时间、地点和审议的事项于会议召开二十日前通知各股东；临时股东大会会议应当于会议召开十五日前通知各股东；发行无记名股票的，应当于会议召开三十日前公告会议召开的时间、地点和审议事项。对于通知时间的起算，《公司法》没有做出明确规定，有发出主义和到达主义两种观点。我们认为，为了确保股东能有效参加股东会或股东大会会议，并对参会审议事项做出必要的准备，应当采取到达主义计算通知期间，司法实践也多持此观点。[①] 对会议通知的期间不足有异议

---

① 参见《公司案件审判指导》，第459页。

的股东，应当对会议召集人提出异议，并要求另行确定开会时间，最好不要以此为由直接拒绝参加会议，否则，其如果单独以此为由请求法院撤销股东会、股东大会决议，未必能得到人民法院的支持。对于公告通知的，应当从刊发公告的次日起计算。第三，《公司法》未对有限责任公司股东会会议通知的内容作出规定，但是规定了股份有限公司股东大会会议通知的内容必须包含会议召开的时间、地点和审议事项，单独或者合计持有公司百分之三以上股份的股东，可以在股东大会召开十日前提出临时提案并书面提交董事会；董事会应当在收到提案后二日内通知其他股东，并将该临时提案提交股东大会审议。临时提案的内容应当属于股东大会职权范围，并有明确议题和具体决议事项。除了股东大会通知中列明的事项和适格股东依法提出的临时议案之外，股东大会不得对其他未列明的事项做出决议，否则，对基于已通知事项的利害关系而主动不参加该此股东大会的股东构成侵权。第四，表决方式一般有举手表决和票决，举手表决的情况和结果做成会议记录并经股东签字认可是有效的，如果股东对举手统计结果有异议，可以用填写书面表决票的方式予以补正。股东会或股东大会会议的票决最好用记名投票的方式，并在一定期限内保存表决票，以避免对决议产生异议。第五，无论是有限责任公司，还是股份有限公司，股东会、股东大会应当对会议所议事项的决定做成会议记录，出席会议的股东应当在会议记录上签名。股份有限公司股东大会的会议主持人、出席会议的董事还应当在会议记录上签名。会议记录应当与出席股东的签名册及代理出席的委托书一并保存。第六，定期会议和临时会议应当按照《公司法》的规定或章程的规定召开。有限责任公司临时会议应当按照《公司法》第三十九条规定，由代表十分之一以上表决权的股东，三分之一以上的董事，监事会或者不设监事会的公司的监事提议召开。股份有限公司临时会议应当按照《公司法》第一百条规定的应当召开临时会议的事由出现时召开，这些事由包括：①董事人数不足本法规定人数或者公司章程所定人数的三分之二时；②公司未弥补的亏损达实收股本总额三分之一时；③单独或者合计持有公司百分之十以上股份的股东请求时；④董事会认为必要时；⑤

监事会提议召开时；⑥公司章程规定的其他情形。召开股东会或股东大会未向部分股东通知，或者对未通知的事项做出决议的，应视为决议不成立而不是可撤销似更恰当。表决方式主要涉及对股权比例的计算是否正确，形成股东会决议的赞成票比例是否达到法律法规和公司章程规定的标准，该回避表决的股东是否回避表决了，等等。

二是决议内容违反公司章程，但不违反法律、行政法规的，属于内容瑕疵。

对于可撤销的股东会、股东大会决议，股东并不享有撤销权，股东享有的只是撤销请求权，亦即部分股东并不能直接撤销有瑕疵的股东会、股东大会决议。股东行使撤销请求权有两种途径：其一，依法提请召开股东会、股东大会临时会议，以股东会、股东大会决议的形式撤销之前的瑕疵决议；其二，以诉讼的方式请求人民法院撤销瑕疵股东会、股东大会决议。股东可以自决议作出之日起六十日内，请求人民法院撤销。公司根据股东会或者股东大会决议已办理变更登记的，人民法院宣告该决议无效或者撤销该决议后，公司应当向公司登记机关申请撤销变更登记。

股东会或股东大会决议的撤销有个除斥期间的问题。公司决议对公司及相关人的利益影响很大，为维护公司决议的安定性，《公司法》规定了公司决议撤销之诉的除斥期间为六十日，自决议作出之日起算，而不是从知道或应当知道之日起算，该期间属于强制性法律规定，公司章程或股东等当事人不得协议延长或缩短。一旦期间经过，撤销权人就丧失实体权利，即使向法院提起撤销之诉，法院也会不予受理或直接裁定驳回诉讼请求。一般来说，股东会召开会议或做出决议股东起码都会知道的，如果股东确实不知道，最大的可能性是没有通知该股东召开股东会之事或者对未通知事项进行了表决，此种情况下，有学者建议，[①] 应依照《公司法》第四十一条、第一百零二条的规定，以决议不成立对待，而不是可撤销，就不存在经过除斥期间的问题了。

① 参见《公司案件审判指导》，第457页。

（三）股东会决议的不成立

民事法律行为的成立与生效是两个不同的概念。股东会决议的形成无疑是一种民事法律行为。股东会决议的无效或可撤销是以股东会决议的成立或存在为前提条件的。如果股东会决议根本不存在，亦即未成立，也就谈不上其效力问题了。股东会决议成立的基本要件应当包括：①有召开股东会会议的事实。比如未曾召开过哪怕是有瑕疵的股东会，而是个别或少数股东私自制作的股东会决议，即使私自制作股东会决议的股东是控股股东，其所持有的表决权完全能达到通过决议的表决权比例，也不得认为股东会会议决议存在，因为所谓股东会决议者，必须是通过召开会议的方式形成的决议。这样的“股东会决议”虽有股东会决议之名，但无股东会之实，无讨论其效力问题的基础，实为不存在股东会决议。②存在会议召集程序。包括，由召集权人召集，发出召集通知等，这里强调的是有召集程序存在，如果有召集程序存在，只是召集程序有瑕疵，可能导致的后果是股东会决议的效力有瑕疵，如果不存在召集程序，即使有部分股东的集合，其性质与会议的举行有着本质的不同，后果应当是股东会决议不存在。③具备基本的决议程序要件。比如出席会议的股东达到法定比例，赞成票达到形成决议的法定比例或章程规定的比例等。对于这种情况，有关股东可以向人民法院提起确认股东会决议不存在的确认之诉，无须纠缠其效力问题。对于股东会决议不存在的确认之诉，不受《公司法》第二十二条规定的“自决议做出之日起六十日内”起诉的限制。

（四）请求确认股东会决议无效、撤销、不存在的原告资格问题

包括①必须是股东，没有持股比例的限制。《公司法》第二十二条第二款规定，股东会或者股东大会的会议召集程序、表决方式违反法律、行政法规或者公司章程，或者决议内容违反公司章程的，股东可以自决议做出之日起六十日内，请求人民法院撤销。②对股东身份取得时间的要求。根据《公司法》第二十二条的规定，起诉时的原告应当具备股东身份是无疑的。那么，是否要求提起诉讼的原告在股东会决议做出时具备股东身份呢？我们认为，如果原

告的股权是在股东会决议作出后受让取得的，只要股权的转让方享有诉权，该权利作为股权的附属权利随股权一并转让，受让股权的股东也就取得了相应的诉权。另一个问题是，原告起诉后至法院判决前能否转让股权？即是否要求原告在诉讼期间保持股东身份的连续性？笔者认为，可不要求原告在诉讼期间必须保持股东身份的连续性。原因如下：一是从《公司法》第二十二条的规定来看，决定股东会决议无效、撤销或未成立的原因是其内容违反法律、行政法规或公司章程，或者程序违反法律、行政法规或公司章程，并不取决于原告的股东身份。二是判决确认股东会决议无效、撤销或未成立的效果主要在于维护股东会决议的合法性、维护公司的整体利益，而不是为了维护原告股东的个人利益。三是即使要求原告在诉讼期间保持股东资格的连续性，原告要转让股权的话也很容易规避这样的规定，比如其可以与受让方签订股权转让合同，同时约定将判决作为合同生效的条件；或者转让绝大部分股权，只保留很少的股权甚至一股以维护自己的股东资格。与其规定一个很容易被规避的而且没有实际意义的条件，不如不规定。③对是否参加股东会或股东大会的要求。股东未参加股东会或股东大会的原因无非三种，即未被通知股东会或股东大会会议，收到开会通知但是被拒绝参加会议，还有主动放弃参加股东会或股东大会的权利。无论是哪一种情况，都不影响其对瑕疵决议提起诉讼的权利。④对表决权的要求。就是因为回避表决等原因，对决议没有表决权的股东，能否作为原告提起诉讼。笔者认为，对股东会决议提起无效、撤销、未成立之诉的请求权基础是股东资格或股东权利，而不是表决权，表决权只是股东权利中的一部分。股东对该此决议没有表决权，但该此决议完全有可能影响到股东的其他权利，因此，即使没有表决权的股东，基于自身的其他权利受到侵害之虞提起诉讼是完全正当的。而且，从法律的价值取向来说，对涉嫌违法的股东会决议，法律应当鼓励股东提起纠正之诉，以促进公司治理的合法化。⑤对决议是否表示反对意见的要求。主要是参加会议的股东对决议投了赞成票后，能否针对该决议提起确认无效或撤销之诉。笔者认为，对于涉嫌内容违法或程序违法的股东会决议，即使当时投了赞成票，也不应构成事后提起确认其无效或撤销之诉的障碍，对违法行为应当开辟尽可能多的救济渠道。请求股东会、股东大会决议无效或撤销之诉应列公司为被告，因为股东会、股东大会是公司的意思机关，不能列股东会、股东大会为被告，公司内部机关不具有独立的法律主体资格。

（五）股东会、股东大会决议被判决确认无效或被撤销的法律后果

股东会、股东大会决议因内容违法被判决确认无效的，应当自始无效，在公司内部治理关系中具有溯及力，基于该决议做出的民事法律行为应当恢复原状。股东会、股东大会决议被判决撤销的，其效力丧失，亦可视为自始无效。但是，公司据此发生的对外交易关系，只要交易相对人是善意的，应当维护其效力。

六　股东（大）会权力的界限

股东会、股东大会依照《公司法》第三十七条的规定行使职权，其职权范围主要是公司的重大经营方针和战略，合法有效的股东会决议对全体股东具有约束力，但是股东会、股东大会的权力是有一定界限的，超出权力范围的决议不发生法律效力。比如，股东会、股东大会无权对股东做出处罚决定，有些公司认为股东在履行职务的过程中违反公司规定，给公司造成了损失，遂召开股东会、股东大会会议，对相应股东做出处罚决定，特别是处以罚款，在没有章程规定具体的罚款幅度作为依据的情况下，司法实践认为这样的处罚决定没有法律约束力。但是，如果章程规定了在什么情况下可以对股东做出一定处罚，而且对罚款处罚做出了明确的幅度范围，章程的规定是有效的，对全体股东具有约束力，股东会依据章程的规定，对符合章程规定条件的股东在章程规定的罚款幅度内做出罚款等处罚的决议是有效的。

第三节　股东对公司权利关系的均衡

一　股东对公司的剩余索取权关系

股东出资设立公司从事生产经营活动的直接目的是盈利，公司

盈利后，股东从中分取利润，这就是股东的资产收益权，也叫分红权，剩余索取权。

《公司法》规定，公司分配当年税后利润时，应当提取利润的百分之十列入公司法定公积金。《公司法》规定公积金累计额为公司注册资本的百分之五十以上的，可以不再提取。公司的法定公积金不足以弥补以前年度亏损的，在依照前述规定提取法定公积金之前，应当先用当年利润弥补亏损。公司从税后利润中提取法定公积金后，经股东会或者股东大会决议，还可以从税后利润中提取任意公积金。是否提取任意公积金以及提取办法，可以在章程中做出规定，或者由股东（大）会做出决议。

《公司法》第三十四条规定，公司弥补亏损和提取公积金后所余税后利润，有限责任公司股东按照实缴的出资比例分取红利；但是，全体股东约定不按照出资比例分取红利的除外。《公司法》的这一规定意味着，如果有限责任公司章程规定或者股东会决议规定股东不按出资比例分红，而是按照股东人数分红，或以其他方式决定分红比例的，须经全体股东同意，否则不得做出该等决定。股份有限公司按照股东持有的股份比例分配，但股份有限公司章程规定不按持股比例分配的除外。股份有限公司规定不按股东持股比例分配利润的，无须经全体股东一致同意，因为股份有限公司股东众多，难以达到一致同意。另外，《公司法》规定，股份有限公司可以发行权利义务与普通股不同的特别股，特别股参与分红的权利与普通股就不一样。

股东会、股东大会或者董事会违反前述规定，在公司弥补亏损和提取法定公积金之前向股东分配利润的，股东必须将违反规定分配的利润退还公司。

公司是否分配盈余、如何分配，是股东会或股东大会的职权，股东不能直接诉请人民法院判令公司向股东分配盈余。但是，如果公司章程规定了盈余分配方案，公司不执行该方案的，股东可以诉请人民法院判令公司按照公司章程规定的方案分配盈余。这不是人民法院判令公司分配盈余，而是判令公司履行章程规定的义务。

《公司法》第一百八十六条规定，公司进入清算程序后，公司财产在分别支付清算费用、职工的工资、社会保险费用和法定补偿金，缴纳所欠税款，清偿公司债务后的剩余财产，有限责任公司按照股东的出资比例分配，股份有限公司按照股东持有的股份比例分配。这也是股东的剩余索取权。

二　股东对公司的知情权关系

有限责任公司股东有权查阅、复制公司章程、股东会会议记录、董事会会议决议、监事会会议决议和财务会计报告。对于这些资料，股东既有权查阅，也有权复制，公司应当满足股东的要求。

有限责任公司股东可以要求查阅公司会计账簿。股东要求查阅公司会计账簿的，应当向公司提出书面请求，说明目的。可见，对于公司会计账簿，股东只有查阅权，没有复制权。而且，查阅会计账簿要以书面方式提出，还要说明查阅的目的，《公司法》对股东查阅公司会计账簿规定了目的正当性条件。关于判断查阅会计账簿目的的正当性标准，《公司法》并没有做出明确规定，根据司法实践的总结，有人主张应当从正反两方面加以认识和界定。一方面，正当性目的，应当是维护善意的股东利益所必要的，其所查阅的资料与维护股东利益有直接的联系，并且在书面的查阅请求中应详细阐述该意图。比如，调查公司的财务状况，调查股利分配的妥当性，调查股份的真实价值，调查公司管理层经营活动中的不法、不妥行为，调查董事的失职行为，调查公司合并、分立或开展其他重组活动的必要性与可行性，调查股东提起代表诉讼的证据，消除在阅读公司财务会计报告中所产生的疑点等。另一方面，考虑不正当目的，即股东保护自身或公司合法权益之外的其他一切目的，都可以认定为是不正当的。比如，可能为公司的竞争对手刺探公司秘密，为了获得非与投资相关的个人利益，为敲诈公司经营者而吹毛求疵，寻找公司经营中的细微技术瑕疵，查询与商业秘密相关联的公司财产、金融、和盈利状况的结算和估价方法的详细资料等。公司有合理根据认为股东查阅会计账簿有不正当目的，可能损害公司合法利益的，可以拒绝提供查阅，并应当自股东提出书面请求之日起十五日内书面答复股东并说明理由。公司拒绝提供查阅的，股东可以请求人民法院要求公司提供查阅，是否准许由人民法院判决。

股份有限公司应当将公司章程、股东名册、公司债券存根、股东大会会议记录、董事会会议记录、监事会会议记录、财务会计报告置备于本公司。股份公司股东有权查阅公司章程、股东名册、公司债券存根、股东大会会议记录、董事会会议决议、监事会会议决议、财务会计报告，对公司的经营提出建议或者质询。与有限责任公司股东权利不同的是，《公司法》没有规定股份公司股东对这些公司文件的复制权。这是因为有限责任公司作为封闭公司，这些公司文件不是法定公开的，而且股东对公司享有更大的支配权。股份公司的上述文件基本都是公开的，所以公司没有复制义务。

《公司法》只规定了查阅会计报告和会计账簿，是否包含会计凭证规定不明，为了避免纠纷，公司在章程可以对此加以明确。在公司章程未做规定的情况下，原则上应当严格依照《公司法》条文的规定，股东的知情权不包括会计凭证。而在股份公司中也不包括会计账簿，这是考虑到股东知情权与公司义务之间关系的平衡，股份公司股东众多，如果大量股东要查阅公司会计账簿，会让公司应接不暇，为此，《公司法》规定股份公司通过会计师事务所对公司会计报告独立审计并由公司公告会计报告确保会计报告的真实性以满足股东的知情权。另外，股东的知情权与保护公司的商业秘密之间存在冲突，需要在两者之间维持平衡。股东在要求查阅公司会计账簿时，应当证明其目的的正当性。

已退出公司的股东对其作为股东期间知情权被侵害的是否可以主张权利，《公司法》没有明确规定，也没有明确的司法解释。根据侵权法的一般原则，笔者认为其可以就作为股东期间因知情权被侵害造成的损失向侵权人提出权利主张，可以提起侵权赔偿之诉。

在名实股东同时存在的情况下，原则上，实际出资人不得主张知情权。《公司法》规定，记载于股东名册的股东才有权行使股东权。只有在实际出资人作为股东没有法律障碍，并且实际出资人、名义股东与公司之间就行使股东权利有特别约定，该约定也不违反法律的强制性规定的情况下，可以从其约定。

股东对公司董事、监事、高级管理人员报酬的决定权和知情权。

有限责任公司的股东人数有限，股东对公司董事、监事、高级管理人员的报酬一般是掌握的。但是股份有限公司股东人数众多，特别是上市公司，存在大量公众股东，他们一般不参与公司的经营决策，对公司的董事、监事、高级管理人员的报酬事项并不一定了解，所以，《公司法》第一百一十六条规定，公司应当定期向股东披露董事、监事、高级管理人员从公司获得报酬的情况。

需要注意的是，股东知情权与股东担任监事时的监事的知情的性质和内容不同。监事作为代表公司股东或职工利益的专门的监督者，其知情权的范围和强度超过个别的股东。

三　股东对公司的股权回购请求权关系

《公司法》为股东退出公司设计了一系列渠道，请求公司收购其股权即是其中一种，但是，股东请求公司收购其股权须符合一定条件。《公司法》第七十四条规定，有下列情形之一的，对股东会该项决议投反对票的股东可以请求公司按照合理的价格收购其股权：①公司连续五年不向股东分配利润，而公司该五年连续盈利，并且符合本法规定的分配利润条件的。《公司法》规定的分配利润的前置条件是税后、提取法定公积金和弥补以前年度亏损。公司对不分配利润形成股东会、股东大会决议，说明反对该决议的是小股东。股东投资公司最直接的目的是获取资产收益，公司在盈利的情况下，连续五年以上不向股东分配利润，使得股东投资公司的直接目的几近落空，所以小股东退出公司的要求是合理的。但是，其他人不一定愿意以合理的价格受让该股权，这种情况下，《公司法》规定，公司有义务以合理的价格受让小股东拟转让的股权。规定五年以上的期限，是因为不应该要求公司盈利后立即向股东分配利润，公司盈利后往往需要扩大生产规模，扩大再生产也许是对全体股东有利的举措，一味要求公司将利润吃光分尽，并不一定有利于全体股东。②公司合并、分立、转让主要财产的。公司合并、分立、转让主要财产都会引起公司主体本身的根本性变更，小股东不同意对公司主体进行此等变更，又不能阻止这种变更决议的通过，又不愿意继续作为改变后公司的股东时，应当允许其退出公司，其退出公司的最后一条途径就是请求公司回购其股权。③公司章程规定的营业期限届满或者章程规定的其他解散事由出现，股东会会议通过决议修改章程使公司存续的。公司章程规定的营业期限届满或者章程规定的其他解散事由出现时，公司应当终止，这是股东在设立公司时提前约定好的，符合股东当初的意愿，如果持有多数表决权的股东通过决议修改公司章程中的该等规定使公司继续存续，违背了对此持反对意见的股东当初的意愿，基于当初的约定，反对公司继续存续的股东有权要求公司回购其股权后退出公司。

当公司出现上述情况时，股东也可以选择转让所持股权等其他渠道退出，如果选择请求公司收购其股权，应当与公司协商解决，自股东会会议决议通过之日起六十日内，股东与公司不能达成股权收购协议的，股东可以自股东会会议决议通过之日起九十日内向人民法院提起诉讼。这个时效很重要，超过时效，人民法院将不再做出实体处理。

至于收购价格，可以以股权对应的净资产值为基础协商确定，协商不成的，可以委托中介机构评估确定。另外，股东要求公司回购其股权的，应当向公司转让其所持有的全部股权，因为《公司法》规定公司的回购义务，实际上是维护股东的退出权，如果股东要求公司回购其所持股权的一部分，意味着其在回购后并不退出公司，公司可以拒绝股东对其所持股权一部分的回购请求。

四　股东解散公司的诉讼请求权关系

《公司法》第一百八十二条规定，公司经营管理发生严重困难，继续存续会使股东利益受到重大损失，通过其他途径不能解决，造成公司僵局的，持有公司全部股东表决权百分之十以上的股东，可以请求人民法院解散公司。

根据《最高人民法院关于适用〈中华人民共和国公司法〉若干问题的规定（二）》（以下简称为“《公司法》司法解释（二）”）的规定：下列情形之一即属于公司僵局，单独或者合计持有公司全部股东表决权百分之十以上的股东，可以提起解散公司诉讼：①公司持续两年以上无法召开股东会或者股东大会，公司经营管理发生严重困难的；②股东表决时无法达到法定或者公司章程规定的比例，持续两年以上不能做出有效的股东会或者股东大会决议，公司经营管理发生严重困难的；③公司董事长期冲突，且无法通过股东会或者股东大会解决，公司经营管理发生严重困难的；④经营管理发生其他严重困难，公司继续存续会使股东利益受到重大损失的情形。

司法解释已明确，股东提起解散公司诉讼应当以公司为被告，其他不同意解散公司的股东为第三人。原告以其他股东为被告一并提起诉讼的，人民法院应当告知原告将其他股东变更为第三人；原告坚持不予变更的，人民法院应当驳回原告对其他股东的起诉。

原告提起解散公司诉讼应当告知其他股东，或者由人民法院通知其参加诉讼。如果原告未将其他股东列为诉讼当事人，其他股东或者有关利害关系人申请以共同原告（同意解散公司者）或者第三人身份参加诉讼的，人民法院应予准许。

人民法院审理解散公司诉讼案件，应当注重调解。调解主要是寻求解散公司以外的解决公司僵局的其他出路。常见的有：由对立一方的股东收购另一方的股权或股份；以减资的方式让一方股东退出；由公司收购一方的股权或股份使其退出。只要不违反法律、行政法规强制性规定的股东之间的调解协议，人民法院应予支持。当事人不能协商一致使公司存续的，人民法院应当及时判决。

经人民法院调解公司收购原告股份的，公司应当自调解书生效之日起六个月内将收购来的本公司股份转让或者注销，注销的按减资程序处理。股份转让或者注销之前，原告不得以公司收购其股份为由对抗公司债权人。这是为了保护公司债权人的利益。公司债权人向公司股东主张权利的常见情形有：刺破公司法人面纱、股东未足额出资、股东抽逃出资等，在这些情形下，公司债权人的债权优先于公司股东退出公司的权利受到法律的保护。

人民法院关于解散公司诉讼做出的判决，对公司全体股东具有法律约束力。人民法院判决解散公司的，公司进入清算程序，有限责任公司的股东、股份有限公司的控股股东或董事开始行使和履行清算的权利和义务。人民法院判决驳回解散公司诉讼请求的，公司继续存续。人民法院判决驳回解散公司诉讼请求后，提起该诉讼的股东或者其他股东又以同一事实和理由提起解散公司诉讼的，人民法院不予受理。股东可以以新的事实和理由提起解散公司诉讼。

股东以知情权、利润分配请求权等权益受到损害，或者公司亏损、财产不足以偿还全部债务，以及公司被吊销企业法人营业执照未进行清算等为由，提起解散公司诉讼的，人民法院不予受理。因为股东知情权、利润分配请求权受到侵害可以在公司存续的情况下通过其他途径得到救济，这些事由都不是解散公司的法定事由。公司亏损、财产不足以偿还全部债务，可以选择破产程序解决。公司被吊销企业法人营业执照未进行清算的，公司作为经营者的主体资格已经被以行政权力否定，再无须做出解散判决，直接进入清算程序即可。

五　股东对公司的解散清算权关系

（一）公司解散的情形

根据《公司法》第一百八十条的规定，公司因下列原因解散：①公司章程规定的营业期限届满或者公司章程规定的其他解散事由出现。这是公司章程预先规定的解散情形，当公司章程规定的营业期限届满或者公司章程规定的其他解散事由出现，如果不修改公司章程中的这些规定，公司当然解散终止。②股东会或者股东大会决议解散。这是公司股东的自主解散。③因公司合并或者分立需要解散。公司被其他公司吸收合并的，被吸收的公司解散，公司新设合并的，合并前的公司都解散，公司派生分立的，不存在解散的问题，新设分立的，分立前的公司解散。④依法被吊销营业执照、责令关闭或者被撤销。这是对公司最严厉的行政处罚。营业执照是公司成立和开展经营活动的身份证，由工商行政管理机关统一颁发、管理，吊销营业执照是工商行政管理机关根据国家法律法规对违法的企业法人做出的一种行政处罚。企业法人被吊销营业执照后，就丧失了经营主体资格，再不能正常营业，应当依法进行清算，清算程序结束并办理工商注销登记后，该企业法人归于消灭。责令关闭是指政府管理机关对于存在严重污染环境等违法行为的企事业单位，不能让其继续存在下去，依法做出决定，命令其关闭。因为除了工商行政管理机关以外的政府机关无权吊销企业法人的营业执照，因此根据其管理领域和职权，可直接责令违法企业关闭，停止其经营活动，至于工商登记的注销另行处理。被责令关闭的公司虽然还持有营业执照，但是其经营活动被行政权力终止，也意味着公司主体解散，进入清算程序。公司被撤销一般涉及公司设立登记存在严重瑕疵，因此登记机关对设立登记行为予以撤销，意味着公司主体资格丧失，然后通过清算清理遗留问题。⑤被人民法院依照《公司法》第一百八十二条的规定判令解散。

（二）股东对公司的清算关系

公司分立、合并的，原公司债权债务由分立、合并后存续的新公司承继，无须清算。其他解散情形，公司主体资格消灭，而且没有权利义务承受人，所以要对公司债权债务、公司财产及与公司有关的所有业务进行清算。

1. 清算主体

根据《公司法》第一百八十三条规定，有限责任公司的清算组由股东组成，有限责任公司的全体股东都是公司清算的权利义务人。股份有限公司的清算组由董事或者股东大会确定的人员组成。股份有限公司的全体董事是公司清算的权利义务人；股份有限公司的控股股东是公司清算的权利义务人。股份有限公司的非控股股东可以是公司清算的权利人，但不是清算义务人，其关于清算事务的权利通过参加有关确定清算人员及清算方案的股东大会并行使表决权。股份有限公司的股东有参加或不参加股东大会的选择权，其不参加股东大会即是对有关股东权利的放弃，同样，股份有限公司的非控股股东可以不参加有关公司清算的股东大会，从而有选择性地放弃关于清算方面的权利。股份有限公司的股东有可能众多，特别是公开发行股份的公司，有众多的社会公众股东，非控股股东对公司的经营决策影响力微弱，所以《公司法》遵循权利义务对等的原则，没有给股份有限公司非控股股东课以清算义务。此外，公司的实际控制人也有可能成为公司的清算权利义务人。

2. 清算义务

公司解散的，清算义务人应当在解散事由出现之日起十五日内成立清算组，开始清算。逾期不成立清算组进行清算的，债权人可以申请人民法院指定有关人员组成清算组进行清算。人民法院应当受理该申请，并及时组织清算组进行清算。

3. 清算责任

（1）越权清算的损害赔偿责任

清算组成立以后，应当制订清算方案。《公司法》司法解释（二）第十五条规定，公司自行清算的，清算方案应当报股东会或者股东大会决议确认；人民法院组织清算的，清算方案应当报人民法院确认。未经确认的清算方案，清算组不得执行。执行未经确认的清算方案给公司或者债权人造成损失，公司、股东或者债权人可以主张清算组成员承担赔偿责任，人民法院应依法予以支持。首先，清算期间公司的诉讼主体资格存在，公司可以起诉应诉。其次，如果因为清算组或清算组成员的阻挠，公司不能提起对清算组成员的赔偿之诉时，股东可以按照《公司法》规定的派生诉讼原则，以自己的名义对清算组成员提起诉讼，请求人民法院判令清算组成员对公司承担赔偿责任。再次，清算组成员越权清算行为给公司造成损失，意味着间接地对债权人利益造成损失，如果因此导致公司财产减少，乃至不能清偿或不能完全清偿公司债权人债权时，债权人可以对清算组成员提起损害赔偿之诉，诉请人民法院判令其向债权人直接赔偿由其越权清算行为造成的损失。最后，赔偿责任主体是清算组成员，不是清算组，因为清算组不是一个独立的法律主体，没有独立财产对外承担责任。清算组成员的越权清算行为性质上属于侵权行为，根据侵权责任法，对其越权清算行为造成的损失应当承担连带赔偿责任。

（2）迟延履行清算义务的损害赔偿责任

《公司法》司法解释（二）第十八条规定，有限责任公司的股东、股份有限公司的董事和控股股东未在法定期限内成立清算组开始清算，导致公司财产贬值、流失、毁损或者灭失，侵害及公司债权人利益的，债权人可以主张公司的清算义务人在造成损失范围内对公司债务承担赔偿责任，人民法院应依法予以支持。如果是公司实际控制人原因造成的，公司债权人可以主张实际控制人在造成损失的范围内对公司债务承担赔偿责任，人民法院应依法予以支持。

（3）怠于履行清算义务的连带赔偿责任

《公司法》司法解释（二）第十八条规定，有限责任公司的股东、股份有限公司的董事和控股股东因怠于履行义务，导致公司主要财产、账册、重要文件等灭失，无法进行清算的，债权人可以主张公司的清算义务人对公司债务承担连带清偿责任，人民法院应依法予以支持。如果是公司实际控制人原因造成的，债权人可以主张实际控制人对公司债务承担连带责任，人民法院应依法予以支持。

（4）恶意处置公司财产的损害赔偿责任

《公司法》司法解释（二）第十九条规定，有限责任公司的股东、股份有限公司的董事和控股股东，以及公司的实际控制人在公司解散后，恶意处置公司财产给公司债权人造成损失，或者未经依法清算，以虚假的清算报告骗取公司登记机关办理法人注销登记，债权人主张其对公司债务承担相应赔偿责任的，人民法院应依法予以支持。

（5）未经清算注销公司的债务清偿责任

《公司法》司法解释（二）第二十条规定，公司解散应当在依法清算完毕后，申请办理注销登记。公司未经清算即办理注销登记，导致公司无法进行清算，债权人主张有限责任公司的股东、股份有限公司的董事和控股股东，以及公司的实际控制人对公司债务承担清偿责任的，人民法院应依法予以支持。

公司未经依法清算即办理注销登记，股东或者第三人在公司登记机关办理注销登记时承诺对公司债务承担责任，债权人主张其对公司债务承担相应民事责任的，人民法院应依法予以支持。

（6）清算义务人的责任分担

《公司法》司法解释（二）第二十一条规定，有限责任公司的股东、股份有限公司的董事和控股股东，以及公司的实际控制人为二人以上的，其中一人或者数人依法承担民事责任后，有权主张其他人员按照过错大小分担责任，人民法院应依法予以支持。

（7）清算组成员的损害赔偿责任

《公司法》第一百八十九条规定，清算组成员应当忠于职守，依法履行清算义务。清算组成员不得利用职权收受贿赂或者其他非法收入，不得侵占公司财产。清算组成员因故意或者重大过失给公司或者债权人造成损失的，应当承担赔偿责任。《公司法》司法解释（二）第二十三条规定，清算组成员从事清算事务时，违反法律、行政法规或者公司章程给公司或者公司债权人造成损失，公司或者债权人主张其承担赔偿责任的，人民法院应依法予以支持。

如果公司不对清算组成员的侵权损害提起赔偿诉讼，有限责任公司的股东、股份有限公司连续一百八十日以上单独或者合计持有公司百分之一以上股份的股东，依据《公司法》第一百五十一条第三款的规定，以清算组成员有前款所述行为为由向人民法院提起派生诉讼的，人民法院应予支持。公司已经清算完毕注销，前述股东参照《公司法》第一百五十一条第三款的规定，直接以清算组成员为被告、其他股东为第三人向人民法院提起损害赔偿诉讼的，人民法院应予受理。

六　股东退出公司的途径

在市场经济体制下，投资公司或者退出公司，应当是市场主体的自由选择，《公司法》为股东退出公司设计了多种渠道，概括起来有以下几种。

（一）转让股权或者股份

有限责任股东可以按照《公司法》第七十一条规定的股权转让规则转让其所持有的全部股权以实现退出公司；股份有限公司股东可以自由地转让其持有的股份以退出公司。但是，如果无人受让股权或者股份，此种退出方式就不可行。

（二）通过减资程序退出公司

公司成立后，股东可以通过减资程序抽回出资，即将股东的出资按比例从注册资本中去除。公司减资须形成股东会、股东大会特别决议。有限责任公司减资须经全体股东所持表决权三分之二以上同意，股份有限公司减资须经出席股东大会会议的股东所持表决权三分之二以上同意。如果无法形成股东会、股东大会特别决议，就不能减资。公司减资的，还须通知公司债权人并取得其同意。减资时，股东取回的资金或者资产不一定就是其出资的数额，应当以其所持股权或股份在减资当时所对应的公司净资产值为依据，确定其应当取回的资产数额。

（三）请求公司回购其所持股权或股份

股东请求公司回购其股权或股份的条件比较严格。《公司法》第七十四条规定，有下列情形之一的，对股东会该项决议投反对票的股东可以请求公司按照合理的价格收购其股权：①公司连续五年不向股东分配利润，而公司该五年连续盈利，并且符合本法规定的分配利润条件的；②公司合并、分立、转让主要财产的；③公司章程规定的营业期限届满或者章程规定的其他解散事由出现，股东会会议通过决议修改章程使公司存续的。自股东会会议决议通过之日起六十日内，股东与公司不能达成股权收购协议的，股东可以自股东会会议决议通过之日起九十日内向人民法院提起诉讼。除此三种法定情形之外，公司没有义务回购股东所持股权或股份。

（四）解散公司

公司解散后，所有股东都退出公司。股东解散公司的，有限责任公司须经全体股东所持表决权的三分之二以上同意，股份有限公司须经出席股东大会会议的股东所持表决权的三分之二以上同意。否则，无法形成解散公司的决议。

（五）诉讼解散公司

如果股东之间无法形成解散公司的决议，如果存在公司僵局情形，持有公司全部股东表决权百分之十以上的股东可以依据《公司法》第一百八十二条的规定，请求人民法院解散公司，以实现其退出公司的目的。

如果这几种退出方式都行不通，股东有可能存在无法以收回投资或部分收回投资的方式退出公司的情形，不得不接受投资遭受损失的结局，所以，投资公司应当充分认识投资的风险，谨慎决策。

第四节　股东对公司的损害赔偿责任

《公司法》第二十条规定，公司股东应当遵守法律、行政法规和公司章程，依法行使股东权利，不得滥用股东权利损害公司的利益。公司股东滥用股东权利给公司造成损失的，应当依法承担赔偿责任。

一　股东瑕疵出资的侵权责任

股东对公司最基本的义务就是出资义务，完整的出资义务要件包括按时出资、足额出资、实际缴付出资和出资的过户登记。股东的出资如果有瑕疵，比如未足额出资、未按时出资、未办理所出资财产的过户登记、虚假出资等行为，虽有违约的属性，但从根本上来说是对公司财产的侵权。公司是拟制的法人，公司成立后即具有独立的法律人格，对其财产享有所有权，股东认缴的出资构成公司财产，股东不按时、足额缴付出资就是对公司财产权的侵害，应当承担按时、足额缴付出资并承担赔偿因此给公司造成损失的责任。公司可以向瑕疵出资股东请求其完全履行出资的义务，并赔偿出资瑕疵给公司造成的损失。根据《公司法》和《公司法》司法解释（三）的有关规定，对此，还有连带责任人：股东在公司设立时未履行或者未全面履行出资义务的，公司的发起人与瑕疵出资股东承担连带责任；股东在公司增资时未履行或者未全面履行出资义务的，未尽忠实义务和勤勉义务而使出资未缴足的董事、高级管理人员承担连带责任。

二　股东抽逃出资的侵权责任

《公司法》规定，有限责任公司成立后，股东不得抽逃出资。在股份公司的设立中，发起人、认股人缴纳股款或者缴付抵作股款的出资后，除未按期募足股份、发起人未按期召开创立大会或者创立大会决议不设立公司的情形外，不得抽回其股本。有限责任公司股东抽逃其出资、股份有限公司发起人、认股人抽回其股本的，公司可以对其主张返还请求权，并可向人民法院提起返还请求之诉。股东出资后，取得公司的股权或股份，其用以出资的财产即转化为公司的财产，股东抽逃出资非抽逃自己的财产，其本质是侵占公司的财产，对公司构成侵权。[①] 股东抽逃出资，公司或者其他股东有权请求其向公司返还出资本息，也有权请求协助抽逃出资的其他股东、董事、高级管理人员或者实际控制人

---

① 参见樊云慧《从“抽逃出资”到“侵占公司财产”：一个概念的厘清》，《法商研究》2014 年第 1 期。

对返还出资承担连带责任。

三 控股股东利用关联关系损害公司利益的赔偿责任

《公司法》第二十一条规定，公司的控股股东不得利用其关联关系损害公司利益。控股股东利用关联关系给公司造成损失的，应当承担赔偿责任。从法理上说，控股股东与其他股东一样，以出资额为限对公司承担责任，控股股东对公司经营管理事务的决定权较其他股东更大也是由资本多数决原则决定的，无可厚非。但从公司运营实践来看，正因为控股股东所拥有的表决权在公司事务中具有决定性作用，使得控股股东有可能在行使表决权这一合法形式的掩盖下，实际进行侵害公司利益乃至其他股东利益的行为。基于此，《公司法》理论上认为，控股股东对公司应当承担较其他股东更重的受信义务。这一受信义务主要体现在《公司法》规定控股股东对关联交易的回避表决制度上。《公司法》第十六条规定，公司为公司股东提供担保的，必须经股东会或者股东大会决议。接受担保的股东不得参加该担保事项的表决。该项表决由出席会议的其他股东所持表决权的过半数通过。《公司法》第一百二十四条规定，上市公司董事与董事会会议决议事项所涉及的企业有关联关系的，不得对该项决议行使表决权，也不得代其他董事行使表决权。该董事会会议由过半数的无关联关系董事出席即可举行，董事会会议所作决议须经无关联关系董事过半数通过。出席董事会的无关联关系董事人数不足三人的，应将该事项提交上市公司股东大会审议。股东大会表决该事项时，有关联关系的股东或者受有关联关系的实际控制人支配的股东应当回避表决，由出席会议的其他股东以所持表决权的半数以上同意通过。对有限责任公司控股股东的回避表决问题，《公司法》没有规定，公司可以在章程中做出规定。如果公司章程也没有规定，控股股东可不回避表决。

四 实际控制人对公司的损害赔偿责任

《公司法》第二百一十六条规定，实际控制人，是指虽不是公司的股东，但通过投资关系、协议或者其他安排，能够实际支配公司行为的人。比如，公司控股股东的控股股东等。公司的实际控制人可以通过其影响力向公司安排董事、监事、高级管理人员等方式控制公司的经营管理活动，容易通过关联关系向实际控制人输送利益，损害公司的合法权益，因此《公司法》对实际控制人采取了一些约束性规定。《公司法》第二十一条规定，公司的实际控制人不得利用其关联关系损害公司利益。违反此规定，给公司造成损失的，应当承担赔偿责任。

防止实际控制人通过关联关系损害公司利益的一个有效手段就是关联关系回避表决制度。《公司法》第十六条规定，公司为公司实际控制人提供担保的，必须经股东会或者股东大会决议。接受担保的实际控制人支配的股东，不得参加该担保事项的表决。该项表决由出席会议的其他股东所持表决权的过半数同意通过。

五　对侵权股东或者实际控制人的派生诉讼关系

公司股东或者实际控制人滥用股东权利、控制权或者关联关系损害公司利益的，或篡夺公司机会,[①] 属于《公司法》第一百五十一条第三款规定的其他股东可以提起派生诉讼的范围。如果公司未及时依法追究其责任，根据《公司法》第一百五十一条第一款、第二款的规定，有限责任公司的股东、股份有限公司连续一百八十日以上单独或者合计持有公司百分之一以上股份的股东，可以书面请求董事会或者不设董事会的有限责任公司的执行董事向人民法院提起诉讼，董事会或者董事不履行职责的，前述股东可以书面请求监事会或者不设监事会的有限责任公司的监事向人民法院提起诉讼。监事会、不设监事会的有限责任公司的监事收到前款规定的股东书面请求后拒绝提起诉讼，或者自收到请求之日起三十日内未提起诉讼，或者情况紧急、不立即提起诉讼将会使公司利益受到难以弥补的损害的，前述股东有权为了公司的利益以自己的名义直接向人民法院提起诉讼，请求侵害公司利益的股东、实际控制人向公司承担损害赔偿责任。

① 参见冯果《“禁止篡夺公司机会”规则探究》，《中国法学》2010 年第 1 期。

第三章

股东(大)会与董事会关系的均衡

记载于有限责任公司股东名册中的全体股东组成股东会，股东会是有限责任公司的最高权力机构。持有股份有限公司股份的股东组成股东大会，股东大会是股份有限公司的最高权力机构。董事会是股东会、股东大会的执行机构，董事会对股东会、股东大会负责。

第一节　董事会的性质及运行机制

董事会是法定的公司组织机构，是股东（大）会的执行机构。董事会由全体董事组成。《公司法》规定，有限责任公司设董事会，其成员为三人至十三人；股东人数较少或者规模较小的有限责任公司，可以设一名执行董事，不设董事会；股份有限公司设董事会，其成员为五人至十九人。董事会成员中可以有公司职工代表。董事会中的职工代表由公司职工通过职工代表大会、职工大会或者其他形式民主选举产生。

一　董事的产生途径及任职资格

（一）董事的产生途径

董事的产生有两种途径，一种途径是由股东（大）会选举产生，另一种途径是由公司职工民主选举产生。《公司法》规定两个以上的国有企业或者两个以上的其他国有投资主体投资设立的有限责任公司，其董事会成员中应当有公司职工代表，这是《公司法》的强制性规定。不过，《公司法》没有规定职工董事的人数和比例，应当至少有一名，具体人数和比例可由章程规定；其他有限责任公司和股份有限公司董事会成员中可以有公司职工代表，这是任意性规范，是否设置职工董事由公司章程规定。如果公司依法或依章程规定设职工董事，董事会中的职工代表由公司职工通过职工代表大会、职工大会或者其他形式民主选举产生，不能由股东会选举产生。除职工董事之外，董事由股东会依法或依据公司章程的规定选举产生。强调一点：并不是说职工董事是公司的职工，非职工董事不是公司的职工。董事都是公司的职工，所谓职工董事并不是说该董事是职工，而是说该董事是由职工选举产生的。《公司法》第一百零五条规定，股东大会选举董事，可以依照公司章程的规定或者股东大会的决议，实行累积投票制。所谓累积投票制，是指股东大会选举董事时，每一股份拥有与应选董事人数相同的表决权，股东拥有的表决权可以集中使用。比如，公司须经股东大会选举产生七名股东，每一股份可以对董事候选人中的七人每人投一票，即每一股份享有总共七票投票权。按照通常情况投票选举，这一股份的持有人可以对自己选中的七名董事候选人每人投一票，即他选中的董事候选人每人可以得到他的一票，按照累积投票制，持有这一股份的股东可以将七票投票权全部投给他选中的某一董事候选人，即他选中的这名董事候选人可以得到他的七票。累积投票制主要是为了保护小股东利益设置的。如果平均投票的话，小股东选中的董事候选人一般不可能当选，通过实行累积投票制小股东或者部分小股东联合起来将其所享有的投票权全部集中投给某一名或某几名候选人，使其获得得票优势从而当选，这样，在董事会中就有了小股东利益的代言人。对于有限责任公司股东会选举董事的方式，《公司法》没有做明确规定，可以通过公司章程约定，规模大的有限责任公司也可以通过章程规定实行累积投票制选举董事。《公司法》第四十五条规定，董事任期由公司章程规定，但每届任期不得超过三年。董事任期届满，连选可以连任。董事任期届满未及时改选，或者董事在任期内辞职导致董事会成员低于法定人数的，在改选出的董事就任前，原董事仍应当依照法律、行政法规和公司章程的规定，履行董事职务。股份有限公司董事的任期和改选亦照此办理。

（二）董事的任职资格

《公司法》没有为董事的任职规定积极资格，《公司法》第一百四十六条规定了董事的消极任职资格：有下列情形之一的，不得担任公司的董事：①无民事行为能力或者限制民事行为能力；②因贪污、贿赂、侵占财产、挪用财产或者破坏社会主义市场经济秩序，被判处刑罚，执行期满未逾五年，或者因犯罪被剥夺政治权利，执行期满未逾五年；③担任破产清算的公司、企业的董事或者厂长、经理，对该公司、企业的破产负有个人责任的，自该公司、企业破产清算完结之日起未逾三年；④担任因违法被吊销营业执照、责令关闭的公司、企业的法定代表人，并负有个人责任的，自该公司、企业被吊销营业执照之日起未逾三年；⑤个人所负数额较大的债务到期未清偿。公司违反此规定选举、委派董事的，该选举、委派或者聘任无效。董事在任职期间出现前述情形之一的，公司应当解除其职务。如果公司董事出现上述情况，公司没有或者拒绝纠正，监事、监事会或者股东可以要求公司纠正，公司拒不纠正的，可以向人民法院提起诉讼，请求人民法院判令公司纠正。

（三）董事长

董事会设董事长。《公司法》第四十四条规定，有限责任公司董事会设董事长一人，可以设副董事长。董事长、副董事长的产生办法由公司章程规定。公司章程可以规定董事长、副董事长由股东会选举产生，或者由部分股东确定董事长，由另一部分股东确定副董事长，或者由董事会以一人一票的方式选举董事长和副董事长。《公司法》第一百零九条规定，股份有限公司董事会设董事长一人，可以设副董事长。董事长和副董事长由董事会以全体董事的过半数选举产生。这是《公司法》的强制性规定，股份有限公司特别是上市的股份有限公司往往是公众公司，为了保护社会公众股东的合法权益，《公司法》对于董事长和副董事长人选的产生方式以法律的形式确定了下来，意味着股东会特别是大股东不得直接干涉董事长和副董事长的产生，虽然大股东不可避免地会通过选举董事的方式间接地影响董事长和副董事长的人选，但其作用机制毕竟多了一个环节。股份有限公司的副董事长人数没有法定限制。

另外，《中华人民共和国安全生产法》（以下简称为《安全生产法》）规定，生产经营单位的主要负责人未履行安全生产管理职责，导致发生生产安全事故的，给予撤职处分；构成犯罪的，依照刑法有关规定追究刑事责任。生产经营单位的主要负责人因此受刑事处罚或者撤职处分的，自刑罚执行完毕或者受处分之日起，五年内不得担任任何生产经营单位的主要负责人；对重大、特别重大生产安全事故负有责任的，终身不得担任本行业生产经营单位的主要负责人。这里的主要负责人应当包括董事长，因此，有前述情形者，不得担任相应公司的董事长。

二 董事会会议机制

董事会进行决策的形式是通过召开董事会会议以票决制的方式形成决议，董事会票决制采取一人一票制。董事会会议的召开和决议须符合程序性要求。

（一）会议的召集人和主持人要适格

《公司法》第四十七条规定，有限责任公司董事会会议由董事长召集和主持；董事长不能履行职务或者不履行职务的，由副董事长召集和主持；副董事长不能履行职务或者不履行职务的，由半数以上董事共同推举一名董事召集和主持。《公司法》第一百零九条规定，股份有限公司由董事长召集和主持董事会会议，检查董事会决议的实施情况。副董事长协助董事长工作，董事长不能履行职务或者不履行职务的，由副董事长履行职务；副董事长不能履行职务或者不履行职务的，由半数以上董事共同推举一名董事履行职务。

（二）会议的召开和通知要适格

《公司法》对有限责任公司董事会的召开和通知未做规定，由公司章程规定。公司章程未做具体规定的情况下，有权召集和主持会议的董事长、副董事长或者半数以上董事推举的董事可以随时召集董事会会议，开会的通知应当在会议前合理的时间内通知全体董事。如果未通知全体董事，董事会决议可能因程序瑕疵被股东提起撤销之诉。至于多大比例的董事出席方能召开会议，公司章程应当做出规定。参照《公司法》对股份有限公司董事会出席董事比例的规定，应当有半数以上的董事出席方能召开董事会会议。

《公司法》规定，股份有限公司董事会会议分为定期会议和临时会议。关于定期会议，《公司法》第一百一十条规定，董事会每年度至少召开两次会议，每次会议应当于会议召开十日前通知全体董事和监事。监事应当列席董事会会议。关于临时会议，《公司法》规定，有权提议召开临时会议的主体如下：代表十分之一以上表决权的股东可以提议召开董事会临时会议；三分之一以上董事可以提议召开董事会临时会议；监事会可以提议召开董事会临时会议。召开董事会临时会议的提议向董事长提出，董事长应当自接到提议后十日内，召集和主持董事会会议。董事会召开临时会议的通知方式和通知时间，可以通过公司章程或者董事会决议的形式另行确定，也可以采用董事会定期会议的通知方式和通知时限。《公司法》第一百一十一条规定，董事会会议应有过半数的董事出席方可举行。第一百一十二条规定，董事会会议，应由董事本人出席；董事因故不能出席，可以书面委托其他董事代为出席，委托书中应载明授权范围。董事不能委托非董事出席董事会会议，这是因为董事的身份具有特定性，董事会会议所议事项具有相当的专业性，与公司之前以及之后的经营活动有着连贯性，非董事不一定能够理解所议事项的商业意义，董事会所议事项在一定程度上还具有秘密性，非董事不应当出现在董事会会议上。这一点对有限责任公司的董事会应当准用。

（三）议事方式和表决程序适格

《公司法》第四十八条规定，董事会的议事方式和表决程序，除本法有规定的外，由公司章程规定。《公司法》规定，无论是有限责任公司，还是股份有限公司，董事会决议的表决，实行一人一票。股份有限公司董事会决议必须经全体董事的过半数通过。对于有限责任公司董事会决议是否须经全体董事的过半数通过，《公司法》没有明确规定，笔者认为，在公司章程没有规定的情况下，应当参照《公司法》对股份有限公司董事会决议的规定，也应当由全体董事过半数通过。

董事会进行表决形成决议时，关联董事应当回避表决。《公司法》规定第一百二十四条规定，上市公司董事与董事会会议决议事项所涉及的企业有关联关系的，不得对该项决议行使表决权，也不得代理其他董事行使表决权，也就是说，如果上市公司的董事不能亲自出席董事会会议，需要委托其他董事代为行使表决权的，不得委托与所表决决议有关联关系因而需要回避表决的董事。该等董事会会议由过半数的无关联关系董事出席即可举行，亦即除去关联董事后，剩余董事的过半数出席即可。董事会会议所做决议须经出席会议的无关联关系董事过半数通过。如果出席董事会会议的无关联关系董事人数不足三人的，应将该事项提交上市公司股东大会审议。

对非上市的股份有限公司和有限责任公司，《公司法》没有规定关联董事的回避表决问题，公司章程完全可以对此做出约定。公司章程没有规定，对是否回避表决有争议的，应当将所表决事项提交股东会或者股东大会表决，即可避免此等争议。

（四）会议记录

《公司法》规定，无论是有限责任公司还是股份有限公司，董事会应当对所议事项的决定做成会议记录，出席会议的董事应当在会议记录上签名。形成并保留董事会会议记录，可避免日后对董事会所议事项产生争议。

第二节　股东(大)会对董事会的权力关系

股东（大）会是公司的最高权力机构，是董事会的上位机关，对公司和董事行使下列职权：①决定公司的经营方针和投资计划；②选举和更换非由职工代表担任的董事、监事，决定有关董事、监事的报酬事项；③审议批准董事会的报告；④审议批准监事会或者监事的报告；⑤审议批准公司的年度财务预算方案、决算方案；⑥审议批准公司的利润分配方案和弥补亏损方案；⑦对公司增加或者减少注册资本做出决议；⑧对发行公司债券做出决议；⑨对公司合并、分立、解散、清算或者变更公司形式做出决议；⑩修改公司章程；⑪公司章程规定的其他职权。

董事会作为股东（大）会的执行机关，组织实施股东（大）会的决策，并向股东（大）会报告执行情况。

第三节　董事会对股东(大)会的职责

根据《公司法》第四十六条、第一百零八条规定，董事会对股东会负责，行使下列职权：

一　召集股东会会议，并向股东会报告工作

有限责任公司股东会、股份有限公司股东大会虽然是公司的最高权力机构，但由于股东人数可能很多，而且有些股东的目的是追求投资收益，不是为了参与公司的经营管理活动，所以股东会或股东大会不能以常设机构的方式存在，而是以会议体的形式存在，其行使权力的方式是通过召开会议形成股东会或股东大会决议，以决议指导公司其他机构的经营管理活动并约束之。股东会或股东大会在不召开会议的情况下无法行使权力，股东个体不能对公司其他机构进行指挥和领导，哪怕是控股股东。而公司的经营管理活动需要持续进行，需要有一个常设机构专门从事公司的经营管理，因此，《公司法》规定，股东会或股东大会选举产生一定数量的董事组成董事会作为股东会或股东大会的执行机关，也作为公司的常设机构，负责公司的经营管理。既然股东会或股东大会要通过会议形成决议的方式行使权力，而开会需要有召集人和会议主持人，《公司法》规定，由董事会这个常设机构和执行机构负责召集股东会或股东大会会议（有限责任公司不设董事会的，由执行董事负责召集并主持股东会会议），由董事长主持会议。董事会召集股东会或股东大会会议具有合理性，董事会负责公司的经营管理，最清楚公司在哪些方面需要做出重大经营决策，公司处于什么样的市场环境，有哪些商业机会，面临哪些经营风险。通过适时召集股东会或股东大会会议，一方面及时向股东会或股东大会报告对其决议的执行情

况，另一方面提请股东会或股东大会对公司的重大经营活动做出决策。

股东会、股东大会与董事会之间关系的失衡最常见的形态有二：一是董事会搞内部控制，不及时召集股东会或股东大会会议，使股东们无法行使权力；二是个别股东，特别是大股东或控股股东越过股东会、股东大会会议直接对董事会发号施令，贯彻其意旨。前者的后果是董事会损害全体股东的权益，后者实际上是大股东损害小股东利益。对于两种关系的失衡，《公司法》都设定了相应的救济措施。对于董事会的内部控制问题，《公司法》第三十九条规定，有限责任公司股东会会议分为定期会议和临时会议。定期会议应当依照公司章程的规定按时召开。代表十分之一以上表决权的股东，三分之一以上的董事，监事会或者不设监事会的公司的监事提议召开临时会议的，应当召开临时会议。董事会或者执行董事不能履行或者不履行召集股东会会议职责的，由监事会或者不设监事会的公司的监事召集和主持；监事会或者监事不召集和主持的，代表十分之一以上表决权的股东可以自行召集和主持。《公司法》第一百条对股份有限公司股东大会会议的召开做了专门规定，即股东大会每年须召开一次年会，还规定了必须召开临时会议的法定情形和法定期限，董事会必须召集股东大会会议。如果董事会不能履行或者不履行召集股东大会会议职责的，监事会应当及时召集和主持；监事会不召集和主持的，连续九十日以上单独或者合计持有公司百分之十以上股份的股东可以自行召集和主持。总之，使得股东会或股东大会会议能够召开，就相关事宜进行决议。对于个别股东，特别是大股东越过股东会、股东大会直接指挥董事会的问题，《公司法》也有相应的救济渠道。首先，从性质上来说，董事会是公司的法定组织机构，有其相对独立的法律地位，有法定的职责，其履行职责应当考虑公司的整体利益，包括公司各方面的利益相关主体，董事会不是股东的代理人，更不是大股东的代理人。对于个别股东，哪怕是控股股东对董事会的直接指令——而不是股东会或股东大会决议，董事会完全有理由拒绝执行。其次，遇到此类问题时，董事会可以召集股东会或股东大会会议，将有关事项提请会议表决决定，然后按照会议决议执行，以避免董事会行为违法或违反公司章程所面临的法律风险。最后，如果董事会按照大股东的指令行事，侵害了其他股东的利益，其他股东可以对实施侵权行为的董事提出损害赔偿请求。

二　执行股东（大）会的决议

董事会是股东（大）会的下位机构，是股东（大）会的执行机构，负责执行股东（大）会的决议，按照股东（大）会决议的大政方针经营公司。董事会如果拒不执行股东（大）会决议，就打破了股东会与董事会之间的关系均衡，需通过一定机制恢复均衡，可采取的措施有：一是股东（大）会可以对董事会进行改选。《公司法》规定了董事的任期为三年，这是指董事当选后最长三年就应当进行换届改选，并不是董事当选后必须满三年才能改选。如果董事会的部分成员拒不执行股东会决议，或者阻挠董事会执行股东（大）会决议，甚至违法或违反公司章程，损害公司利益的，股东（大）会完全可以召开临时会议对董事进行改选，罢免那些反对股东（大）会决议的董事，选举新的董事组成董事会。二是如果董事会或部分董事拒不执行股东（大）会决议给公司造成损害，公司可以对责任董事提出损害赔偿请求或损害赔偿之诉，如果公司在董事或董事会的把持下拒不提出损害赔偿请求或损害赔偿之诉，股东可以提请监事会代表公司索赔，监事拒不代表公司索赔的，股东可以提起派生诉讼。至于股东（大）会决议事项的范围，《公司法》第三十七条做了不完全列举性规定，只要是公司章程规定的职权，股东（大）会都可以做出决议，即使《公司法》和公司章程没有规定的事项，股东（大）会作为公司的最高权力机关，也有权做出决议，董事会都应当执行。

三　决定公司的经营计划和投资方案

《公司法》规定，股东（大）会的职权之一是决定公司的经营方针和投资计划。股东（大）会确定了公司的经营方针后，董事会应当制订实现股东（大）会确定的经营方针的经营计划。股东

(大) 会决定了公司的重大投资计划后，董事会应当本着为公司谋取利益最大化的原则，结合市场环境和公司实际，履行勤勉义务，制订投资方案，落实股东（大）会确定的投资计划。

四　制订公司的年度财务预算方案、决算方案

财务预算和决算是公司财务工作的重要内容，董事会作为常设的公司经营管理机关，对公司的经营状况、市场环境最为了解，清楚公司需要什么样的财务预算方案、决算方案，董事会制订公司年度财务预算方案、决算方案，提交股东（大）会进行审议，决定是否修改，最后由股东（大）会批准公司的年度财务预算方案、决算方案，董事会按批准的财务预算方案、决算方案组织实施。

五　制订公司的利润分配方案和弥补亏损方案

公司经营利润的主要去向有以下几个方面：一是给股东分配；二是列入资本公积用于公司的扩大再生产；三是用于弥补亏损，根据《企业所得税法》第十八条规定，企业纳税年度发生的亏损，准予向以后年度结转，用以后年度的所得弥补，但结转年限最长不得超过五年，公司利润结转弥补以前五年内的亏损，可以在应纳税所得额中扣减。公司利润在这几个方面如何分配，由董事会根据公司的经营需求提出方案，由股东会审议并最终批准公司的利润分配方案和弥补亏损方案。

六　制订公司增加或者减少注册资本以及发行公司债券的方案

公司增加或者减少注册资本直接改变公司主体本身的存在状态，其决定权在股东（大）会，但部分股东、董事或经理可以提出增加或减少注册资本的提议，如果适格主体提出增加或减少注册资本的提议，董事会可以就增加或减少注册资本制订方案，提交股东（大）会审议。公司发行债券的本质是向社会公众借款，债券就是格式化的借据。公司向社会公众借款会给广大公众造成潜在的风险，所以法律规定须经证券监管机构批准。公司通过发行债券借来的资金须按期还本付息，也会给公司带来偿债风险，有可能给公司

造成重大影响，应当由股东（大）会决定。如果公司有发行债券的意向，由董事会制订发行方案，经股东（大）会审议并形成决议后由董事会负责组织实施。未经股东（大）会决定，董事会无权发行公司债券，由于政府监管机构的审查，实践中董事会绕过股东会或股东大会发行公司债券的可能性很小。

七　制订公司合并、分立、解散或者变更公司形式的方案

公司的合并、分立、解散和公司形式的变更都是涉及公司主体存在、改变或消灭的重大事项，《公司法》规定，其决定权在公司股东（大）会。当公司需要进行合并、分立、解散或者变更公司形式时，董事会应当制订方案，并作为议案提交股东（大）会审议。

八　决定公司内部管理机构的设置

《公司法》规定的组织机构有股东（大）会、董事会、监事会、经理，除此以外，公司根据经营管理的实际需要，可以在内部设立管理机构，这些管理机构的设置属于公司自治的范围，是公司经营范围内的事，由董事会设置。至于这是强制性规定还是任意性规定，可能存在不同的理解。笔者认为，如果公司章程规定某些内部管理机构由股东（大）会决定，或者在章程没有规定的情况下，股东（大）会决定设立某些内部管理机构，也应当是有效的。一则《公司法》第三十七条对公司章程规定股东（大）会的职权采取了开放式的列举，二则董事会受股东（大）会的指挥，股东（大）会做出的决议董事会有义务执行。

九　决定聘任或者解聘公司经理等高级管理人员及其报酬事项

有限责任公司可以设经理，股份有限公司必须设经理，实践中无论是有限责任公司还是股份有限公司都设经理，《公司法》规定，经理的聘任权在董事会。即使经理人选是由大股东、股东（大）会提名甚至确定的，聘任或解聘程序要由董事会完成。在公司内部的层级结构中，经理是董事会的下位机关，由股东（大）会直接聘任经理的做法既不合理也不合法，章程也不应该做出类似规定。副经

理、财务负责人的产生往往是由董事会、股东（大）会甚或大股东提议或确定人选的，但从程序上来说，确定人选后应由经理向董事会提名，由董事会履行聘任程序，解聘时亦如此。经理、副经理、财务负责人的薪酬由董事会决定并进行考核，但股东（大）会一般对此会规定一个幅度。

十 制定公司的基本管理制度

董事会是公司经营管理机构，公司管理制度方面除了股东（大）会认为应由其制定的规章制度以外，公司的基本管理制度都由董事会制定。所谓基本管理制度是相对于日常管理制度而言，基本管理制度有较持续的稳定性、较强的约束力和及于全公司的效力，制定过程采取的是董事会会议民主表决的程序，修改或废止也要经董事会会议表决决定，其权威性也高。日常管理制度是由经理或经理办公会确定的，无须民主表决程序，制订、修改、废止都比较灵活，其效力范围既可以及于全公司，也可以是某一领域或某一项目。

十一 董事接受股东（大）会质询的义务

股东（大）会不是常设的机构，对公司经营管理中的各个细节不一定完全掌握，董事会是公司常设的经营管理机构，对股东（大）会负责。股东（大）会有权就公司的经营管理工作质询董事会组成人员，董事会组成人员有义务接受股东（大）会的质询。《公司法》第一百五十条规定，股东（大）大会要求董事列席会议的，董事应当列席并接受股东的质询。

十二 公司章程规定的其他职权

《公司法》对董事会职权采取了开放式列举的方式，除了《公司法》列举的一般性职权外，公司章程可以为董事会规定其他职权或细化职权项目。比如，如果公司章程规定由董事会聘用、解聘承办公司审计业务的会计师事务所的，依照公司章程的规定由董事会决定。

十三 执行董事的职权

如果是不设董事会的有限责任公司，《公司法》第五十条规定执行董事的职权由公司章程规定。除非是一人有限责任公司由股东直接担任执行董事，不涉及股东与执行董事之间的利益冲突。在普通有限责任公司设执行董事的情况下，因为没有其他董事通过行使表决权相互牵制，如果执行董事直接行使董事会的全部职权，更容易造成执行董事对公司的内部控制，引发担任执行董事职务的股东与其他股东之间的矛盾，所以，为了平衡担任执行董事职务的股东与其他股东之间的权利义务关系，《公司法》授权股东会通过公司章程规定执行董事的职权。一般来说，执行董事的职权范围应当小于董事会的职权范围。

第四节 瑕疵董事会决议的救济

从公司发展的历史实践看，公司的实际权力经历了一个由股东（大）会到董事会再到经理层的流变过程。在欧美发达国家，公司实际权力已经下沉前移到经理一线，董事会更多地像是股东（大）会的常设委员会一样，主要负责聘任经理人员并决定他们的薪酬、考核其经营业绩，董事会基本上不参与公司经营决策活动。在我国目前的情况是，股权比较集中的公司，主要是大股东控制公司并直接主持经营管理或通过控制董事会控制公司，股权比较分散的公司，主要是董事会控制公司重大经营决策。我国公司实践中，股东（大）会与董事会关系失衡的一种常见情况是，董事会以瑕疵决议损害公司利益或直接损害股东利益，此种情况下，股东可以通过一定程序采取措施对瑕疵董事会决议予以救济，以避免瑕疵董事会决议对公司或股东利益的侵害，或者使得受侵害的利益得以恢复，从而恢复股东（大）会与董事会关系的均衡。

一 董事会决议的无效

《公司法》第二十二条规定，公司董事会的决议内容违反法律、行政法规的无效。董事会决议内容违反法律、行政法规会给公司带来巨大的法律风险，因为公司依据违反法律、行政法规的董事会决议所开展的经营活动一定会受到法律的制裁，所以董事会做出违反法律、行政法规的决议一定会损害公司利益，间接地会损害股东利益。即使公司通过违法行为取得某种利益，那也是暂时的。股东和股东（大）会应当对董事会违反法律、行政法规的决议保持警惕，并积极主动地采取救济措施。股东和股东（大）会可以采取的救济措施有：①要求董事会终止违法决议，股东可以请求监事会行使职权要求董事会终止违法决议；②由股东（大）会做出决议，决定停止执行董事会违法决议；③股东请求监事会代表公司对董事会违法决议提起确认无效之诉；④股东（大）会责令监事会代表公司对董事会违法决议提起确认无效之诉；⑤持有十分之一以上表决权的适格股东以派生诉讼方式对董事会违法决议提起确认无效之诉或损害赔偿之诉。

对董事会违法决议提起确认无效之诉不受诉讼时效的限制。

二　董事会决议的撤销

《公司法》第二十二条规定，董事会的会议召集程序、表决方式违反法律、行政法规或者公司章程，或者决议内容违反公司章程的，股东可以自决议做出之日起六十日内，请求人民法院撤销。董事会决议因违法或存在效力瑕疵，可以撤销的情形有以下几种：

（一）董事会的会议召集程序违反法律、行政法规或者公司章程

董事会会议的有效召开和决议的做出，需要满足一系列程序性要求，包括召集、通知、主持、表决投票、会议记录和签署、决议的形成等。第一，会议的召集人和主持人要适格。《公司法》第四十八条、第一百零九条规定，董事会会议由董事长召集和主持；董事长不能履行职务或者不履行职务的，由副董事长召集和主持；副董事长不能履行职务或者不履行职务的，由半数以上董事共同推举一名董事召集和主持。这是《公司法》对董事会会议召集主体的规定，董事会会议的召集主体必须符合这一规定，否则，董事会会议

的召集主体不适格，意味着董事会会议的召集程序存在法律瑕疵，由此做出的董事会决议也存在法律瑕疵。第二，会议的召集程序主要涉及会议的通知方式是否能够确保董事收到通知，是否给予董事合理的准备时间。常勤董事一般在公司主持经营管理工作，可以当面口头通知或书面通知，可以即时收到，对于外部董事或独立董事等非常勤董事以及出差在外的董事，存在异地通知的问题，通知方式应当能确保董事收到。关于董事会会议通知时限，《公司法》未对有限责任公司董事会会议通知时限做出规定，有限责任公司可以在章程中规定，也可以在公司管理制度中做出规定。《公司法》第五十四条规定，有限责任公司监事可以列席董事会会议，则董事会会议应当通知监事。《公司法》第一百一十条对股份有限公司董事会会议的通知时限做了专门规定：董事会每年度至少召开两次会议，每次会议应当于会议召开十日前通知全体董事和监事。《公司法》虽然只规定监事可以列席董事会会议，但在股份有限公司中，董事会会议必须按照法定时限通知监事，由监事根据公司章程规定决定是否列席会议。对于通知时限的起算，《公司法》没有做出明确规定，有发出主义和到达主义两种观点。我们认为，为了确保董事能有效参加董事会会议，并对参会审议事项做出必要的准备，应当采取到达主义计算通知期间。对会议通知的提前期间不足有异议的董事，可以对会议召集人提出异议，并要求另行确定开会时间，最好不要以此为由直接拒绝参加会议，可以在董事会会议上提出会议通知提前的时限不足的瑕疵，必要时会后可以通知股东，由股东决定是否提出撤销董事会决议的请求。《公司法》规定，股份有限公司代表十分之一以上表决权的股东、三分之一以上董事或者监事会，可以提议召开董事会临时会议。代表十分之一以上表决权的股东既可以是单个股东，也可以是数个股东的联合。董事长应当自接到提议后十日内，召集和主持董事会会议。董事会召开临时会议，可以另定召集董事会的通知方式和通知时限，所谓另定方式一般有通过章程规定或者通过公司管理规章制度规定，也可以由董事会以决议方式确定。《公司法》关于股份有限公司董事会临时会议的这些规定，有限责任公司完全可以通过将此等内容列入公司章程借鉴适用。董事会是公司的常设机关，董事在公司中有职位，这一点不同于股东，未进入董事会、监事会或经理层的股东在公司中并没有常设职位，所以，董事会会议的通知方式一般不适用公告。如果公司在一段时间内联系不到董事，责任也应当由董事承担。即使因不可抗力无法通知董事，董事会会议也无须履行公告程序以后才能召开，因为董事会会议往往涉及公司的经营决策，时机性较强，如果过于计较会议程序，会丧失商机。第三，通知的内容必须包含会议召开的时间、地点。《公司法》并未强制规定董事会会议通知应当包含审议事项。第四，表决方式一般有举手表决和票决，举手表决的情况和结果做成会议记录并经股东签字认可是有效的，如果股东对举手统计结果有异议，可以用填写书面表决票的方式予以补正。股东会或股东大会会议的票决最好用记名投票的方式，并在一定期限内保存表决票，以避免对决议产生异议。第五，应当对所议事项的决定做成会议记录，出席会议的股东应当在会议记录上签名。第六，定期会议应当按照章程的规定召开。

（二）董事会的会议表决方式违反法律、行政法规或者公司章程

《公司法》第一百一十一条规定，股份公司董事会会议应有过半数的董事出席方可举行。董事会做出决议，必须经全体董事的过半数通过。董事会决议的表决，实行一人一票。按照通常意义，过半数应当不包含半数，因为半数董事参加会议，半数董事不参加会议，双方的力量是对等的，各方都不应该取得压倒对方的优势。为了避免一半对一半的尴尬僵局，实践中，公司董事会的成员一般为单数。如果参加会议的董事没有过半数，则董事会不能开会，即使开会并形成董事会决议，也是可撤销的。董事会会议形成决议需要全体董事过半数通过，这个全体董事是董事会的全部董事，不是出席会议的全体董事。《公司法》第一百一十二条规定，股份公司董事会会议，应由董事本人出席；董事因故不能出席，可以书面委托其他董事代为出席，委托书中应载明授权范围。要注意的是，不能出席董事会会议的董事不得委托本公司董事以外的人代为出席董事会会议，因为董事会具有特定的职权，对公司的经重大经营活动做

出决策需要有专门的知识。不具备董事身份的人受委托参加董事会会议并行使表决权会破坏董事会的庄严性，甚至泄露公司商业秘密。《公司法》未对有限责任公司董事会的参加人数、议事方式和表决程序做出专门规定，应当准用股份公司董事会的有关规定，除非公司章程另有规定。

（三）董事会决议内容违反公司章程

董事会决议内容只违反公司章程不违反法律、行政法规的，并非无效，而是属于可撤销的情形。

根据《公司法》的规定，对董事会瑕疵决议的撤销请求权归属于股东，而且对提起撤销请求之诉的原告股东没有持股比例和持股时间的要求，只要在起诉之时具备股东身份就可以。但是，股东须在决议做出之日起六十日内提起撤销之诉，对于此期限的计算不存在知道或应当知道的问题，自董事会决议做出六十日内股东未提起撤销之诉的，不得再提起该等诉讼。从民法理论上来说，可撤销的民事行为在被撤销之前是有效的，但其又面临被撤销的可能性，因此其效力是不稳定的，法律为了维护交易关系的稳定性，对可撤销的民事行为都规定了一个行使撤销请求权的期限，以使民事法律关系尽快确定下来。董事会决议事关公司重大经营活动，也涉及交易相对人等公司相关人的利益，对于有轻微瑕疵的董事会决议是否撤销，《公司法》规定作为撤销请求权人的股东应当在较短的期限内决定，即自董事会决议形成之日起六十日内提起撤销之诉，这是除斥期间，不存在中止、中断，该期间属于强制性法律规定，公司章程或股东等当事人不得协议延长或缩短。超过这个期限，对董事会决议提起撤销之诉，得不到法院的支持，依据董事会决议发生的民事关系即得到法律的确认。这里存在一个问题，就是董事会做出瑕疵决议，股东如何及时获知的问题，因为对瑕疵董事会决议的撤销请求权归属于股东，如果股东不能及时知晓董事会决议的情况，则其撤销请求权无从行使。对此，可有以下几种解决方法：一是当董事会决议存在瑕疵时，对此持有异议的董事应当及时向股东披露；二是对于股东人数较少的有限责任公司或封闭的即未上市的股份有限公司，公司章程可以规定董事会决议做出后应即时向股东通知；

三是上市的公众公司通过信息披露制度及时公告董事会决议。如果股东因未获知瑕疵董事会决议而超过了六十日的撤销请求权行使期限，在瑕疵董事会决议给公司造成损失的情况下，股东或公司可以通过向有过错的董事追究损害赔偿责任的方式弥补，但这是另一个法律关系。

三　董事会决议的不成立

民事法律行为的成立与生效是两个不同的概念。董事会决议的形成无疑是一种民事法律行为。董事会决议的无效或可撤销是以董事会决议的成立或存在为前提条件的。如果董事会决议根本不存在，亦即未成立，也就谈不上其效力问题了。董事会决议成立的基本要件应当包括：①有召开董事会会议的事实。董事会决议的形成机制是票决制，必须召开董事会会议进行表决，舍此，董事会决议无从产生。如果未曾召开过哪怕是有瑕疵的董事会会议，而是个别或少数董事私自制作的董事会决议，并伪造了董事签名。这样的"董事会决议"虽有董事会之名，但无董事会会议之实，无讨论其效力问题的基础，实为不存在董事会决议。②存在会议召集和召开程序，包括：由召集权人召集，发出召集通知，由适格主体主持会议等，这里强调的是有召集和开会程序存在，如果有召集和开会程序存在，只是召集和开会程序有瑕疵，可能导致的后果是董事会决议的效力有瑕疵，可撤销，如果不存在召集和开会程序，后果应当是董事会决议不存在。③具备基本的决议程序要件。比如出席会议的董事达到法定比例，赞成票达到法定比例等。如果出席会议的董事未达到半数以上，或者赞成的董事未达到全体董事半数以上，即使少数董事在形式上制作了董事会决议，也应当视为董事会决议不存在，因为《公司法》强制性规定，过半数董事出席会议是召开董事会会议的前提条件，全体董事过半数同意是董事会决议得以形成的前提条件，未达此标准，董事会决议即不产生，而不是可撤销。对于董事会决议的不存在，股东可以向人民法院提起确认董事会决议不存在的确认之诉。

四　董事会决议被确认未成立、无效或被撤销的法律后果

董事会决议被确认未成立、无效或被撤销之后的法律后果涉及公司内部法律关系和公司外部交易关系两种关系。

（一）对公司内部法律关系的影响

董事会决议属于公司内部决策程序，董事会决议被确认未成立、无效或撤销后，应认定为自始未成立或无效，公司内部据以发生改变的法律关系因丧失依据应当恢复原状。《公司法》第二十二条规定，公司根据董事会决议已办理变更登记的，人民法院宣告该决议无效或者撤销该决议后，公司应当向公司登记机关申请撤销变更登记。

（二）对公司外部交易关系的影响

公司与外部第三人之间的交易关系属于商事交易，应当适用商事外观主义原则，但是，对交易相对人应当区分善意与恶意。对于善意相对人，董事会决议被确认未成立、无效或被撤销后，不影响公司与善意相对人之间已经发生的交易关系的效力。对于交易相对人来说，在与公司交易时没有义务对公司内部决议进行实质审查，公司本身就是独立法人，作为公司的交易相对人，只审查公司表达于外的意思表示为已足，只要公司的意思表示与相对人的意思表示达成一致，协议关系即告成立，双方即须依协议履行义务，否则当承担违约责任，公司没有因内部决策改变而免除对交易相对人履行合同义务的余地。至于因履行此等协议给公司造成损失的，有过错的董事应当承担损害赔偿责任。对于恶意相对人，即交易相对人明知公司内部并未履行必要的决策程序或决策程序有瑕疵而据以与公司订立交易关系，实质是相对人与公司内部并不真正具有代表公司意思资格的个别人恶意串通与公司发生交易，此时相对人已不是依据公司意思表示的外观行事，而是明知公司内部并未真正形成此等意思，恶意与公司发生交易，公司可以以意思表示不真实或代理人没有代理权为由主张协议不生效。

第五节　股东对董事的派生诉讼关系

一　股东派生诉讼的概念

股东派生诉讼是指当公司的合法权益遭受侵害，而公司怠于诉讼时，符合法定要件的股东为公司的利益以自己的名义对侵害人提起诉讼，追究其对公司的损害赔偿法律责任的诉讼制度。由于各国法律传统及历史背景的不同，对派生诉讼有着不同的称谓。英美法上叫股东派生诉讼，又称为第二级诉讼。日本、韩国的学者一般称之为代表诉讼，中国台湾学者称为代位诉讼。这种诉讼确实兼具代位诉讼和代表诉讼双重性，一方面，股东在诉讼中行使的是公司的诉权，即诉讼具有代位性；另一方面，股东提起诉讼时还代表着公司中其他处于相同地位和状况的股东，即诉讼代表性。

股东派生诉讼制度起源于英国。詹金斯法官在爱德华兹诉哈利厄尔一案中，认为当董事的行为构成对小股东的欺诈而他们又控制着公司时，小股东被允许代表自己和其他处境相同的股东提起小股东诉讼。虽然股东派生诉讼制度肇始于英国，却在美国获得全面发展。后来为一些大陆法系国家所接受，成为两大法系在保护少数股东利益上的一个共同的制度选择。一般情况下，当公司合法权益遭受侵害时，只有公司才是适格的原告。这是公司独立法律人格的逻辑延伸，也是公司法人制度的应有之义。但当加害者是公司董事或控股股东时，便会出现尴尬。由于公司的经营权，包括提起诉讼的权利，控制在公司董事（或控股股东）手中，他们自然不会为了公司的利益代表公司做出对他们自己提起诉讼的决定。在这种情形之下，公司乃至其他股东的利益无法得到保障。这种情况的出现，一方面是公司法人制度僵化的一面被控制公司机关的人机会主义地利用的结果；另一方面是他们对公司不忠诚的表现。在这种情况下，各国经过长期的实践探索和理论提炼，规定了股东派生诉讼这一特别的救济程序，应该说是一项了不起的立法智慧。

二　我国《公司法》对股东派生诉讼的规定

（一）股东派生诉讼的适格被告

股东派生诉讼可能的被告主体包括董事、监事、高级管理人员和其他人。《公司法》第一百四十九条规定，董事、监事、高级管理人员执行公司职务时违反法律、行政法规或者公司章程的规定，给公司造成损失的，应当承担赔偿责任。他人侵犯公司合法权益，给公司造成损失的，股东可以提起派生诉讼。

（二）股东派生诉讼的适格原告

股东派生诉讼的适格原告为：有限责任公司股东；股份有限公司连续一百八十日以上单独或者合计持有公司百分之一以上股份的股东。

（三）股东派生诉讼的启动机制

1. 股东派生诉讼的前置程序

派生诉讼是一种特殊的、非常规的诉讼，只有在迫不得已的情况下才可以启动，首先应当穷尽公司法定代表机关的救济程序。根据我国《公司法》的规定，公司董事、监事、高级管理人员执行公司职务时违反法律、行政法规或公司章程给公司造成损失时，或他人侵犯公司合法权益，给公司造成损失的，并非适格股东可直接提起派生诉讼，而是在提起股东派生诉讼时存在前置程序。这一前置程序有以下两种情况：一是董事、高级管理人员执行公司职务时违反法律、行政法规或公司章程给公司造成损失的，股东派生诉讼的适格原告主体可以书面请求监事会或者不设监事会的有限责任公司的监事向人民法院提起诉讼，以维护公司利益。监事会或不设监事会的有限责任公司的监事有权代表公司，他们对公司董事、高级管理人员提起诉讼应当以公司为原告。此时监事会应当做出提起诉讼的决议，并指定监事作为公司的诉讼代理人。因为起诉的对象是董事会成员或者甚至是公司的法定代表人本人，他们有可能控制公司印章，诉状上可能盖不上公司印章，这种情况下，人民法院应当根据监事会决议或不设监事会的公司的监事的决定受理案件，并确认公司诉讼代理人的授权来源及合法性。二是监事执行公司职务时，违反法律、行政法规或公司章程给公司造成损失的，股东派生诉讼的适格原告可以书面请求董事会或者不设董事会的有限责任公司的执行董事向人民法院提起诉讼。董事会或不设董事会的有限责任公司的执行董事是公司的法定代表机关，他们对监事提起诉讼应当以公司为原告，以公司法定代表人为诉讼代理人。如果作为公司法定代表人的董事长、执行董事或经理拒绝提起诉讼，则董事会应当做出起诉的董事会决议，并指定公司的诉讼代理人。

至于他人侵犯公司合法权益，给公司造成损失的，适格股东应当向董事会、执行董事提出起诉的请求，还是向监事会、监事提出起诉的请求，《公司法》没有明确规定。理论上，因为董事会、执行董事是法定的公司代表机关，适格股东应当首先选择向董事会、执行董事提出书面请求，但是向监事会或监事提出请求亦不为错。

2. 股东派生诉讼的提起

根据《公司法》的规定，股东派生诉讼的适格原告在以下三种情况下，可以提起股东派生诉讼：一是监事会、不设监事会的有限责任公司的监事，收到有权提起派生诉讼的股东对董事、高级管理人员诉讼的书面请求后拒绝提起诉讼；或者董事会、执行董事收到有权提起派生诉讼的股东对监事诉讼的书面请求后拒绝提起诉讼。二是前述监事会、监事或者董事会、执行董事收到书面请求后虽未明确拒绝，但自收到请求之日起三十日内未提起诉讼。三是董事、监事、高级管理人员侵害公司利益，或者他人侵犯公司合法权益，给公司造成损失，情况紧急、不立即提起诉讼将会使公司利益受到难以弥补的损害的。

三　董事对股东的侵权损害赔偿法律关系

《公司法》第一百五十二条规定，董事违反法律、行政法规或者公司章程的规定，损害股东利益的，股东可以直接向人民法院提起诉讼，请求人民法院判令董事承担损害赔偿责任。

第四章

股东(大)会与监事会关系的均衡

一　监事会的性质及法律地位

监事或监事会是公司的法定必设机构，是公司内设的监督机构。《公司法》第五十一条、第一百一十七条规定，有限责任公司、股份有限公司设监事会，其成员不得少于三人。监事会应当包括股东代表和适当比例的公司职工代表，其中职工代表的比例不得低于三分之一，具体比例由公司章程规定。股东是公司的所有者，职工是公司的生产劳动者。股东通过出资设立公司，他们以实际资产承担着公司的经营风险，与公司的经营成败有直接的利害关系，理应对公司的经营活动有监督权，但股东会或股东大会是会议体机关，不是常设机关，所以股东们难以对公司的经营活动进行持续性监督；职工与公司之间的劳动关系含有人身权因素，他们为了给公司提供劳动，将最为宝贵的人身权部分地交付给了公司，公司的经营成败关系到公司有无支付劳动报酬的能力，也关系到劳动者的人身安全，但他们在公司中是被管理的对象，对董事会、高级管理人员的经营活动很难发挥监督作用。为此，《公司法》规定公司设立监事会作为常设机关，代表股东和职工对董事会、高级管理人员的经营活动是否符合法律、法规和公司章程实施监督。监事会中的职工代表由公司职工通过职工代表大会、职工大会或者其他形式民主选举产生。监事会中的股东代表由股东会选举产生。监事是职工代表还是股东代表，与监事本身在公司中的身份关系不大，而是取决于监事是由股东选举产生的，还是由职工民主选举产生的，并不是说股东选举的监事不是公司职工。其实，在公司中，股东和职工并没有泾渭分明的界限，一个人完全可以既是公司股东，同时也是受雇佣的职工，股东会选举监事是完全可以选举职工作为监事，职工民主选举监事是也完全可以选举某个股东作为监事。股东人数较少或者规模较小的有限责任公司可以不设监事会，设一至二名监事。不设监事会的情况下，是否设职工监事，由公司章程做出规定。《公司法》第五十二条规定，监事的任期每届为三年。监事任期届满，连选可以连任。监事任期届满未及时改选，或者监事在任期内辞职导致监事会成员低于法定人数的，在改选出的监事就任前，原监事仍应当依照法律、行政法规和公司章程的规定，履行监事职务。监事和监事会的主要职责是对董事、董事会、高级管理人员的经营行为进行监督，所以，为避免监督者和监督对象主体合一，《公司法》规定董事、高级管理人员不得兼任监事。

有限责任公司监事会设主席一人，由全体监事过半数选举产生。监事会主席召集和主持监事会会议；监事会主席不能履行职务或者不履行职务的，由半数以上监事共同推举一名监事召集和主持监事会会议。股份有限公司监事会设主席一人，可以设副主席。监事会主席和副主席由全体监事过半数选举产生。监事会主席召集和主持监事会会议；监事会主席不能履行职务或者不履行职务的，由监事会副主席召集和主持监事会会议；监事会副主席不能履行职务或者不履行职务的，由半数以上监事共同推举一名监事召集和主持监事会会议。

《公司法》第五十五条规定，有限责任公司监事会每年度至少召开一次会议，监事可以提议召开临时监事会会议。《公司法》第一百一十九条规定，股份有限公司监事会每六个月至少召开一次会议。监事可以提议召开临时监事会会议。

无论是有限责任公司还是股份有限公司，监事会会议通过决议实行票决制，一人一票，监事会决议应当经半数以上监事通过。监事会的议事方式和表决程序，除本法有规定的外，由公司章程规定。监事会应当对所议事项的决定做成会议记录，出席会议的监事应当在会议记录上签名。

《公司法》第五十六条规定，监事会、不设监事会的有限责任公司的监事行使职权所必需的费用，比如行使监督权聘请会计师事务所对公司财务进行审计的费用，由公司承担。股份有限公司也应当如此。

二　监事的产生方式及任职资格

（一）监事的产生方式。监事的产生有两种途径。一是由股东会或股东大会选举产生，二是由职工民主选举产生。监事会由股东会或股东大会选举的股东代表和职工民主选举的职工代表两部分监事共同组成。

（二）监事的任职资格。法律没有规定监事任职的积极条件，《公司法》第一百四十六条规定了监事任职的消极资格：有下列情形之一的，不得担任公司的监事：①无民事行为能力或者限制民事行为能力；②因贪污、贿赂、侵占财产、挪用财产或者破坏社会主义市场经济秩序，被判处刑罚，执行期满未逾五年，或者因犯罪被剥夺政治权利，执行期满未逾五年；③担任破产清算的公司、企业的董事或者厂长、经理，对该公司、企业的破产负有个人责任的，自该公司、企业破产清算完结之日起未逾三年；④担任因违法被吊销营业执照、责令关闭的公司、企业的法定代表人，并负有个人责任的，自该公司、企业被吊销营业执照之日起未逾三年；⑤个人所负数额较大的债务到期未清偿。公司违反此规定选举、委派监事的，该选举、委派或者聘任无效。监事在任职期间出现前述所列情形之一的，公司应当解除其职务。另外，公司董事、高级管理人员不得担任本公司的监事。

三　股东（大）会对监事会的权力关系

（一）股东会、股东大会选举和更换非由职工代表担任的监事，决定有关监事的报酬事项。股东会也有权罢免和更换监事。《公司法》第五十二条、第一百一十七条规定，监事的任期每届为三年。

监事任期届满，连选可以连任。监事任期届满未及时改选，或者监事在任期内辞职导致监事会成员低于法定人数的，在改选出的监事就任前，原监事仍应当依照法律、行政法规和公司章程的规定，履行监事职务。

（二）审议批准监事会或者不设监事会的有限责任公司的监事的报告。监事会或不设监事会的有限责任公司的监事履行监督职责，向股东会、股东大会报告工作，股东会、股东大会对监事会或者监事的报告进行审议，决定批准或不批准。

（三）根据《公司法》第三十三条规定，股东有权查阅、复制监事会会议决议。

四　监事会或监事对股东(大)会的职责

根据《公司法》第五十三条、第一百一十八条规定，监事会、不设监事会的公司的监事对股东会、股东大会履行下列职责：

（一）对董事、高级管理人员执行公司职务的行为进行监督，对违反法律、行政法规、公司章程或者股东会决议的董事、高级管理人员及其违法违规事项，向股东会、股东大会进行报告、提出罢免的建议。

（二）提议召开临时股东会会。《公司法》规定，监事会或者不设监事会的有限责任公司的监事认为必要时，有权提议召开股东会、股东大会临时会议，讨论有关问题。

（三）在董事会不履行《公司法》规定的召集和主持股东会会议职责时召集和主持股东会会议。《公司法》第三十九条规定，股东会、股东大会会议由董事会召集。如果董事会或者执行董事不能履行或者不履行召集股东会、股东大会会议职责的，由监事会或者不设监事会的公司的监事召集和主持。有时候，监事会或监事是为了解决其在行使监督职责中发现的董事会履行职务中存在的问题而提议召开临时股东会、股东大会会议的，此等股东会、股东大会会议有可能对董事会不利，所以董事会故意不召集的可能性是有的，授予监事会召集和主持股东会、股东大会临时会议，有利于解决公司经营中存在的问题，对公司及股东是有利的。

（四）向股东会会议提出提案。监事会或不设监事会的有限责任公司的监事可以就其在履行监督职责中发现的公司经营中存在的问题，或者董事、高级管理人员人选存在的问题，向股东会、股东大会提出提案，由股东会、股东大会决定。

（五）公司章程规定的其他职权。公司章程在不违反《公司法》强制性规定的前提下可以对监事或监事会的职权做出具体规定。

（六）监事列席股东会、股东大会会议并接受质询的义务。《公司法》第一百五十条规定，股东会或者股东大会要求监事列席会议的，监事应当列席会议并接受股东的质询，对于股东的质询，监事应当实事求是地答复。

五　股东对监事的派生诉讼关系

《公司法》第一百四十九条规定，监事执行公司职务时违反法律、行政法规或者公司章程的规定，给公司造成损失的，应当承担赔偿责任。如果公司董事会或者执行董事未及时代理公司向前述监事请求损害赔偿的，有限责任公司的股东、股份有限公司连续一百八十日以上单独或者合计持有公司百分之一以上股份的股东，可以书面请求董事会或者不设董事会的有限责任公司的执行董事向人民法院提起诉讼。董事会、执行董事收到股东书面请求后拒绝提起诉讼，或者自收到请求之日起三十日内未提起诉讼，或者情况紧急、不立即提起诉讼将会使公司利益受到难以弥补的损害的，前述股东有权为了公司的利益以自己的名义直接向人民法院提起诉讼。

六　监事对股东的损害赔偿责任

监事执行公司职务时违反法律、行政法规或公司章程，直接给股东造成损失的，应当对股东承担损害赔偿责任。利益受到损害的股东可以直接向做出侵权行为的监事主张损害赔偿请求权，这与监事侵害公司利益后股东提起派生诉讼的法律关系不同。

第五章

董事会与监事会关系的均衡

董事会和监事会都是股东会、股东大会的下设机关，两者之间的法律地位是平行关系，董事会与监事会关系的均衡涉及以下几个方面。

一　董事会和监事会各行其职

在公司的经营管理活动中，董事会的职责是负责公司的经营决策和重大的管理事务，聘任、解聘高级管理人员，对高级管理人员的经营绩效进行考核。监事会不能对董事会发号施令。对董事会经营行为的商业合理性，一般来说监事会不应当进行评价，经营行为是否合理是一个商业判断，在纷繁复杂的市场环境中，是一个公说公有理、婆说婆有理的事情，如果监事会要对董事会经营行为的合理性进行评价，会使董事会的经营行为无法正常开展，监事会与董事会会陷入没完没了的争论中。股东会、股东大会通过选举董事组建董事会的时候，就把公司的经营管理权的合理性判断权交给了董事会，对此，监事会应当予以尊重。监事会的职责是对董事会及其成员和高级管理人员履行职务的活动是否合法、是否符合公司章程进行监督。监事会不能侵犯董事会的经营管理权。

二　监事会对董事会的监督主要是合法性监督

监事会或不设监事会的有限责任公司的监事可以对董事会、董事经营行为的合法性进行评价，监事会或不设监事会的有限责任公司的监事发现董事会、董事的经营行为违反法律、行政法规、公司章程或者股东会、股东大会决议时，有权向董事或董事会提出纠正意见，董事应当对监事会的监督意见予以评估，作出合理反映。如果其认为监事会的监督意见成立，应当对自己的职务行为予以纠正，如果其认为监事会的监督意见不成立，可以拒绝接受，监事会是否采取进一步措施，由其决定。

三　监事会可以就监督事项向股东（大）会提出提案

如果监事会或监事在行使监督职权的过程中发现董事会或董事、高级管理人员的经营行为存在违反法律、行政法规或公司章程的情况，经提出意见后拒不纠正，或者监事会或监事认为董事会的重大经营决策确实缺乏合理性或巨大的商业风险时，可以向股东会、股东大会提出提案，由股东会、股东大会决定。

四　监事会提议召开股东（大）会临时会议解决在行使监督权过程中发现的问题

监事会在履行监督职责的过程中，如果发现董事会或董事的经营行为存在违反法律、行政法规、公司章程或股东会、股东大会决议的情形，经向董事会或董事提出纠正意见后，董事会、董事拒不纠正，监事会、监事认为事关重大，有可能给公司造成重大损失的，可以根据《公司法》第三十九条、第四十条的规定，提议召开股东会、股东大会临时会议。监事会、监事提议召开股东会、股东大会临时会议的，董事会或执行董事应当召集股东会、股东大会临时会议，由董事长或执行董事主持。董事会或者执行董事不能履行或者不履行召集股东会会议职责的，由监事会或者不设监事会的公司的监事召集和主持，由股东会、股东大会讨论决定有关问题。

五　监事会或监事可以代表公司对董事提起诉讼

《公司法》第一百四十九条规定，董事执行公司职务时违反法律、行政法规或者公司章程的规定，给公司造成损失的，应当承担赔偿责任。《公司法》第一百五十一条规定，董事有前述规定情形的，有限责任公司的股东、股份有限公司连续一百八十日以上单独或者合计持有公司百分之一以上股份的股东，可以书面请求监事会或者不设监事会的有限责任公司的监事向人民法院提起诉讼；监事会、不设监事会的有限责任公司的监事，收到前述股东书面请求后应当决定起诉或不起诉。监事会、不设监事会的有限责任公司的监事认为股东请求合理的，应当及时提起诉讼，以维护公司的合法权益；如果认为股东请求不合理，可以拒绝提起诉讼，由股东自行决定是否提起派生诉讼。

六　董事会应当支持监事会行使监督职权

《公司法》第一百五十条规定，董事应当如实向监事会或者不设监事会的有限责任公司的监事提供有关情况和资料，不得妨碍监事会或者监事行使职权。董事拒绝向监事或监事会提供公司有关资料的，监事或监事会除了向公司股东会、股东大会反映情况外，还可以根据《公司法》第五十四条的规定，向人民法院提起诉讼，请求人民法院判令公司依法提供有关资料。

七　董事会、执行董事可以代理公司对监事提起诉讼

《公司法》第一百四十九条规定，监事执行公司职务时违反法律、行政法规或者公司章程的规定，给公司造成损失的，应当承担赔偿责任。《公司法》第一百五十一条规定，监事有前述规定的情形的，有限责任公司的股东、股份有限公司连续一百八十日以上单

独或者合计持有公司百分之一以上股份的股东，可以书面请求董事会或者不设董事会的有限责任公司的执行董事向人民法院提起诉讼。董事会、执行董事收到前述股东书面请求后决定是否提起诉讼。董事会、执行董事认为股东的请求有事实依据的，应当提起诉讼，维护公司的合法权益；如果认为股东的请求缺乏事实依据的，可以拒绝提起诉讼，由股东自行决定是否提起派生诉讼。

第六章

股东会、董事会、监事会与高级管理人员关系的均衡

《公司法》规定，“有限责任公司可以设经理”，“股份有限公司设经理”。前者是任意性规范，后者是强制性规范。因此，根据《公司法》的规定，有限责任公司设不设经理，由公司选择，经理不是有限责任公司的法定机构。股份有限公司必须设经理，经理是股份有限公司的法定机构。但是，国务院发布的《中华人民共和国公司登记管理条例》规定，申请设立有限责任公司，应当向公司登记机关提交的文件包括：载明公司董事、监事、经理的姓名、住所的文件以及有关委派、选举或者聘用的证明。此项规定表明，缺少载明公司经理姓名和聘用证明文件，登记机关将不会办理公司设立登记。由此可见，国务院通过制定行政法规，将有限责任公司的经理也规定为法定机构了。

第一节　董事会与经理等高级管理人员之间关系的均衡

一　董事会聘任或解聘经理等高级管理人员

无论是有限责任公司，还是股份有限公司，公司经理都由董事会决定聘任或者解聘。公司治理实践中，经理的人选很大程度上取决于股东会、股东大会或者控股股东的意思。在有限责任公司中，大股东或者其指派的代表担任董事长并兼任经理的情况很常见，在股份公司特别是上市的股份公司中，经理的人选常常由控股股东决

定。从董事会的权源上来说，董事是由股东会或股东大会选举产生的，所以董事会聘任或解聘经理的权力最终来源于股东会或股东大会，董事会对股东会、股东大会或者控股股东的意旨只能服从。因此，公司也没有必要将聘任或解聘经理的权力收归股东会或股东大会。

（一）经理等高级管理人员的任职资格

对于经理等高级管理人员的任职资格，《公司法》没有规定积极条件，但是《公司法》第一百四十六条规定了高级管理人员任职的消极资格，规定有下列情形之一的，不得担任公司的经理、副经理、财务负责人等高级管理人员。

1. 无民事行为能力或者限制民事行为能力

根据民法通则的规定，自然人的民事行为能力分为无民事行为能力、限制民事行为能力和完全民事行为能力。10 岁以下的未成年人和完全不能辨认自己行为的精神病人是无民事行为能力人，10 岁以上的未成年人和不能完全辨认自己行为的精神病人是限制民事行为能力人，精神正常的成年人是完全民事行为能力人。除了未成年人依据其年龄确认其民事行为能力外，对于成年人，只有人民法院根据利害关系人的申请，才能确认其属于无民事行为能力或限制民事行为能力，其他任何机构或个人都不能宣布一个成年人是无民事行为能力或限制民事行为能力人。经理负责公司的日常经营管理，组织实施董事会的经营决策，是复杂的商业活动，连完全民事行为能力人也不是每个人都能胜任经理的职责，限制民事行为能力人和无民事行为能力人更不可能胜任经理的职责。

2. 因贪污、贿赂、侵占财产、挪用财产或者破坏社会主义市场经济秩序，被判处刑罚，执行期满未逾五年，或者因犯罪被剥夺政治权利，执行期满未逾五年

这些犯罪包括《中华人民共和国刑法》（以下简称为《刑法》）第八章规定的贪污罪、受贿罪、行贿罪、挪用公款罪，《刑法》第五章侵犯财产罪中的侵占罪、职务侵占罪、挪用资金罪，《刑法》第三章规定的破坏社会主义市场经济秩序罪，除此以外，犯有其他罪行的人，对担任公司经理职务没有影响。而且犯有这些罪行必须

是被判处刑罚的才限制其担任经理的资格，如果犯有这些罪行被人民法院免于刑事处罚的，应当不影响其担任经理的资格。所谓执行期满指刑罚实际执行期满，假释的为假释考验期满，判处缓刑的为缓刑考验期满。对于犯有其他罪行被判处剥夺政治权利的，限制其担任经理资格的期限从剥夺政治权利刑罚执行期满开始计算，主刑不影响其担任经理的资格。

3. 担任破产清算的公司、企业的董事或者厂长、经理，对该公司、企业的破产负有个人责任的，自该公司、企业破产清算完结之日起未逾三年

根据《中华人民共和国企业破产法》第二条的规定，企业法人不能清偿到期债务，并且资产不足以清偿全部债务或者明显缺乏清偿能力的，通过破产程序清理债务。企业法人通过自己申请或者通过其债权人申请破产，人民法院决定受理后即进入破产程序，进入破产程序后有三种可能的结局：一是债务人与债权人之间达成和解协议，债务人按照和解协议履行了义务，破产程序就终结，债务人企业继续存续和经营。二是债务人企业制订重整计划，重整计划得到债权人同意，并且债务人企业执行了重整计划，实现了重整的目标，履行了重整方案规定的义务，破产也就此终结，债务人企业继续存续并经营。三是企业被法院宣告破产。在三种情形下人民法院会宣告企业法人破产，即和解失败、重整失败、债务人与债权人未达成和解协议和重整计划。人民法院对债务人宣告破产后才进入破产清算程序，在宣告破产前，债务人会不会进入破产清算程序并不确定。理解本条对经理任职的限制需要掌握以下几点：一是其所在的公司、企业法人被人民法院宣告破产，进入破产清算程序，而不是仅仅进入破产程序；二是其在破产清算公司、企业担任的职务是董事、经理或者厂长，厂长是非公司制的法人企业的法定代表人；三是其对该公司、企业的破产负有个人责任。所谓个人责任，从理论上说似乎很清楚，但在实践中很难认定。根据《公司法》对董事、高级管理人员规定的忠实义务和勤勉义务，董事、经理、厂长如果违反了对公司、企业的忠实义务和勤勉义务是要承担责任的，但是其违反忠实义务和勤勉义务是否是公司、企业破产的原因，是

否存在因果关系，其违反忠实义务和勤勉义务的责任是否就是对公司、企业破产的个人责任，其对该公司、企业破产是否负有个人责任由谁说了算，这些问题《公司法》没有明确的规定，法理上是很复杂的问题，有待法学理论界和司法实务界进一步的讨论。四是三年的起算时间点为破产清算完结之日。破产清算完结应该是破产终结，破产终结以人民法院裁定为准。

4. 担任因违法被吊销营业执照、责令关闭的公司、企业的法定代表人，并负有个人责任的，自该公司、企业被吊销营业执照之日起未逾三年

公司、企业因违法被吊销营业执照、责令关闭是最严厉的一种行政处罚，一般由工商行政管理机关做出，意味着国家以行政权力终止公司、企业的主体资格，适用于公司、企业存在严重的违法经营行为的情形。其一，对担任高级管理人员资格有限制的情形仅限于担任被吊销营业执照、责令关闭公司、企业的法定代表人，担任该公司、企业其他职务的不影响担任公司高级管理人员资格，有可能是法定代表人的职务有公司的董事长、执行董事、经理，非公司制企业法人的厂长、经理等。如果被吊销营业执照的企业是非法人企业，则不存在法定代表人职务，也就不存在对再担任公司高级管理人员资格构成限制的问题。其二，法定代表人要对该公司、企业被吊销营业执照、责令关闭负有个人责任。法律并未对个人责任做出明确规定。一般来说，公司、企业被吊销营业执照、被责令关闭的原因是经营活动中存在严重违法行为，公司、企业的经营行为要由其工作人员完成，如果法定代表人知情并参与了公司、企业的违法经营行为，或者虽未直接参与，但知情或参与了决策并放任其他工作人员实施违法经营行为，毫无疑问其负有个人责任。如果法定代表人没有参与决策或者不知情，并且没有参与实施违法经营行为，可以认定为不负个人责任，比如，公司的法定代表人是董事长，而违法经营行为是经理等高级管理人员所为，董事长并不知情，或者法定代表人是经理，而违法经营行为是董事长或董事会直接所为，经理并未参与，而且经理作为董事会的下位机关，也无法阻止董事会或董事长的行为，这些情况下，应当认为法定代表人不

负个人责任。

5. 个人所负数额较大的债务到期未清偿

个人所负数额较大债务到期未清偿，有多种可能。一种是有清偿能力而未清偿，说明其人缺乏诚信；另一种是没有清偿能力，说明其人对个人经济生活的经营能力有限，这样的人不适合担任公司高级管理人员。

另外，《安全生产法》规定，生产经营单位的主要负责人未履行安全生产管理职责，导致发生生产安全事故的，给予撤职处分；构成犯罪的，依照刑法有关规定追究刑事责任。生产经营单位的主要负责人因此受刑事处罚或者撤职处分的，自刑罚执行完毕或者受处分之日起，五年内不得担任任何生产经营单位的主要负责人；对重大、特别重大生产安全事故负有责任的，终身不得担任本行业生产经营单位的主要负责人。这里的主要负责人虽无明文规定，应当包含经理，因此，前述人员不应被聘任为相应公司的经理。副经理及其他高级管理人员应不受此限。

（二）违法聘任高级管理人员的法律后果及救济

公司违反法律规定聘任具有以上情形之一的人作为公司高级管理人员的，该聘任无效。这是法律的强制性规定。已经担任公司高级管理人员的人，在任职期间出现前述所列情形之一的，公司应当解除其职务。即使公司未解除其职务，自出现前述情形之一时起，该高级管理人员的任职亦属无效。那么，高级管理人员的聘任无效后其法律后果是什么，这是一个很重要的问题，但是《公司法》并没有明确规定，要根据民法基本原理进行分析。高级管理人员的聘任或解聘由董事会决定，董事会是代表公司聘任或解聘高级管理人员的法定机构，所以高级管理人员的聘任或解聘是公司与高级管理人员之间的法律关系，高级管理人员的聘任无效也是公司与高级管理人员之间的聘任法律关系无效，即高级管理人员名为公司的高级管理人员，但根据法律规定，“高级管理人员”实际上不与公司发生聘任的法律关系，因此，其与公司之间也就不产生聘任为高级管理人员的权利义务关系，已经发生的权利义务应当恢复原状，“高级管理人员”与公司之间的权利义务内容主要是“高级管理人员”向公司提供经营管理劳动，公司向其支付薪酬，而且对“高级管理人员”支付的薪酬一般会远远高于对普通职员的薪酬。对“高级管理人员”聘任无效的，公司已经向“高级管理人员”支付的薪酬应当返还公司，但是应当根据双方对造成聘任无效的过错和“高级管理人员”已经提供的管理劳动以及经营绩效，可以给予“高级管理人员”适当补偿。对有上述有瑕疵的人被聘任为高级管理人员，公司与高级管理人员双方过错的常见情形有：一是“高级管理人员”隐瞒了其不得担任高级管理人员职务的法定情形，公司在不知情的情况下聘请其担任了公司“高级管理人员”，主要过错在“高级管理人员”；二是公司在明知该人员存在不得担任高级管理人员职务的情形的情况下，仍然聘任其担任“高级管理人员”，应当由公司承担主要责任。如果“高级管理人员”在执行公司职务的过程中，其行为存在违反法律、行政法规、公司章程或者董事会决议的情形，给公司造成损失的，应当承担损害赔偿责任。

“高级管理人员”聘任的无效，应当不影响其代表公司与第三人发生的交易关系的法律效力，这种交易关系的双方主体是公司和第三人，“高级管理人员”只是公司的代理人，即使“高级管理人员”的聘任无效，在交易关系中公司委托该“高级管理人员”为其代理人是真实的，其作为公司代理人身份应该是有效的，第三人也是基于对该代理关系的信赖行事，加之商事行为的外观主义原则的适用，无论从公司方面还是第三人方面，都没有主张该等交易关系无效的理由。

但是，存在上述不得聘任为高级管理人员情形的人被公司聘任为经理等高级管理人员，其救济机制如何，是一个法律和司法实践都没有很好解决的问题。这里存在以下几个问题：一是经理等高级管理人员聘任无效的确认机关是谁。只有人民法院才可以确认高级管理人员的聘任无效，还是行政机关也可以确认其无效。比如，公司经理的聘任是登记事项，特别是经理担任法定代表人的话，还要作为法定代表人进行登记，那么，当工商行政管理机关知道被聘任的“经理”存在不得担任经理职务的法定情形后，其是否有权拒绝登记，其是否有权确认被聘任的“经理”属于不得担任经理职务的人，法律没有规定。笔者认为，工商行政管理机关作为公司登记管理行政机关，有权独立行使其行政权力，决定对公司申请登记的事项准予登记或者不予登记，对其准予登记或不予登记的具体行政行为，公司不服的可以提起行政诉讼。二是什么主体可以对无效聘任启动审查程序。根据《公司法》的规定，如果董事会聘任了存在否定性条件的人担任了公司高级管理人员，监事会可以行使监督职权，或者股东要求监事会行使监督职权，向董事会提出纠正意见，也可以向被聘任的“高级管理人员”提出主动辞职的建议，如果董事会或者被聘任的“高级管理人员”不予纠正，监事会或监事可以提请股东会、股东大会责令董事会予以纠正，监事会或不设监事会的公司的监事也可以代表公司向人民法院提起诉讼，请求人民法院确认聘任无效。如果监事会不行使职权，有权提起派生诉讼的适格股东可以直接以其名义向人民法院提起诉讼，请求人民法院确认聘任无效。监事会或者股东也可以向工商行政管理机关反映情况，请求工商行政管理机关对不合法的聘任不予登记或者撤销登记。当然，除了经理，其他高级管理人员的聘任不是登记事项，工商行政管理机关无从审查和干涉。但是，如果公司与存在否定性条件的人两厢情愿，公司将存在否定性条件的人聘任为高级管理人员，又没有人对此提出异议或诉诸法律审查程序，那么，这种无效的聘任会在现实中一直存续下去。法律上无效的关系长期存续得不到救济，说明法律的规定存在问题，甚至有可能沦为僵尸条款。这是《公司法》存在的漏洞，需要完善。

原则上，只要不具备《公司法》规定的否定性资格的人，都可以被聘任为公司高级管理人员。实践中，比较常见的公司高级管理人员人选有以下几种：公司董事会可以决定由董事会成员兼任经理；在有限责任公司，为了平衡股东权利，可以由未担任董事、监事职务的股东出任经理等高级管理人员；在市场化程度越来越高的背景下，公司应聘任具有专业经营才能的职业经理人担任公司经理等高级管理人员。

二　经理等高级管理人员对董事会或执行董事负责

经理等高级管理人员受董事会或执行董事聘任或解聘，接受董事会或执行董事考核，对董事会或执行董事负责，行使下列职权：

（一）主持公司的日常生产经营管理工作，组织实施董事会决议

董事会对公司的经营管理职权大都是决策性的，经理的职责是组织高级管理人员实施董事会的决策，主持公司日常性的生产经营管理工作。对公司比较重大的经营管理活动，经理并没有决策权，经理的职权主要体现为执行权。公司重大的经营决策，无论是股东会、股东大会的决策，还是董事会的决策，为了最大限度保障决策的科学性、合理性，《公司法》规定其决策机制采取民主制，股东会、股东大会的决策采取的是资本民主原则，即以股东所持股权计算表决权，董事会的决策采取的是人的民主制，即董事一人一票制。在高级管理人员层面没有民主决策机制，在执行董事会决议的过程中，实行的是经理负责制，在生产经营管理活动中，必要时经理会主持召开经理办公会，研究和讨论有关生产经营活动，如何执行，最后由经理拍板决定并下达指令，指挥各部门的工作。

（二）组织实施公司年度经营计划和投资方案

年度经营计划和投资方案是董事会根据股东会、股东大会的经营方针和投资计划做出的，是公司的重大经营活动，经理等高级管理人员应当按照董事会制订的经营计划和投资方案组织经营活动，力争实现董事会确定的经营计划，落实董事会制订的投资方案。董事会的经营计划和投资方案既是经理等高级管理人员组织开展生产经营的依据，也是对高级管理人员经营管理活动的约束。

（三）拟订公司内部管理机构设置方案

公司内部管理机构的设置不是法定的，董事会根据公司经营管理需要决定设置公司内部管理机构，经理等高级管理人员处于生产经营管理的一线，最清楚公司需要什么样的内部管理机构，经理可以根据生产经营需要向董事会提出公司内部管理机构的设置方案，供董事会作为决策的参考。

（四）拟订公司的基本管理制度

公司基本管理制度的制定权在董事会，经理可以根据生产经营管理实践需要，拟定公司基本管理制度，提交给董事会，由董事会决定。

（五）制定公司的具体规章

公司除了董事会制定的基本管理制度外，日常经营管理过程中需要一系列的管理规章，比如考勤规定、安全生产规范等，这些规章由经理负责组织高级管理人员以及各有关部门制定。

（六）提请聘任或者解聘公司副经理、财务负责人

公司副经理、财务负责人由董事会负责聘任或者解聘，但从程序上，应当由经理向董事会提出副经理、财务负责人等高级管理人员的聘任人选和解聘议案，由董事会决定。不设董事会的有限责任公司，副经理、财务负责人的聘任或解聘由公司章程规定。公司章程没有规定的，由执行董事行使董事会的职权。

（七）决定聘任或者解聘除应由董事会决定聘任或者解聘以外的管理人员

经理有权聘任和解聘公司内部管理机构的部门负责人，虽然实践中部门负责人的决定权可能在董事会甚至股东会、股东大会，但从聘任和解聘程序来说，应当由经理履行聘任和解聘程序。

（八）经理列席董事会会议

按照《公司法》规定，经理列席董事会会议既是权利也是义务，经理作为董事会的执行机关负责人，列席董事会会议既有利于及时准确了解董事会的意图，也有利于向董事会反映生产经营中的问题，并在董事会会议上直接接受董事的质询，可以起到加强经理和董事会之间沟通的作用。

（九）董事会授予的或者公司章程规定的其他职权

除了《公司法》规定的职权以外，董事会可以根据公司自身经营管理的需要，以董事会决议的方式授予经理具体的职权。《公司法》规定，公司章程对经理职权另有规定的，从其规定。公司章程是由股东会、股东大会以三分之二以上表决权同意制定的，是公司内部约束效力最高的文件，只要不违反《公司法》的强制性规定，

其对经理职权范围的规定就是有效力的，而且其效力高于董事会决议，董事会决议不能违反章程的规定。

第二节　股东（大）会与高级管理人员关系的均衡

在法律层面，董事会行使聘任或解聘经理等高级管理人员的职权，股东会、股东大会不与经理等高级管理人员直接发生法律关系。在聘任或解聘经理等高级管理人员的过程中，股东会、股东大会可以向董事会提出建议。比如，向董事会推荐经理等高级管理人员的人选，对经理等高级管理人员的经营绩效不满意时向董事会建议解聘，发现经理等高级管理人员存在任职的否定性条件时要求董事会取消聘任，或者要求监事会履行监督职责采取措施予以纠正，或者由股东代表公司向人民法院提起诉讼，请求人民法院确认聘任无效。

一　高级管理人员列席股东（大）会并接受质询的义务

《公司法》规定，股东会或者股东大会要求经理等高级管理人员列席会议的，经理等高级管理人员应当列席并接受股东的质询。经理等高级管理人员是股东会、股东大会的下位机关董事会聘任的，经理等高级管理人员没有列席股东会、股东大会会议的法定职权，只有当股东会、股东大会认为有必要向经理等高级管理人员质询公司有关经营情况，要求经理等高级管理人员列席股东会、股东大会会议时，经理等高级管理人员才可以而且应当列席股东会、股东大会会议，回答股东的质询。

二　股东对高级管理人员的派生诉讼关系

《公司法》第一百四十九条规定，高级管理人员执行公司职务时违反法律、行政法规或者公司章程的规定，给公司造成损失的，应当承担赔偿责任。有限责任公司的股东、股份有限公司连续一百八十日以上单独或者合计持有公司百分之一以上股份的股东，可以书面请求监事会或者不设监事会的有限责任公司的监事向人民法院提起诉讼；监事会、不设监事会的有限责任公司的监事收到股东书面请求后拒绝提起诉讼，或者自收到请求之日起三十日内未提起诉讼，或者情况紧急、不立即提起诉讼将会使公司利益受到难以弥补的损害的，前述股东有权为了公司的利益以自己的名义直接向人民法院提起诉讼。

三　经理等高级管理人员对股东的损害赔偿责任

《公司法》第一百五十二条规定，高级管理人员违反法律、行政法规或者公司章程的规定，损害股东利益的，应当向股东承担损害赔偿责任，股东可以向人民法院提起损害赔偿诉讼。

第三节　监事会与高级管理人员关系的均衡

一　监事会与高级管理人员之间的监督与被监督关系

根据《公司法》第五十三条、第一百一十八条规定，监事会、不设监事会的有限责任公司的监事对经理等高级管理人员的经营行为行使下列监督职权。

（一）检查公司财务

公司的财务负责人一般是财务总监或者总会计师，是公司的高级管理人员之一。监事或监事会行使监督权，对公司财务进行检查时，财务负责人应当无条件地配合，分管财务工作的经理或副经理也应当无条件配合，这是他们的法定义务。

（二）对高级管理人员执行公司职务的行为进行监督，对违反法律、行政法规、公司章程或者股东会决议的高级管理人员提出罢免的建议

对高级管理人员执行公司职务行为的监督可以分为合法性监督与合理性监督，对经理等高级管理人员执行职务的商业合理性监事或监事会很难做出判断，可以由董事会把握。但是，监事或监事会对经理等高级管理人员执行职务行为的合法性应当进行刚性监督，对违反法律、行政法规、公司章程或者股东会决议的高级管理人员除了要求其及时进行纠正以外，可以向董事会提出解聘有关高级管

理人员的建议。

（三）当高级管理人员的行为损害公司的利益时，要求高级管理人员予以纠正

监事在执行监督职权的过程中，发现经理等高级管理人员的经营管理行为或者与经营管理无关的行为将会损害公司利益，或者已经发生了损害公司利益的后果时，监事会或者不设监事会的有限责任公司的监事应当要求相应高级管理人员对其损害公司利益的行为予以纠正，并可要求对其行为已经给公司造成的损害予以赔偿。

（四）提议召开临时股东会会议，在董事会不履行本法规定的召集和主持股东会会议职责时召集和主持股东会会议

监事会或者不设监事会的有限责任公司的监事发现高级管理人员违反法律、行政法规、公司章程、股东会或股东大会决议，或者其行为损害公司利益，经监事会或不设监事会的有限责任公司的监事向董事会或相关高级管理人员提出纠正意见后，董事会或相关高级管理人员拒不纠正，或者向董事会提出解聘相关高级管理人员的意见后，董事会拒不采纳，监事会或不设监事会的有限责任公司的监事认为有必要时，可以提议召开临时股东会、股东大会会议，通过股东会、股东大会会议解决监督中发现的高级管理人员的问题。

（五）向股东会会议提出提案

在正常召开股东会、股东大会会议的情况下，监事会或者不设监事会的有限责任公司的监事可以将监督中发现的高级管理人员违反法律、行政法规、公司章程或者股东会、股东大会决议的情况，或者存在损害公司利益的情况，以提案的形式向股东会、股东大会会议提出，由股东会、股东大会会议通过决议予以解决。

（六）对高级管理人员提起诉讼

高级管理人员执行公司职务时违反法律、行政法规或者公司章程的规定，给公司造成损失的，应当承担赔偿责任。按照《公司法》第一百五十一条的规定，有限责任公司的股东、股份有限公司连续一百八十日以上单独或者合计持有公司百分之一以上股份的股东，可以书面请求监事会或者不设监事会的有限责任公司的监事向人民法院提起诉讼。监事会或者不设监事会的有限责任公司的监事

应当对股东提出的请求认真了解核实，如果属实，应当从维护公司利益的立场出发，代表公司对有关高级管理人员提起诉讼，请求人民法院依法判令有关高级管理人员向公司承担赔偿责任。

（七）公司章程规定的对高级管理人员进行监督的其他职权

除了《公司法》的规定以外，公司章程在不违反《公司法》的强制性规定的前提下，可以规定监事会或监事对高级管理人员的具体监督事项和监督程序，监事、监事会和高级管理人员应当遵守执行。

二　高级管理人员接受监事会或监事依法监督的义务

监事会或监事为了行使监督职权，有权要求经理等高级管理人员提供公司经营情况和资料，经理等高级管理人员负有向监事会或监事提供公司经营情况和资料的义务。《公司法》第一百五十条规定，高级管理人员应当如实向监事会或者不设监事会的有限责任公司的监事提供有关情况和资料，不得妨碍监事会或者监事行使职权。

第七章

董事、监事、高级管理人员与公司关系的均衡

第一节　董事与公司的关系

一　董事对公司的忠实义务

《公司法》第一百四十七条规定，董事应当遵守法律、行政法规和公司章程，对公司负有忠实义务。董事不得利用职权收受贿赂或者其他非法收入，不得侵占公司的财产。忠实义务主要体现为消极不作为义务，就是说，对公司不利的行为，董事应当不为，即属履行忠实义务。根据《公司法》第一百四十八条规定，董事的忠实义务主要包括以下方面：

（1）不得挪用公司资金。掌握公司资金权力的董事不得将公司资金挪作他用。董事掌握公司资金权力的渠道主要有：在公司内部对公司财务的管理权，分管公司财务的董事有可能利用职务便利指使公司财务人员将公司资金挪出公司；负责销售的董事也有可能指示客户将货款不打入公司账户，而是打入由其指定的其他账户，达到挪用公司资金的目的。损害公司利益。挪用是指行为人主观上没有将资金占为己有的目的，仅侵害公司对其资金的使用权，不侵害公司资金的所有权，如果主观上具有将公司资金据为己有的目的，或者挪用后通过采取一定手段掩盖挪用事实，并达到不再归还的目的，那就不再是挪用，而是构成侵占了。

董事挪用公司资金数额不大并且在三个月内归还的，须向公司承担因挪用资金给公司造成的损失的民事责任，这种损失至少包括

挪用期间的利息损失，如果还有其他损失，应当赔偿全部损失。根据《刑法》第二百七十二条规定，董事挪用资金符合下述条件的构成挪用资金罪：董事利用职务上的便利，挪用公司资金归个人使用或者借贷给他人，数额较大、超过三个月未还的，或者虽未超过三个月，但数额较大、进行营利活动的，或者进行非法活动的，处三年以下有期徒刑或者拘役；挪用资金数额巨大的，或者数额较大不退还的，处三年以上十年以下有期徒刑。国有公司、企业或者其他国有单位中从事公务的人员和国有公司、企业或者其他国有单位委派到非国有公司、企业以及其他单位从事公务的人员挪用公司资金的，依照《刑法》第三百八十四条的规定的挪用公款罪定罪处罚。

（2）不得将公司资金以其个人名义或者以其他个人名义开立账户存储。董事将公司资金以其个人名义或者以其便于控制的其他人名义开立账户存储是侵害公司利益的行为，使公司资金在公司体外循环，公司失去了对该资金的支配权。对此，董事有义务将资金连本带息归还公司。如果董事将该等资金为个人目的使用了，其行为就构成挪用资金，情节严重的构成挪用资金罪。

（3）不得违反公司章程的规定，未经股东会、股东大会或者董事会同意，将公司资金借贷给他人或者以公司财产为他人提供担保。为了维护金融秩序，中国人民银行规定，企业之间不得拆借资金。公司是营利性组织，公司资金借贷给他人存在很大风险，既存在债务人不能及时偿还的商业风险，也存在不受法律保护的法律风险，所以公司资金一般不应对外借贷。以公司财产对外担保也要承担很大的风险，如果被担保的主债务人不能清偿债务，公司财产就要被用以抵偿所担保的债务。所以，公司非为自身特殊利益需要，不应当对外提供担保，即使需要对外提供担保，也应严格履行内部决策程序，由股东会、股东大会或董事会依据章程规定做出决议，形成公司意思。《公司法》第十六条对此做了专门规定：公司向其他企业投资或者为他人提供担保，依照公司章程的规定，由董事会或者股东会、股东大会决议；公司章程对投资或者担保的总额及单项投资或者担保的数额有限额规定的，不得超过规定的限额。公司为公司股东或者实际控制人提供担保的，必须经股东会或者股东大会决议。被担保的股东或者被担保的实际控制人支配的股东，不得参加股东会关于担保决议的表决。该项表决由出席会议的其他股东所持表决权的过半数通过。如果董事违反章程规定，未经股东会、股东大会或者董事会的同意，将资金借贷给他人或以公司财产为他人提供担保，给公司造成损失的，由做出该行为的董事向公司承担赔偿责任。拒绝赔偿的，董事会、监事会应当履行职责代理公司提起赔偿诉讼，董事会、监事会不履行职责提起诉讼的，有限责任公司股东、股份有限公司连续一百八十日以上单独或者合计持有公司百分之一以上股份的股东可以提起派生诉讼。

（4）不得违反公司章程的规定或者未经股东会、股东大会同意，与本公司订立合同或者进行交易。这是关于规制董事自我交易的规定。董事，尤其是内部董事直接操控公司的经营管理，有权代表公司与相对人进行交易。如果董事直接与公司订立合同或者进行交易，其同时代表自己和公司，当两者之间发生利益冲突的时候，必然损害公司利益。不是说董事与公司之间绝对不能发生交易，董事个人与公司发生交易的，应当按照公司章程规定进行操作，公司章程没有规定的，应当经股东会或股东大会同意，由公司章程规定的或者股东会、股东大会指定的人代表公司与该董事签订合同，把董事与公司的交易公开且置于监督之下，只要董事与公司的交易不是由交易董事本人一手托自己、一手托公司的“自我”交易，实现董事与公司之间交易的公平就完全无妨了。①

（5）不得未经股东会或者股东大会同意，利用职务便利为自己或者他人谋取属于公司的商业机会，自营或者为他人经营与所任职公司同类的业务。这是关于禁止篡夺公司机会原则和竞业限制的规定。董事直接参与公司的经营管理，作为公司的董事应当全心全意为所任职公司谋取商业利益，为公司寻求商业交易机会是董事的基本职责，如果董事自营或者为他人经营与所任职公司同类的业务，当商业机会出现时，董事把商业机会交给所任职公司呢，还是拿给自营企业或者为他人经营的企业呢，这时董事的自我利益与其在所

① 参见孙英《论董事自我交易的法律规制》，《法学》2010 年第 6 期。

任职公司的职责就会发生冲突，如果把公司可以利用的商业机会交给其他经营主体，董事就违反了对所任职公司的忠实义务。需要注意的是，董事的竞业限制义务也不是绝对的。在取得股东会、股东大会同意的情况下，董事可以自营或者为他人经营与所任职公司同类的业务，也可以把公司的商业机会由自己利用或者交给他人利用。当然，在一般情况下，股东会或股东大会没有理由同意董事这样做。但是，从理论上来说，公司有可能为了吸引和利用特殊人才担任公司的董事，尤其是外部董事，容忍其经营与公司同类的业务。至于董事未自营或者为他人经营与公司同类业务的情况下，为其利害相关人之利益而篡夺公司机会的情形和责任，我国《公司法》和《公司法》司法解释都付之阙如，公司很难向篡夺公司机会的董事或高级管理人员追究责任。①

（6）不得接受他人与公司交易的佣金归为己有。佣金是中间人介绍说合生意所取得的酬金。董事把公司的经营业务推介营销给交易相对人，尽力撮合他人与公司进行交易是其职责所在，他的身份是代表公司进行营销，不是公司与交易相对人之间的中间人，所以董事不应当通过履行董事职责营销公司业务为自己获取佣金，即使交易相对人向董事支付了“佣金”，董事也不应将其据为己有，否则与其董事职责相悖，违反董事忠实义务。该等“佣金”应该作为交易折扣归公司所有，作为公司收入入账。

（7）不得擅自披露公司秘密。董事是公司经营决策的核心角色，知悉、掌握公司重大商业秘密，公司秘密对公司在交易中的谈判地位和利害至关重要，董事应当为公司利益严守公司秘密。董事擅自披露公司秘密不但违反对公司的忠实义务，而且还是积极主动的侵权行为，为此给公司利益造成损害的，应当负赔偿责任。

（8）不得利用职务便利侵占公司财产。董事不得利用职务便利侵占公司财产，侵占公司财产的，除向公司返还财产外，侵占财产数额较大的构成职务侵占罪，还要承担刑事责任。

---

① 参见侯怀霞《我国“禁止篡夺公司机会原则”司法适用研究》，《法商研究》2012 年第 4 期。

（9）董事不得向公司借款。《公司法》第一百一十五条规定，公司不得直接或者通过子公司向董事提供借款。这一规定意味着，股份公司在任何情况下、通过任何程序给董事的借款都是不合法的，即使股东大会也不能同意公司给董事借款，也不能指使子公司给董事借款，这是《公司法》的强制性规定，股份公司不能违反这一规定。股份公司董事向公司的借款应当因违反法律的强制性规定认定为无效，借款的董事应当即时向公司返还借款以恢复原状，应借款给公司造成损失的，应当承担赔偿责任。因为股份公司具有一定的开放性，股东众多，而且股东大会召开会议对参加会议股东及其所持表决的多少没有规定，股东大会做出普通决议只要参加会议的股东所持表决权的过半数同意即可，做出特别决议只要参加会议的股东所持表决权的三分之二以上同意即可。而股份公司，特别是上市的股份公司的中小股东往往以赚取股票买卖差价为目的，缺乏参加股东大会会议的积极性，法律如果不作强制性规定，参加股东大会会议的股东，一般是大股东，很可能通过股东大会决议的方式把公司的资金“名正言顺”地借贷给董事，损害公司利益，损害其他股东的利益。至于有限责任公司，《公司法》未做强制性规定，公司章程可以做出规定。在公司章程未做规定的情况下，除非全体股东一致同意，公司不应将资金借贷给董事。将公司资金借贷给董事的条件要比董事与公司发生交易的条件更为严格，因为一般情况下，公司将资金借贷给董事不像与董事发生交易那样有一定的利益可图，而且董事如果不能提供充足的财产用于抵押担保，公司将面临很大的风险。

（10）董事持有本公司股份的转让限制。《公司法》第一百四十一条规定，公司董事应当向公司申报所持有的本公司的股份及其变动情况，在任职期间每年转让的股份不得超过其所持有本公司股份总数的百分之二十五；所持本公司股份自公司股票上市交易之日起一年内不得转让。上述人员离职后半年内，不得转让其所持有的本公司股份。公司章程可以对公司董事转让其所持有的本公司股份做出其他限制性规定。

（11）不得从事违反对公司忠实义务的其他行为。董事对公司的忠实义务不可穷尽，凡是不为即不损害公司利益而董事选择了为之，即是违反忠实义务的行为。

二　董事违反对公司忠实义务的责任

（一）行为可被确认无效或被撤销

《公司法》第二十二条规定，公司董事会的决议内容违反法律、行政法规的无效。董事会的会议召集程序、表决方式违反法律、行政法规或者公司章程，或者决议内容违反公司章程的，股东可以自决议做出之日起六十日内请求人民法院撤销。董事违反忠实义务的行为有可能是个别董事的个人行为，也不排除多数董事以董事会决议的方式做出违反忠实义务的行为，有些行为即使董事会也无权决定，比如董事与公司的交易行为、竞业限制的例外等，只有经股东会或股东大会同意才可为之，董事会并无决定权，如果董事会对此例外做出同意的决定，属于违法或违反章程，股东可以请求人民法院确认其无效或撤销之。掌握公司印章的董事擅自将公司资金借贷给他人或以公司财产为他人的债务提供担保，如果相对人存在恶意，公司可以此为由请求人民法院撤销相应的借贷行为或担保行为。

（二）返还财产

董事违反忠实义务侵占公司财产的，应当归还公司；挪用公司资金或擅自将公司资金借贷给他人的，应当追回公司资金，或者负责向公司退赔；违反公司内部决策程序，以公司财产为他人提供担保的，应当负责取消担保，使公司财产恢复到被侵害前的状态。

（三）赔偿损失

董事因违反忠实义务给公司财产造成损失的，应当向公司承担赔偿责任。

（四）归入责任

《公司法》第一百四十八条第二款规定，董事违反忠实义务所得的收入应当归公司所有，董事应当将因此取得的相应收入缴回公司。

三　董事对公司的勤勉义务

《公司法》第一百四十七条规定，董事应当遵守法律、行政法规和公司章程，对公司负有勤勉义务。与忠实义务的消极不作为性质相反，勤勉义务是一种积极作为的义务，所谓勤勉义务，就是要求董事处理公司事务时能像处理个人事务那样认真和尽力，或者说董事必须以一个谨慎的人在管理自己的财产时所具有的勤勉程度去管理公司的财产。简单说，就是董事应当发挥个人经营管理才智，积极勤奋、想方设法地为公司创造商业利润。与违反忠实义务的情形相比较，违反勤勉义务的行为更加难以辨认。对于明显有损公司利益的行为，只要董事不作为，即已履行了忠实义务。但是，对于董事什么样的不作为或者不当作为应当认定为违反勤勉义务，很难界定，因此《公司法》对董事违反勤勉义务的情形并未以列举的方式明示，而是为勤勉义务规定了一个最低限度，即《公司法》第一百四十九条：董事执行公司职务时违反法律、行政法规或者公司章程的规定，给公司造成损失的，应当承担赔偿责任，即职务行为合法是董事勤勉义务的最低限度。问题是，董事职务行为不违反法律、行政法规和公司章程的情况下，如果给公司造成了损失，以什么标准认定其是否违反勤勉义务。董事或董事会做出的经营行为在不违法的情况下，给公司造成了损失，如何判断其行为是否构成对勤勉义务的违反，我国《公司法》没有明确规定。按照普通侵权责任的构成要件分析，很难确定董事违反勤勉义务的侵权责任。普通侵权责任的规则原则有过错责任、无过错责任和介于两者之间的推定过错责任，无过错责任和推定过错责任都不能适用于确定董事违反勤勉义务责任的场合，否则，如果无论董事有无主观过错，只要其经营行为对公司造成了损失都要承担侵权责任的话，就没有人敢于担任公司的董事了。普通侵权中的过错责任也难以适用到董事违反勤勉义务的责任认定中，董事依职权对公司进行经营管理，其经营活动在没有违反法律法规和公司章程规定的情况下，即使造成了公司的亏损，也难以认定其是否存在主观过错。不能依据过错推定原则，说其经营行为给公司造成损失，所以是有过错的。实际上，董事在合法的前提下，其经营行为给公司创造了利润还是造成了亏损，是一个商业问题，不是一个法律问题，所以不能单纯从法律上进行判断。因此，对董事是否履行了勤勉义务，从法理上考虑，并参诸比较法上的规定和司法实践，应当利用商业判断规则来衡量。商业判断规则是美国法院在《公司法》审判实践中创设的，其基本意思是董事、高级管理人员善意地进行商业决策即可满足注意义务的要求，所谓善意，要求董事与所进行的商业决策事项不存在利害关系，对所进行的商业决策的基本情况是了解的，并合理地相信在该种情况下是适当的，理性地相信该商业决策符合公司的最佳利益，其判断符合一个理性人在相同情况下的通常判断，并且按照法律法规和公司章程业已规定的程序进行决策。只要满足这些条件，就应当认定董事已尽了勤勉义务。商业判断规则采用的是低于普通过失的重大过失标准。即当董事的商业决策存在重大过失时，被认为其对公司经营活动没有尽到一个理性人的适当注意义务，要对因此给公司造成的损失承担赔偿责任。① 但是，我国《公司法》没有对商业判断规则做出规定，适用商业判断规则对董事的责任进行司法判断对司法水平的要求比较高，需要法官掌握精细的司法判断技术，我国未采用商业判断规则，而是直接以董事决策在内容和程序上是否存在违反法律、行政法规和公司章程为标准判断董事是否对公司承担侵权的损害赔偿责任，与我国目前司法体制和司法水平是相适宜的。

四　董事违反对公司勤勉义务的责任

董事以自己的经营行为故意造成公司违法毫无疑问构成董事对公司勤勉义务的违反，由此给公司造成损失的，董事应当承担赔偿责任。此外，董事滥用职权、严重失职给公司造成损失的，应当承担赔偿责任。②

我国《刑法》第一百六十七条规定了“签订、履行合同失职被骗罪”，该条规定，国有公司、企业、事业单位直接负责的主管人员，在签订、履行合同过程中，因严重不负责任被诈骗，致使国家利益遭受重大损失的，处三年以下有期徒刑或者拘役；致使国家利

---

① 参见任自力《公司董事的勤勉义务标准研究》，《中国法学》2008 年第 6 期。

② 参见朱羿锟《论董事问责的诚信路径》，《中国法学》2008 年第 3 期。

益遭受特别重大损失的，处三年以上七年以下有期徒刑。该罪的主体虽然只限于国有公司、企业、事业单位直接负责的主管人员，但其性质基本符合勤勉义务的特征，此等失职在民法上即是对勤勉义务的违反。该条款将违反勤勉义务的情形概括为“严重不负责任”。这里的“严重不负责任”如果解释出来，无非是相关负责人在签订、履行合同中粗心大意，盲目轻信，不认真审查对方当事人的合同主体资格、资信情况、履约能力和货源情况，或者无视规章制度和工作纪律，擅自越权签订或者履行经济合同，或者急于推销产品，上当受骗，或者未尽审查对方资格和履约能力的职责，未辨真假，盲目吸收投资，同假外商签订引资合作协议等。总而言之，未尽到一个理性人适当的注意义务。从违反勤勉义务的角度完全可以将这种规定扩大到普通公司的董事，只不过刑法只对因违反勤勉义务给国家造成重大损失的国有公司、企业、事业单位的负责人科以刑罚，对普通公司的负责人的此等行为和损害后果并不追究刑事责任。

五　董事因不当董事会决议向公司承担的责任

前述董事对公司的忠实义务和勤勉义务以及违反义务的法律责任是针对董事个人的义务和责任，董事会在行使公司重大经营决策权的过程中，往往不是由董事以个人行为为之，而是以董事会决议的方式进行的，那么当董事会决议失当并给公司造成损失的时候，董事作为董事会成员，是否对董事会决议给公司造成的损失要承担个人责任？对此，《公司法》第一百一十二条规定，股份有限公司董事应当对董事会的决议承担责任。董事会的决议违反法律、行政法规或者公司章程、股东大会决议，致使公司遭受严重损失的，参与决议的董事对公司负赔偿责任。由此可见，在股份有限公司中，导致董事对公司承担损害赔偿责任的董事会决议有三种情形：一是董事会决议违反法律、行政法规。具有合法性是董事会决议的最低要求，《公司法》规定，董事会决议内容违反法律、行政法规的无效。二是董事会决议违反公司章程。股份公司章程被尊为公司的宪法，是公司内部效力最高的文件。股份公司的经营管理活动和公司内部的所有机构都应当遵守公司章程的规定。《公司法》规定，董事会决议违反公司章程的，可以被撤销。三是董事会决议违反股东大会决议。股东大会是股份公司的最高权力机关，股东大会决议一般是公司经营宗旨和经营方针方面的重大决策，董事会是股东大会的执行机关，董事会的首要职责是执行股东大会的决议。董事会决议应当服从股东大会决议，董事作为董事会的组成人员，应当熟悉股东大会决议，理解股东大会对公司的经营宗旨，如果董事会决议与股东大会决议相悖，股东大会可以通过决议撤销董事会决议。《公司法》虽然规定给公司造成重大损失的，董事应承担赔偿责任，但法律和司法解释都没有明确重大损失的界限，公司无须纠缠于重大的标准，只要是董事会存在这三种情形，给公司造成损失，就可以请求董事承担赔偿责任。但在两种情况下，董事免除赔偿责任：一是董事未参加相应的董事会会议，即董事未参与董事会决议。二是经证明在董事会会议表决时曾表明异议并记载于会议记录的，该董事可以免除责任。如果没有记载于会议记录，董事的异议缺乏证据证明。所以，董事在董事会会议表决中要发挥主观能动性，作为高层经营决策人员，要对董事会决议事项进行自主判断，独立行使表决权，不可人云亦云。董事在董事会会议记录上签名时要认真核对会议记录，特别是对自己表决意见的记录，以免为别人的过错承担责任。

六　董事因股东出资瑕疵或抽逃出资对公司及公司债权人承担的责任

股东对公司的出资环节主要有两个：一个是公司设立环节，二是公司存续过程中的增资环节。设立中的公司还没有建立董事会，不存在董事，股东的出资瑕疵自然与此后才产生的董事无关。公司存续过程中进行增资时，董事会作为常设机构已经存在，董事须对公司尽忠实义务和勤勉义务，当股东在公司增资过程中未按照自己认缴的增资履行出资或全面出资义务时，董事有义务代表公司向相应股东催缴，股东在公司增资时未履行或者未全面履行出资义务，依据《公司法》司法解释（三）第十三条规定，公司或者其他股东可以请求其向公司依法全面履行出资义务，也可以请求未尽《公司法》第一百四十七条第一款规定的忠实义务和勤勉义务而使出资未缴足的董事承担相应责任，人民法院应予支持。公司债权人可以请求未尽忠实义务和勤勉义务的董事对公司债务不能清偿的部分承担相应责任，人民法院应当支持。这种相应责任应当以股东未缴足出资的本息范围内对公司债务不能清偿的部分与股东承担连带补充赔偿责任为限。董事就股东未履行或未全面履行出资义务未对公司尽忠实义务和勤勉义务的情形多种多样。比如，股东未履行或者未全面履行出资义务，超过履行义务的期限后，董事怠于履行勤勉义务，未采取适当措施督促股东全面履行出资义务，致使公司利益遭受损失；股东实际未缴付出资，董事故意对其他股东宣称已经缴付出资，欺骗其他股东，损害公司利益的；股东以实物出资的，董事从中协助高估实物出资价值；股东以实物出资，应当办理出资标的的所有权变更登记，董事怠于办理变更登记，甚至故意拖延办理变更登记，为股东未履行或未全面履行出资义务进行掩饰，损害公司利益；等等。

《公司法》司法解释（三）第十四条规定，股东抽逃出资，公司或者其他股东请求其向公司返还出资本息、协助抽逃出资的董事对此承担连带责任的，人民法院应予支持。公司成立后，董事会作为公司内部常设机构已经存在，并实际掌控公司的经营管理权，此时如果股东要抽逃出资，一般要通过实际掌控公司经营管理以及公司财务的董事会或分管财务的董事，才能实现抽逃出资的目的，如果董事协助股东抽逃出资了，该董事应当与抽逃出资的股东连带承担向公司返还出资本息的责任。公司债权人可以请求协助抽逃出资的董事对公司债务不能清偿的部分在抽逃出资的本息范围内与股东承担连带补充赔偿责任。

七　股份有限公司董事对公司的清算义务和责任

《公司法》第一百八十三条规定公司解散需要清算的，应当在解散事由出现之日起十五日内成立清算组，开始清算。有限责任公司的清算组由股东组成，股份有限公司的清算组由董事或者股东大会确定的人员组成。只要股份有限公司股东大会没有另行确定清算组的情况下，股份有限公司的清算一般由董事组成清算组进行清算。

第二节　高级管理人员与公司的关系

公司的经理、副经理、财务总监或总会计师、总工程师、总经济师或首席经济学家、总法律顾问等属于公司的高级管理人员。无论是有限责任公司还是股份有限公司，经理由董事会决定聘任或者解聘，董事会可以决定由董事会成员兼任经理。不设董事会的有限责任公司的执行董事可以兼任公司经理，其职权由公司章程规定。

一　高级管理人员对公司的忠实义务

高级管理人员对公司负有忠实义务和勤勉义务。《公司法》第一百四十七条规定，高级管理人员应当遵守法律、行政法规和公司章程，对公司负有忠实义务。高级管理人员不得利用职权收受贿赂或者其他非法收入，不得侵占公司的财产。《公司法》第一百四十八条规定，高级管理人员不得有下列不忠实于公司的行为：①挪用公司资金。②将公司资金以其个人名义或者以其他个人名义开立账户存储。③违反公司章程的规定，未经股东会、股东大会或者董事会同意，将公司资金借贷给他人或者以公司财产为他人提供担保。④违反公司章程的规定或者未经股东会、股东大会同意，与本公司订立合同或者进行交易。⑤未经股东会或者股东大会同意，利用职务便利为自己或者他人谋取属于公司的商业机会，自营或者为他人经营与所任职公司同类的业务。⑥接受他人与公司交易的佣金归为己有。⑦擅自披露公司秘密。⑧向公司或公司的子公司谋求借款，《公司法》第一百一十五条规定，公司不得直接或者通过子公司向高级管理人员提供借款。经理、财务负责人等高级管理人员有可能直接掌管公司财务，向公司借款很便利，如果高级管理人员可以“合法”地向公司借款，而且很容易借到，会给公司资金造成很大的风险甚至损失。所以，《公司法》

以强制性规范规定，公司及其子公司不得向公司的高级管理人员提供借款，切断高级管理人员向公司及其子公司借款的通道，这样，高级管理人员向公司及其子公司的借款都是违法的，只要借款了，就要承担法律责任，有利于保护公司及其股东的利益不受高级管理人员的侵害。⑨对高级管理人员持有公司股份的转让限制。《公司法》第一百四十一条规定，公司高级管理人员应当向公司申报所持有的本公司的股份及其变动情况，在任职期间每年转让的股份不得超过其所持有本公司股份总数的百分之二十五；所持本公司股份自公司股票上市交易之日起一年内不得转让。上述人员离职后半年内，不得转让其所持有的本公司股份。公司章程可以对公司高级管理人员转让其所持有的本公司股份做出其他限制性规定。⑩违反对公司忠实义务的其他行为。

二 高级管理人员违反对公司的忠实义务应承担的责任

（1）返还财产。高级管理人员违反忠实义务侵占公司财产的，应当归还公司；挪用公司资金或擅自将公司资金借贷给他人的，应当追回公司资金，或者负责向公司退赔；违反公司内部决策程序，以公司财产为他人提供担保的，应当负责取消担保，使公司财产恢复到被侵害前的状态。

（2）赔偿损失。高级管理人员因违反忠实义务给公司财产造成损失的，应当向公司承担赔偿责任。

（3）归入责任。《公司法》第一百四十八条第二款规定，高级管理人员违反忠实义务所得的收入应当归公司所有，高级管理人员应当将因此取得的相应收入缴回公司。

三 高级管理人员对公司的勤勉义务

《公司法》第一百四十七条规定，高级管理人员应当遵守法律、行政法规和公司章程，对公司负有勤勉义务。与忠实义务的消极不作为性质相反，勤勉义务是一种积极作为的义务，所谓勤勉义务，就是要求高级管理人员处理公司事务时能像处理个人事务时那么认真和尽力，或者说以一个谨慎的人在管理自己的财产时所具有的勤勉程度去管理公司的财产。就是说高级管理人员应当发挥个人经营管理才智，积极勤奋、想方设法地为公司创造商业利润。高级管理人员的勤勉义务与董事的勤勉义务一样，主要是一个商业判断的问题，《公司法》对董事和高级管理人员违反勤勉义务的情形并未列举规定，而是为勤勉义务规定了一个最低限度，即《公司法》第一百四十九条规定，高级管理人员与董事一样，执行公司职务时违反法律、行政法规或者公司章程的规定，给公司造成损失的，应当承担赔偿责任。即把违反法律、行政法规或者公司章程的职务行为认定为违反勤勉义务，当然，职务行为合法是勤勉义务的最低限度。至于高级管理人员职务行为不违反法律、行政法规和公司章程的情况下，如果给公司造成了利益损失，以什么标准认定其是否违反勤勉义务，是一个商业问题，不是一个法律问题，所以不能单纯从法律上进行判断，应当利用商业判断规则来衡量。商业判断规则采用的是低于普通过失的重大过失标准，即当高级管理人员的经营行为存在重大过失时，被认为其对公司经营活动没有尽到一个理性人的适当注意义务，要对因此给公司造成的损失承担赔偿责任。

四　高级管理人员违反对公司的勤勉义务应承担的责任

经营行为违法毫无疑问构成高级管理人员对公司勤勉义务的违反，由此给公司造成损失的，应当承担赔偿责任。

我国《刑法》第一百六十七条规定了“签订、履行合同失职被骗罪”，该条规定，国有公司、企业、事业单位直接负责的主管人员，在签订、履行合同过程中，因严重不负责任被诈骗，致使国家利益遭受重大损失的，追究刑事责任。该罪的主体虽然只限于国有公司、企业、事业单位直接负责的主管人员，但其性质基本符合勤勉义务的特征，此等失职在民法上即是对勤勉义务的违反。该条款将违反勤勉义务的情形概括为“严重不负责任”。这里的“严重不负责任”是指相关负责人——有可能是经理等高级管理人员，在签订、履行合同中粗心大意，盲目轻信，不认真审查对方当事人的合同主体资格、资信情况、履约能力和货源情况，或者无视公司规章制度和工作纪律，擅自越权签订或者履行经济合同，或者急于推销产品，盲目吸引投资，导致上当受骗。总而言之，未尽到一个理性人适当的注意义务。从违反勤勉义务的角度完全可以将这种规定扩大到普通公司的高级管理人员，只不过刑法只对因违反勤勉义务给国家造成重大损失的国有公司、企业、事业单位的负责人科以刑罚，对普通公司的负责人的此等行为和损害后果并不追究刑事责任。

五　高级管理人员因股东出资瑕疵或抽逃出资对公司承担的责任

公司增资过程中，股东未按认缴履行出资或全面履行出资义务，或者公司成立后股东抽逃出资，高级管理人员对此有过错的，与对此有过错的董事一样承担相应连带责任。

公司存续过程中进行增资时，经理等高级管理人员作为公司常设机构已经存在，应当对公司尽忠实义务和勤勉义务。当股东在公司增资过程中未按照自己认缴的增资履行出资或全面出资义务时，有义务代表公司向相应股东催缴，股东在公司增资时未履行或者未全面履行出资义务，依据最高人民法院《公司法》司法解释（三）第十三条规定，公司或者其他股东可以请求其向公司依法全面履行出资义务，也可以请求未尽《公司法》第一百四十七条第一款规定的忠实义务和勤勉义务而使出资未缴足的高级管理人员承担相应责任。公司债权人可以请求未尽《公司法》第一百四十七条规定的忠实义务和勤勉义务的高级管理人员承担相应责任。高级管理人员的相应责任最大限度应当不超过股东未缴足出资的金额及所产生的利息。公司或者其他股东可以在此限额内要求高级管理人员向公司承担补足出资的责任，公司债权人可以要求高级管理人员在此限额内对公司不能清偿的债务承担赔偿责任。

《公司法》司法解释（三）第十四条规定，股东抽逃出资，公司或者其他股东请求其向公司返还出资本息、协助抽逃出资的高级管理人员对此承担连带责任的，人民法院应予支持。公司成立后，高级管理人员作为公司内部常设机构已经存在，并实际掌控公司的日常经营管理，此时如果股东要抽逃出资，一般要通过实际掌控公司经营管理以及公司财务的高级管理人员，才能实现抽逃出资的目的，如果高级管理人员协助股东抽逃出资了，该高级管理人员应当与抽逃出资的股东连带承担向公司返还出资本息的责任。公司债权人可以请求协助抽逃出资的高级管理人员在抽逃出资的本息范围内对公司债务不能清偿的部分与抽逃出资的股东承担连带补充赔偿责任。

六　高级管理人员对公司的损害赔偿责任

《公司法》第一百四十九条规定，高级管理人员执行公司职务时违反法律、行政法规或者公司章程的规定，给公司造成损失的，应当承担赔偿责任。根据《公司法》第一百五十一条规定，公司可对其提起损害赔偿之诉，公司董事、监事可以代表公司提起诉讼，股东也可对其提起派生诉讼。

七　高级管理人员对公司的清算义务及其对公司或公司债权人的责任

根据《公司法》第一百八十三条的规定，公司解散后自行清算的，有限责任公司的清算组由股东组成，股份有限公司的清算组由董事或者股东大会确定的人员组成。逾期不成立清算组进行清算，债权人或公司股东申请人民法院指定清算组进行清算的，根据最高人民法院《公司法》司法解释（二）第八条规定，高级管理人员可以被人民法院指定为清算组成员。高级管理人员一旦被人民法院指定为清算组成员，就应当依法履行对公司的清算义务。高级管理人员作为清算组成员，在清算活动中应当遵守法律、行政法规和公司章程的规定。《公司法》司法解释（二）第二十三条规定，清算组成员从事清算事务时，违反法律、行政法规或者公司章程给公司或者债权人造成损失，公司或者债权人可以主张其承担赔偿责任，人民法院应依法予以支持。有限责任公司的股东、股份有限公司连续一百八十日以上单独或者合计持有公司百分之一以上股份的股东，可以依据《公司法》第一百五十一条第三款的规定，以派生诉讼的方式对清算组成员提起诉讼，人民法院应予受理。公司已经清算完毕注销，上述股东参照《公司法》第一百五十一条第三款的规定，可以直接以清算组成员为被告、其他股东为第三人向人民法院提起诉讼，人民法院应予受理。

第三节 监事与公司的关系

一 监事或监事会对公司的职权

根据《公司法》第五十三条、第一百一十八条规定，监事会、不设监事会的公司的监事行使下列监督职权：

（1）检查公司财务。公司财务状况是反映公司经营业绩的最可靠的资料。监事会或监事为了监督、了解公司经营状况，检查公司财务是必须的。监事履行监督职责，检查公司财务时，董事会、高级管理人员应当配合监事行使职权的行为，向监事提供公司财务资料。《公司法》没有规定监事检查公司财务的资料范围，应当理解为，监事为了全面掌握公司的财务状况，有权对公司财务报表、财务凭证进行全面检查。必要时，监事还可以聘请专业的会计机构对公司财务进行审计，以了解公司经营状况的真相，所需费用由公司承担。监事因为所承担的监督职责，其检查公司财务的权力比普通股东的还要大，《公司法》第三十三条规定股东有权查阅、复制公司财务会计报告，股东可以要求查阅公司会计账簿。股东要求查阅公司会计账簿的，应当向公司提出书面请求，说明目的。公司有合理根据认为股东查阅会计账簿有不正当目的，可能损害公司合法利益的，可以拒绝提供查阅，并应当自股东提出书面请求之日起十五日内书面答复股东并说明理由。监事检查公司财务是法定职权，无须说明目的，公司也不得以任何理由拒绝。《公司法》第一百五十条第二款规定，董事、高级管理人员应当如实向监事会或者不设监事会的有限责任公司的监事提供有关情况和资料，不得妨碍监事会或者监事行使职权。这些情况和资料应当包括不设限制的财务资料。

公司拒绝监事检查公司财务的，监事可以向人民法院提起诉讼，请求人民法院依法判令公司向监事提供公司财务资料。

(2) 对董事、高级管理人员执行公司职务的行为进行监督，对违反法律、行政法规、公司章程或者股东会决议的董事、高级管理人员提出罢免的建议。监事对董事、高级管理人员执行公司职务的行为进行经常性监督。对在执行公司职务中违反法律、行政法规、公司章程或者股东（大）会决议的董事向股东（大）会提出罢免的建议，对违反法律、行政法规、公司章程或者股东（大）会决议的高级管理人员向董事会提出解聘或罢免的建议。

(3) 当董事、高级管理人员的行为损害公司的利益时，要求董事、高级管理人员予以纠正。一般来说，董事、高级管理人员违反法律、行政法规、公司章程、股东（大）会的行为会损害公司利益，董事、高级管理人员违反《公司法》第一百四十八条规定的忠实义务的行为也必然损害公司利益。对这些损害公司利益的行为，监事应当要求做出该行为的董事、高级管理人员予以纠正。如果行为人不予纠正，监事可以向董事会提出纠正要求，董事会认为必要时可以以董事会决议的方式责令相关董事、高级管理人员纠正其不当行为。如果做出损害公司利益行为的董事、高级管理人员拒不纠正其行为，或者董事会拒不作为，监事会或者不设监事会的有限责任公司的监事可以提请股东会、股东大会决定，也可以代表公司向人民法院提起诉讼，请求人民法院依法判令相关董事、高级管理人员停止损害公司利益的行为，并可请求其赔偿公司损失。

(4) 提议召开临时股东（大）会会议，在董事会不履行本法规定的召集和主持股东会会议职责时召集和主持股东会会议。当董事、高级管理人员的行为明显违法、违反公司章程或股东会、股东大会决议时，监事依前述规定可以代表公司直接提起诉讼，请求人民法院判令其停止损害公司利益的行为。但是，如果董事、高级管理人员的行为并未违反法律、行政法规、公司章程或者股东会、股东大会决议，只是从商业上判断，有可能存在失当，给公司造成重大损失，此时如果诉诸法律，一方面诉讼程序历时较长；另一方面法院对商业行为难以做出判断，不能有效阻止损失的发生。虽然，公司的经营管理权由董事会和高级管理人员负责，但监事会在行使监督职权的过程中，如果对董事、高级管理人员的经营行为发生重大怀疑，向其提出纠正的建议被拒后，可以提议召开临时股东会、股东大会会议进行讨论，由股东会、股东大会决定是否停止董事、高级管理人员的行为，这是监事会发挥监督职能实施内部救济的有效途径。《公司法》第三十九条规定监事会或者不设监事会的公司的监事提议召开临时股东会或股东大会会议时，应当召开临时会议。董事会或执行董事应当召集股东会、股东大会会议，董事会或者执行董事不能履行或者不履行召集股东会会议职责的，由监事会或者不设监事会的公司的监事召集和主持。

（5）向股东会会议提出提案。监事在行使监督职权的过程中，对发现的公司经营管理方面的问题、对董事会组成人员存在的问题、对高级管理人员存在的问题可以向股东会、股东大会提出提案，由股东会、股东大会做出决定。这是监事会履行监督义务的重要方式。

（6）依照《公司法》第一百五十一条的规定，对董事、高级管理人员执行公司职务时违反法律、行政法规或者公司章程的规定，给公司造成损失的，监事会或者不设监事会的有限责任公司的监事应当代表公司请求相关董事、高级管理人员赔偿公司损失，可以代表公司提起损害赔偿诉讼。或者当有限责任公司的股东、股份有限公司连续一百八十日以上单独或者合计持有公司百分之一以上股份的股东请求监事会或者不设监事会的有限责任公司的监事向人民法院提起赔偿之诉的，监事会或者监事接受股东请求向人民法院提起诉讼，通过法律程序维护公司的合法权益。

（7）根据《公司法》第五十四条的规定，监事可以列席董事会会议，并对董事会决议事项提出质询或者建议。监事的质询或者建议应当侧重于董事会决议事项的合法性，对于董事会决议的商业合理性，监事或监事会应当按照公司分工，尊重董事会的经营决策权。

（8）监事会或监事的调查权。《公司法》第五十四条第二款规定，监事会、不设监事会的公司的监事发现公司经营情况异常，可以进行调查。必要时，可以聘请会计师事务所等协助其工作，费用由公司承担。《公司法》没有对监事会或监事的这种调查权设置边界限制，只要是监事会或监事认为公司某方面的经营存在异常就可以进行调查，比如公司的财务状况、公司的交易活动、公司的环保问题等等。

（9）公司章程规定的其他职权。公司章程在不违反《公司法》强制性规定的前提下，可以对监事或监事会的职权做出细化规定。

二　监事对公司的忠实义务和勤勉义务

《公司法》第一百四十七条规定，监事应当遵守法律、行政法规和公司章程，对公司负有忠实义务和勤勉义务。监事不得利用职权收受贿赂或者其他非法收入，不得侵占公司的财产。

《公司法》第一百四十一条规定，股份有限公司的监事应当向公司申报所持有的本公司的股份及其变动情况，在任职期间每年转让的股份不得超过其所持有本公司股份总数的百分之二十五；所持本公司股份自公司股票上市交易之日起一年内不得转让。监事离职后半年内，不得转让其所持有的本公司股份。公司章程可以对公司监事转让其所持有的本公司股份做出其他限制性规定。

监事不得谋求向公司借款。《公司法》第一百一十五条规定，公司不得直接或者通过子公司向监事提供借款。监事要向公司或其子公司借款一般需要通过掌控公司经营特别是掌管公司财务的董事或高级管理人员，如果监事通过公司董事或高级管理人员实现了向公司或其子公司借款，除了损害公司利益外，还会使监事因从这些董事或高级管理人员得到好处而削弱对他们的监督。所以，《公司法》以强制性规范规定，公司及其子公司不得以任何理由向公司监事提供借款。

三　监事对公司的侵权损害赔偿责任

监事执行公司职务应当遵守法律、行政法规和公司章程的规定。《公司法》第一百四十九条规定，监事执行公司职务时违反法律、行政法规或者公司章程的规定，给公司造成损失的，应当承担赔偿责任。

监事对公司的侵权形态有两种：一是以积极的作为行为侵权，

二是以消极的不作为形式侵权。监事的职责是监督董事、高级管理人员的经营管理行为，监事不直接参与公司的经营管理活动，不参与公司的决策，也不能由自己决定与公司发生关联交易，所以监事不容易单独以积极作为的方式侵害公司利益。监事以积极作为的方式侵害公司利益的常见形态是与董事、高级管理人员合谋进行，比如与直接管理公司财务的董事或高级管理人员合谋挪用公司资金、给第三人借贷公司资金，或者与直接负责管理采购、销售业务的董事、高级管理人员合谋通过对外签订合同的形式损害公司利益，等等。监事对公司的侵权行为最常见的是消极不作为，即不积极主动履行监督职责，对董事、高级管理人员违法或不当的经营行为失察甚至视而不见，导致董事、高级管理人员对公司利益的侵害变为现实。在这种情况下，监事对董事、高级管理人员对公司的损害应否承担责任，在什么情况下承担责任，承担多大的责任，在什么情况下不承担责任，承担责任的构成要件是什么，《公司法》没有明确规定，是一个值得探讨的问题。这也是我国《公司法》上监事会制度存在的最大问题。《公司法》把监事会或监事规定为公司的必设机构的初衷是让其代表股东和职工对公司董事、高级管理人员履行职务的行为进行监督，但是，现实中监事会或监事不是对董事、高级管理人员的经营行为进行监督，而是与董事、高级管理人员合谋的情况屡见不鲜，或者仅仅是摆设的情形更为常见。比如，拿上市公司来说，发生了很多的违法、违规、弄虚作假的事件，没有一件是由本公司监事或监事会通过履行监督职责揭发出来的，足以说明监事会制度的有效性值得怀疑。当然，在不同结构的公司，监事或监事会履行监督职责的积极性会有所不同，比如在有限责任公司，一部分股东作为董事、高级管理人员直接负责对公司的经营管理，另一部分股东作为监事，这种情况下，担任监事职务的股东为了自身利益，具有监督的积极性。不过，任何事情都有他的两面性，当监事有积极性履行监督职责的时候，监督权的边界在哪里，监督权与经营权的关系如何处理又是一个问题，实践中，在股东人数较少的有限责任公司经常发生作为监事的股东与作为董事、高级管理人员的股东打得不可开交甚至导致公司出现僵局瘫痪、最终解体的案例。从比较法上来看，英美《公司法》采取的是在董事会内部设外部董事或独立董事的做法，公司不设监事会；德国等欧洲大陆国家的《公司法》采取的是在股东会下设监事会，监事会相当于股东会的常务委员会，由监事会决定董事人选并组成董事会，对董事会的经营业绩进行考核，决定董事的报酬等事项，董事会是监事会的下位机关，监事会作为董事会的上位机关行使监督权；以中、韩等国为代表的亚洲国家采取的是股东会下设平行的董事会和监事会；日本新修订的《公司法》授权公司在英美制的独立董事制或者地位平行的董事会、监事会制中任选其一，亦即设立独立董事，就不设监事会，两者不兼容。我国的上市公司治理结构在设立地位相互平行的董事会、监事会的同时，在董事会内部设置独立董事，人数不少于董事的三分之一，为世界范围内公司治理结构模式所仅见，实际效果尚待观察。

第八章

公司财务管理权分配关系的均衡

公司作为营利性的组织，财务是反映公司经营状况的重要指标，财务管理是公司经营管理的核心，财务管理权是公司管理权的核心。公司管理层发生矛盾最常见的原因是财务管理问题，管理层一旦发生争夺经营管理权的斗争，往往也是围绕公司财务问题进行的。所以，维持公司财务管理权分配关系的均衡，对维护整个公司的经营管理的稳定和谐起着非常重要的作用。围绕公司财务的管理权分配关系主要有以下几种关系：股东之间围绕公司财务形成的关系，股东与公司之间围绕公司财务形成的关系，股东或股东会、股东大会与董事会之间围绕公司财务形成的关系，董事会与经理等高级管理人员之间围绕公司财务形成的关系，监事会与董事会、高级管理人员之间围绕公司财务形成的关系，等等。以下分述之。

一　股东之间围绕公司财务形成的关系

公司在经营过程中，股东与股东之间不会围绕公司财务的管理权发生关系，也就是说，一般不存在一个股东向其他股东主张财务权的问题，因为一般不存在以股东身份管理公司财务的情况，当股东要主张行使对公司财务的检查或查阅权时，其请求的对象一般不是股东，是公司或公司的其他管理机构。股东之间围绕公司财务权的分配发生的关系，一般体现在公司章程中。股东在制定公司章程时，可以规定股东对公司的财务行使检查、监督的方式，此时在股东之间形成对公司财务权利进行分配的关系，大股东有可能尽量减少其他股东对公司财务的监督、检查，而中、小股东则尽可能加强其对公司财务的监督、检查权，股东之间因此围绕公司财务管理权的分配发生关系。有限责任公司章程的制定和修改要经全体股东所持表决权的三分之二以上同意才能通过，股份有限公司章程的制定和修改须经出席股东大会会议的股东所持表决权的三分之二以上同意方能通过。所以，小股东在公司章程中为自己争取更多财务检查、监督权的行之有效的方法是，通过相互联合，使自己一方的股东所持表决权超过三分之一，这样，大股东一方就无法单独通过自己力量左右公司章程的内容、排除小股东对公司财务检查、监督的权利。这个阶段，围绕公司财务权利的斗争关系是股东之间的关系。此后，即使大股东控制公司财务，也是通过亲自担任或委派代理人担任公司相应职务实现对公司财务的控制，而不是直接以股东身份控制公司财务。

二　股东与公司之间围绕公司财务管理形成的关系

股东行使对公司财务的权利，其行使权利的请求对象是公司。股东对公司财务的权利主要是对公司财务报告的查阅、复制权和对公司会计账簿的查阅权。股东对公司财务报告和会计账簿能够行使的权利是不同的。

《公司法》第三十三条规定，股东有权查阅、复制财务会计报告。公司财务会计报告是指公司会计部门根据经过审核的会计账簿记录和有关资料，编制的反映公司某一特定日期财务状况和某一会计期间经营成果、现金流量及所有者权益等会计信息的总结性书面文件。根据《中华人民共和国会计法》第二十条第二款规定：财务会计报告由会计报表、会计报表附注和财务情况说明书组成。其中，会计报表是指公司以一定的会计方法和程序由会计账簿的数据整理得出，以表格的形式反映公司财务状况、经营成果和现金流量的书面文件，是财务会计报告的主体和核心。公司会计报表按其反映的内容不同，分为资产负债表、利润表、现金流量表、所有者权益（股东权益）变动表。其中，相关附表是反映公司财务状况、经营成果和现金流量的补充报表，主要包括利润分配表以及国家统一会计制度规定的其他附表。会计报表附注是为便于会计报表使用者理解会计报表的内容而对会计报表的编制基础、编制依据、编制原则和方法及主要项目等所作的解释。会计报表附注是财务会计报告的一个重要组成部分，它有利于增进会计信息的可理解性，提高会计信息可比性和突出重要的会计信息。财务报告的意义主要在于：为投资者和债权人的投资、贷款决策提供信息；为单位加强经济管理提供资料；为有关管理部门加强检查、监督，维护经济秩序提供资料。股东对公司财务报告的查阅、复制权是无条件的，公司不得拒绝。如果公司拒绝股东查阅、复制财务报告，股东可以向人民法院提起诉讼，请求人民法院判令公司向股东提供财务报告。

《公司法》第三十三条规定，股东可以要求查阅公司会计账簿。会计账簿是以会计凭证为依据，由具有一定格式、相互联结的账页组成，全面、连续、系统地记录各项经济业务的簿籍。会计账簿为经营管理提供系统、完整的会计核算资料，可以利用会计账簿资料进行账实核对，检查账实是否相符，从而有利于保证各项财产物资和资金的安全完整和合理使用。会计账簿资料是编制会计报告的主要依据。财务报告反映一定时期公司经营的财务结果，要判断其反映的公司经营结果是否真实须进一步追溯会计账簿，甚至对会计账簿还要进行账实核对，才能彻底判断公司经营的真实状况和结果。作为公司股东，当其合理怀疑公司财务报告与公司实际经营状况和结果不相符合时，可以提出查阅会计账簿的要求。但是，股东查阅公司会计账簿不是无条件的绝对权力。《公司法》第三十三条规定，股东要求查阅公司会计账簿的，应当向公司提出书面请求，说明目的。公司有合理根据认为股东查阅会计账簿有不正当目的，可能损害公司合法利益的，可以拒绝提供查阅，并应当自股东提出书面请求之日起十五日内书面答复股东并说明理由。公司拒绝提供查阅的，股东可以请求人民法院要求公司提供查阅。《公司法》如此规定的原因至少涉及以下几个方面：一是公司股东往往人数较多，特别是股份公司、上市的股份公司，人数众多，如果将股东查阅公司账簿的权力规定为法定权力，任由股东不受限制地行使，会导致公司财务部门应接不暇，严重影响公司正常经营活动。二是公司财务状况往往关涉公司经营的商业秘密，公司特别是股份公司股东成分复杂，公司股东也不受竞业禁止的限制，如果任由股东查阅公司账簿，难免有些股东利用公司商业秘密通过其他渠道为自己谋取利益，或者泄露、不正当披露公司商业秘密，损害公司利益。所以，《公司法》规定，股东要求查阅公司账簿的，应当向公司说明查阅目的，公司认为股东查阅公司账簿目的正当的，可以提供查阅，认为查阅目的不正当的，可以拒绝提供查阅，公司拒绝提供查阅的，股东可以通过诉讼程序寻求救济。无论是公司审查股东查阅账簿的目的，还是诉讼程序中人民法院审查股东查阅账簿的目的，股东正当的查阅目的无非是为了核实财务报告或公司其他财务数据的真实性，股东应当对所要核实的财务数据的真实性提出合理怀疑，而且公司可以只提供与股东怀疑的财务数据相对应的财务账簿资料，为了减少工作量，公司可以安排持有相同或相似查阅要求的股东同时查阅账簿资料。

股东发现公司财务存在问题时，也可以通过向股东会、股东大会会议提出议案的方式，通过股东会、股东大会决议解决。也可以按照《公司法》的规定，由持有百分之十以上表决权的股东提议召开临时股东会、股东大会会议进行讨论。

此外，当股东发现公司财务存在问题或存在问题的线索时，可以向监事会或不设监事会的公司的监事提出监督意见，要求监事会或监事通过行使监督职权的方式解决有关财务问题。

三　股东（大）会与董事会之间围绕公司财务形成的关系

股东会、股东大会作为公司的最高权力机关，对公司财务享有全面领导和决策权，根据《公司法》第三十七条规定，股东会、股东大会对公司财务的权力主要体现在：审议批准公司的年度财务预算方案、决算方案；审议批准公司的利润分配方案和弥补亏损方案；对发行公司债券做出决议。股东查阅公司会计账簿的权力是受限制的，但是，股东会、股东大会检查公司财务的权力是不受限制的，必要时可以要求公司有关部门提供财务会计资料，也可以要求董事、有关的高级管理人员列席股东会、股东大会会议，接受股东会、股东大会针对有关财务工作的质询。

董事会作为股东会、股东大会的执行机关，根据《公司法》第四十六条规定，董事会围绕公司财务对股东会、股东大会的职责主要是：制订公司的年度财务预算方案、决算方案；制订公司的利润分配方案和弥补亏损方案；制订发行公司债券的方案；根据经理的提名决定聘任或者解聘公司财务负责人及其报酬事项。董事会应当将所制订的有关财务方案报请股东会、股东大会审议决定。股东会、股东大会在审议董事会有关公司财务的方案时，有权要求董事会或有关董事就有关事项进行说明，或指示董事会对有关财务事项进行修改，或直接做出有关财务事项的决议指令董事会予以执行，董事会、董事应当配合股东会、股东大会的要求，执行股东会、股东大会关于公司财务的决议。如果董事会不配合股东会、股东大会的要求，或者不执行股东会、股东大会的决议，股东会、股东大会可以通过提前改选董事的方式予以救济。如果董事会违背股东会、股东大会决议，给公司或股东造成损失的，作出该行为的董事应当承担损害赔偿责任，公司或股东可以通过诉讼方式救济。股东会、股东大会可以以会议决议的方式向董事会提出公司财务负责人的人选建议，并指令董事会据此予以聘任或解聘。

四　董事会与高级管理人员之间围绕公司财务形成的关系

《公司法》第四十九条规定，经理对董事会负责，其职权中与公司财务有关的是：向董事会提请聘任或者解聘公司财务负责人。公司财务负责人的职务通常是财务总监或总会计师，也属于公司高级管理人员。财务负责人在董事会和总经理领导下，总管公司会计、报表、企业预算体系建立、企业经营计划、企业预算编制、执行与控制工作，组织实施重要的内审活动。具体工作受总经理领导，负责向董事会汇报公司财务工作和财务状况。

五　监事会与董事会、高级管理人员之间围绕公司财务形成的关系

根据《公司法》第五十三条规定，监事会、不设监事会的公司的监事的职权与公司财务有关的主要是：检查公司财务。监事会、

不设监事会的公司的监事检查公司财务的权力来源于股东会、股东大会，在公司内部不受限制，董事会、高级管理人员应当配合。《公司法》第五十四条规定，监事会、不设监事会的公司的监事发现公司经营情况异常（当然包括财务状况异常），可以进行调查；必要时，可以聘请会计师事务所等协助其调查工作，特别是对公司财务问题的调查。调查费用由公司承担。监事会、不设监事会的公司的监事对公司财务负责人执行公司职务的行为进行监督，当财务负责人的行为损害公司的利益时，可以要求其予以纠正；对违反法律、行政法规、公司章程或者股东会决议的财务负责人可以向董事会提出罢免的建议；当公司财务存在严重问题，通过行使监督权不足以纠正时，向股东会、股东大会会议提出有关提案，或者提议召开临时股东会、股东大会会议予以解决。

第九章

公司与职工关系的均衡

《公司法》第十七条规定，公司必须保护职工的合法权益，依法与职工签订劳动合同，参加社会保险，加强劳动保护，实现安全生产。公司应当采用多种形式，加强公司职工的职业教育和岗位培训，提高职工素质。公司其职工之间的基本关系是劳动关系，本章主要根据《中华民共和国劳动合同法》（以下简称为《劳动合同法》）的规定，阐述公司与其职工之间关系的均衡机制。

一　公司与职工之间的劳动关系

（一）劳动合同的订立与劳动关系的建立

根据《劳动合同法》第十条规定，公司与职工建立劳动关系，应当订立书面劳动合同。但是，订立书面劳动合同并不是建立劳动关系的前置条件，用人单位自用工之日起即与劳动者建立劳动关系。无论是否订立书面劳动合同，公司与职工之间的劳动关系自公司对职工实际用工之日起就建立了。因实际用工而建立劳动关系，未同时订立书面劳动合同的，应当自用工之日起一个月内订立书面劳动合同。用人单位与劳动者在用工前订立劳动合同的，劳动关系自用工之日起建立。公司即使与劳动者订立了书面劳动合同，只要用工还没有开始，双方就不互相承担劳动关系上的权利义务和责任。比如，在书面劳动合同签订后，实际用工开始前，劳动者不得要求公司为其建立社会保险，不得要求为其支付工资，如果收到某种伤害，不得向公司主张工伤待遇等。但是，书面劳动合同签订后，双方都不应该对实际用工无限期拖延，双方可以在合同中约定实际用工开始的时间，超过一定期限，各方都有权解除合同。

用人单位自用工之日起超过一个月不满一年未与劳动者订立书面劳动合同的，则自第二个月到第十二个月的十一个月要向职工支付二倍的工资。自用工之日起，未订立书面劳动合同满一年后，不再支付二倍的工资，视为公司与劳动者已订立无固定期限劳动合同。但是，如果未订立书面劳动合同是由于职工一方的原因造成的，比如其拒绝在书面劳动合同上签字，公司不承担上述责任，但是公司应当保留职工拒绝签订书面劳动合同的证据，以保护自身的合法权益。

无固定期限劳动合同最大的特点是没有自动终止的时间，对用人单位的约束力较强，除非出现法定的解除条件，否则用人单位不好终止劳动合同。公司除了自愿与劳动者通过协商签订无固定期限劳动合同外，有下列情形之一的，如果劳动者提出或者同意续订、订立劳动合同的，除劳动者提出订立固定期限劳动合同外，应当订立无固定期限劳动合同：①劳动者在该用人单位连续工作满十年的；②用人单位初次实行劳动合同制度或者国有企业改制重新订立劳动合同时，劳动者在该用人单位连续工作满十年且距法定退休年龄不足十年的；③连续订立二次固定期限劳动合同，且劳动者没有《劳动合同法》第三十九条和第四十条第一项、第二项规定的情形，续订劳动合同的。《劳动合同法》第三十九条规定的内容是用人单位基于劳动者方面的原因可以解除劳动合同的情形：①劳动者在试用期期间被证明不符合录用条件的；②劳动者严重违反用人单位的规章制度的；③劳动者严重失职，营私舞弊，给用人单位造成重大损害的；④劳动者同时与其他用人单位建立劳动关系，对完成本单位的工作任务造成严重影响，或者经用人单位提出，拒不改正的；⑤劳动者以欺诈、胁迫的手段或者乘人之危，使用人单位在违背真实意思的情况下订立或者变更劳动合同的；⑥劳动者被依法追究刑事责任的。《劳动合同法》第四十条第一项、第二项规定的是：①劳动者患病或者非因工负伤，在规定的医疗期满后不能从事原工作，也不能从事由用人单位另行安排的工作的；②劳动者不能胜任工作，经过培训或者调整工作岗位，仍不能胜任工作的。

《劳动合同法》第八十二条规定，符合上述订立无固定期限劳动合同的条件，除非劳动者自愿不订立无固定期限劳动合同，用人单位不与劳动者订立无固定期限劳动合同的，自应当订立无固定期限劳动合同之日起向劳动者每月支付二倍的工资，而且支付二倍工资是没有期限限制的。这种惩罚性责任对用人单位是很重的。作为用人单位，在符合订立无固定期限劳动合同的条件下，要么由劳动者声明不订立无固定期限劳动合同，否则最好的选择就是先订立无固定期限劳动合同，避免支付二倍工资的负担，无固定期限劳动合同并非绝对不可解除。如果用人单位经营条件发生变化，可通过经济性裁员程序解除无固定期限劳动合同。

（二）试用期

试用期是指包含在劳动合同期限内的一定期限，劳动关系还处于非正式状态，用人单位对劳动者是否符合本单位聘用条件进行考核，劳动者对用人单位是否符合自己求职要求也进行考察了解，是一段双方双向选择的期间，在试用期内双方只要认为对方不符合自己的招聘条件或就业要求的，就可以解除劳动合同。对试用期的约定、试用期内双方解除劳动合同的条件和方式，《劳动合同法》做了相应规定。

1. 试用期期限

《劳动合同法》第十九条规定，劳动合同期限三个月以上不满一年的，试用期不得超过一个月；劳动合同期限一年以上不满三年的，试用期不得超过二个月；三年以上固定期限和无固定期限的劳动合同，试用期不得超过六个月。以完成一定工作任务为期限的劳动合同或者劳动合同期限不满三个月的，不得约定试用期。同一用人单位与同一劳动者只能约定一次试用期。劳动合同仅约定试用期的，试用期不成立，该期限为劳动合同期限。

2. 试用期劳动者的待遇

劳动者在试用期的工资不得低于本单位相同岗位最低档工资或者劳动合同约定工资的百分之八十，并不得低于用人单位所在地的最低工资标准。

3. 试用期内解除劳动合同的条件

根据《劳动合同法》第三十九条第一款第一项的规定，试用期内，用人单位证明劳动者不符合录用条件的，在向劳动者说明理由后，可以解除劳动合同。用人单位负有劳动者不符合录用条件的举证责任，用人单位不得在没有证据的情况下，以劳动者不符合录用条件为借口解除劳动合同，否则要承担违约责任。《劳动合同法》第三十七条规定，劳动者在试用期内提前三日通知用人单位，可以解除劳动合同。劳动者解除劳动合同的条件要优于用人单位，劳动者在试用期内解除劳动合同无须理由和条件。

《劳动合同法》第八十三条规定，用人单位违反《劳动合同法》规定与劳动者约定试用期的，由劳动行政部门责令改正；违法约定的试用期已经履行的，由用人单位以劳动者试用期满月工资为标准，按已经履行的超过法定试用期的期间向劳动者支付赔偿金。

（三）专项培训

《公司法》规定，公司应当采用多种形式，加强公司职工的职业教育和岗位培训，提高职工素质，这是公司对职工的一项法定的概括性义务。根据《劳动合同法》第二十二条规定，用人单位为劳动者提供专项培训费用，对其进行专业技术培训的，可以与该劳动者订立专项培训协议，约定与专项培训相应的服务期。劳动者违反服务期约定的，应当按照约定向用人单位支付违约金。但是，违约金的数额不得超过用人单位提供的培训费用。用人单位要求劳动者支付的违约金不得超过服务期尚未履行部分所应分摊的培训费用。

（四）保密与竞业限制

《劳动合同法》规定，用人单位与劳动者可以在劳动合同中约定保守用人单位的商业秘密和与知识产权相关的保密事项。对负有保密义务的劳动者，用人单位可以在劳动合同或者保密协议中与劳动者约定竞业限制条款，并约定在解除或者终止劳动合同后，在竞业限制期限内按月给予劳动者经济补偿。劳动者违反竞业限制约定的，应当按照约定向用人单位支付违约金；劳动者违反劳动合同中约定的保密义务或者竞业限制，给用人单位造成损失的，应当承担赔偿责任。用人单位在竞业限制期限内按月给予劳动者经济补偿与劳动者遵守竞业限制义务是互为条件的，如果用人单位不支付经济补偿，劳动者则没有遵守竞业限制的义务。竞业限制不得针对所有劳动者适用，竞业限制的人员限于用人单位的高级管理人员、高级技术人员和其他负有保密义务的人员。竞业限制的范围、地域、期限由用人单位与劳动者约定，竞业限制的约定不得违反法律、法规的规定。在解除或者终止劳动合同后，竞业限制期限最长不得超过二年，这是法律的强制性规定，用人单位与劳动者约定的竞业限制期限超过二年的，超过部分应当无效。

（五）劳动合同的履行和变更

劳动合同签订后，用人单位和劳动者双方都应当全面履行劳动合同约定的义务。由于劳动者相对用人单位处于弱势地位，劳动合同法特别规定了用人单位应当履行支付劳动报酬、执行劳动标准和安全卫生等方面的义务。用人单位拖欠或者未足额支付劳动报酬的，劳动者可以依法向当地人民法院申请支付令，人民法院应当依法发出支付令。用人单位应当严格执行劳动定额标准，不得强迫或者变相强迫劳动者加班。用人单位安排加班的，应当按照国家有关规定向劳动者支付加班费。加班费计算和支付办法如下：①安排劳动者延长工作时间的，支付不低于工资的百分之一百五十的工资报酬；②休息日安排劳动者工作又不能安排补休的，支付不低于工资的百分之二百的工资报酬；③法定休假日安排劳动者工作的，支付不低于工资的百分之三百的工资报酬。劳动者拒绝用人单位管理人员违章指挥、强令冒险作业的，不视为违反劳动合同。

对于劳动合同内容的变更，须经用人单位与劳动者协商一致。因为劳动合同的签订需要以书面为之，所以变更劳动合同，应当采用书面形式。变更后的劳动合同文本由用人单位和劳动者各执一份。

（六）劳动合同的无效

根据《劳动合同法》第二十六条的规定，下列劳动合同无效或者部分无效：

1. 以欺诈、胁迫的手段或者乘人之危，使对方在违背真实意思的情况下订立或者变更劳动合同的劳动者方面的欺诈常见于隐瞒真实的学历、工作经历或者编造虚假的学历、工作经历等情形，用人单位的欺诈常见于向劳动者隐瞒真实的劳动安全卫生条件、劳动强度等因素。胁迫或乘人之危的手段一般只能由用人单位对劳动者使用。

2. 用人单位免除自己的法定责任、排除劳动者权利的

这种情况下，如果劳动者不主张合同整体无效的话，应当认定只有用人单位免除自己的法定责任、排除劳动者权利的部分无效，该部分无效后，用人单位相应的责任、劳动者相应的权利根据法律的规定确定。

3. 违反法律、行政法规强制性规定的

劳动合同部分无效，不影响其他部分效力的，其他部分仍然有效。劳动合同无效或部分无效的，双方可以协商终止履行或者变更，对劳动合同的无效或者部分无效有争议的，由劳动争议仲裁机构或者人民法院确认。根据《劳动争议调解仲裁法》第五条规定的劳动争议仲裁程序前置原则，对劳动合同无效或部分无效有争议的，应当先向劳动争议仲裁委员会申请仲裁，对仲裁裁决不服的，向人民法院起诉。

劳动合同被确认无效，劳动者已付出劳动的，用人单位应当向劳动者支付劳动报酬。劳动报酬的数额，参照本单位相同或者相近岗位劳动者的劳动报酬确定。劳动合同被确认无效，给对方造成损害的，有过错的一方应当承担赔偿责任。双方都有过错的，根据过错大小，分别承担相应责任。

（七）劳动合同的解除

劳动合同的解除可分为双方协议解除、劳动者单方面解除和用人单位单方面解除几种情形。

1. 双方协议解除

根据《劳动合同法》的自愿原则，在不违反法律强制性规定的任何情况下，用人单位与劳动者只要协商一致，就可以解除劳动合同，其他组织或个人无权干涉。

2. 劳动者单方面解除

因为劳动合同涉及劳动者的人身权，所以《劳动合同法》对劳

动者解除劳动合同权利的保护优于用人单位。《劳动合同法》规定，劳动者解除劳动合同有通知解除、宣告解除和不辞而别几种情形。

（1）通知解除。通知解除是指在用人单位没有过错的情况下，劳动者提前三十日以书面形式通知用人单位，可以解除劳动合同。劳动者提前三十日书面通知用人单位是其解除劳动合同的唯一条件，无须其他理由。但是，劳动者在试用期内只要提前三日通知用人单位，就可以解除劳动合同。在应该提前通知用人单位后才能解除劳动合同的情况下，劳动者未履行提前通知义务就解除劳动合同的，须承担一定的法律责任，比如其突然离职给单位造成损失的，要承担赔偿责任。

（2）宣告解除。用人单位存在法定过错情形的，劳动者无须提前通知用人单位，有权当即宣告解除劳动合同。《劳动合同法》第三十八条规定，用人单位有下列情形之一的，劳动者可以解除劳动合同：①未按照劳动合同约定提供劳动保护或者劳动条件的；②未及时足额支付劳动报酬的；③未依法为劳动者缴纳社会保险费的；④用人单位的规章制度违反法律、法规的规定，损害劳动者权益的；⑤因用人单位的原因致使劳动合同无效的；⑥法律、行政法规规定劳动者可以解除劳动合同的其他情形。

（3）不辞而别。用人单位存在严重违法行为，致使劳动者的人身安全面临威胁的情况下，劳动者可直接离开工作岗位甚至用人单位，并可以追究用人单位的违约或违法责任。《劳动合同法》规定，用人单位以暴力、威胁或者非法限制人身自由的手段强迫劳动者劳动的，或者用人单位违章指挥、强令冒险作业危及劳动者人身安全的，劳动者可以立即解除劳动合同，不需事先告知用人单位，即是不辞而别。

3. 用人单位单方面解除劳动合同

用人单位解除劳动合同的权利受限制较多，必须要有法定的理由才可以解除劳动合同，而且还须履行一些必要的程序性步骤。《劳动合同法》第四十三条规定，用人单位单方解除劳动合同，应当事先将理由通知工会。用人单位违反法律、行政法规规定或者劳动合同约定的，工会有权要求用人单位纠正。用人单位应当研究工会的意见，并将处理结果书面通知工会。是否解除劳动合同的决策权在用人单位，但工会享有程序权利。

（1）宣告解除。适用于劳动者存在法定过错的情形，这种情况下用人单位无须提前通知劳动者，可直接行使解除劳动合同的权利。《劳动合同法》第三十九条规定，劳动者有下列情形之一的，用人单位可以解除劳动合同：①在试用期间被证明不符合录用条件的；②严重违反用人单位的规章制度的；③严重失职，营私舞弊，给用人单位造成重大损害的；④劳动者同时与其他用人单位建立劳动关系，对完成本单位的工作任务造成严重影响，或者经用人单位提出，拒不改正的；⑤因劳动者原因致使劳动合同无效的；⑥被依法追究刑事责任的。

（2）通知解除。在劳动者不存在主观过错，但是不适合用人单位继续录用的，或者因客观原因，致使劳动合同无法继续履行的，用人单位可以提前三十日以书面形式通知劳动者本人或者额外支付劳动者一个月工资后，解除劳动合同。主要有以下几种情况：①劳动者患病或者非因工负伤，在规定的医疗期满后不能从事原工作，也不能从事由用人单位另行安排的工作的。这种情况下用人单位要以通知方式解除劳动合同须同时满足以下几个条件：一是劳动者患病或者非因工负伤，二是医疗期已满，三是不能从事原工作的情况下，用人单位要为其至少另行安排一次工作，劳动者也不能从事另行安排的工作；②劳动者不能胜任工作，经过培训或者调整工作岗位，仍不能胜任工作的。如果是在试用期劳动者不能胜任工作的，用人单位没有培训或为其调整工作岗位的义务，可直接解除劳动合同。但是，在试用期满后或者没有约定试用期的情况下，对不能胜任工作的劳动者，用人单位有义务对其进行适当培训，或者对其至少调整一次工作岗位。③劳动合同订立时所依据的客观情况发生重大变化，致使劳动合同无法履行，经用人单位与劳动者协商，未能就变更劳动合同内容达成协议的。这种情况下，用人单位主张解除劳动合同时，负有举证责任，以证明客观情况发生重大变化，致使劳动合同无法履行。

（3）经济性裁员。是指用人单位因为自身经营方面或者客观经济形势方面原因，一次性辞退人数较多的劳动者，以此作为改善生产经营状况或应对经济环境变化的一种手段，其目的是提高自己在市场经济中的竞争和生存能力，渡过经营难关。公司有权根据内外部经营环境需要裁减人员，但是，法律对经济性裁员的程序和方式做了规定，应当遵守。《劳动合同法》第四十一条规定，有下列情形之一，需要裁减人员二十人以上或者裁减不足二十人但占企业职工总数百分之十以上的，用人单位提前三十日向工会或者全体职工说明情况，听取工会或者职工的意见后，裁减人员方案经向劳动行政部门报告，可以裁减人员：①依照企业破产法规定进行重整的；②生产经营发生严重困难的；③企业转产、重大技术革新或者经营方式调整，经变更劳动合同后，仍须裁减人员的；④其他因劳动合同订立时所依据的客观经济情况发生重大变化，致使劳动合同无法履行的。通知工会或者全体职工、听取职工意见、向劳动行政部门报告都是程序性规定，公司等用人单位在裁减人员时应当履行这些程序，但裁减人员不由工会、职工或劳动行政部门决定，或者说他们对裁减人员并没有否决权。该条还规定，裁减人员时，应当优先留用下列人员：①与本单位订立较长期限的固定期限劳动合同的；②与本单位订立无固定期限劳动合同的；③家庭无其他就业人员，有需要抚养的老人或者未成年人的。用人单位经济性裁员后，在六个月内重新招用人员的，应当通知被裁减的人员，并在同等条件下优先招用被裁减的人员。

劳动者存在特殊情况的，用人单位不得单方面解除劳动合同。《劳动合同法》第四十二条规定，劳动者有下列情形之一的，用人单位不得解除劳动合同：①从事接触职业病危害作业的劳动者未进行离岗前职业健康检查，或者疑似职业病病人在诊断或者医学观察期间的；②在本单位患职业病或者因工负伤并被确认丧失或者部分丧失劳动能力的。这种情况按照国家有关工伤保险的规定执行；③患病或者非因工负伤，在规定的医疗期内的；④女职工在孕期、产期、哺乳期的；⑤在本单位连续工作满十五年，且距法定退休年龄不足五年的；⑥法律、行政法规规定的其他情形。在上述情况下，用人单位单方面解除劳动合同的行为无效，并非要承担违反解除劳动合同的违约责任。

（八）劳动合同的终止

劳动合同终止是指合同当事人双方在合同关系建立以后，因一定的法律事实的出现，使合同确立的权利义务关系消灭。劳动合同终止与劳动合同解除的区别在于，前者因客观原因导致合同权利义务消灭，后者通过主体的主观意志消灭合同权利义务关系。《劳动合同法》第四十四条规定，劳动合同因下列原因之一终止：①劳动合同期满的；②劳动者开始依法享受基本养老保险待遇的；③劳动者死亡，或者被人民法院宣告死亡或者宣告失踪的；④用人单位被依法宣告破产的；⑤用人单位被吊销营业执照、责令关闭、撤销或者用人单位决定提前解散的；⑥法律、行政法规规定的其他情形。

但是，劳动合同期满，如果劳动者有《劳动合同法》第四十二条规定的下列情形之一的，劳动合同应当续延至相应的情形消失时终止：①从事接触职业病危害作业的劳动者未进行离岗前职业健康检查，或者疑似职业病病人在诊断或者医学观察期间的。等待确诊后，未患职业病的，劳动合同终止；患职业病的，按照国家工伤保险规定执行。②患病或者非因工负伤，在规定的医疗期内的。医疗期满后，劳动合同终止。③女职工在孕期、产期、哺乳期的，如果孕期终止妊娠，劳动合同可以终止；分娩的，劳动合同要延续到哺乳期满后才可以终止。④在本单位连续工作满十五年，且距法定退休年龄不足五年的，劳动合同一直延续到该劳动者退休为止。⑤法律、行政法规规定的其他情形。在用人单位患职业病或者因工负伤并被确认丧失或者部分丧失劳动能力的，按照国家有关工伤保险的规定执行。虽有受工伤情形，但没有丧失劳动能力的，劳动合同可以正常终止。

（九）支付经济补偿金

1. 用人单位需要支付经济补偿金的情形

根据《劳动合同法》第四十六条规定，有下列情形之一的，用人单位应当向劳动者支付经济补偿：

（1）劳动者依照《劳动合同法》第三十八条规定，因用人单位有下列情形而解除劳动合同的：①未按照劳动合同约定提供劳动保护或者劳动条件的；②未及时足额支付劳动报酬的；③未依法为劳动者缴纳社会保险费的；④用人单位的规章制度违反法律、法规的规定，损害劳动者权益的；⑤因《劳动合同法》第二十六条第一款规定的情形致使劳动合同无效的；⑥用人单位以暴力、威胁或者非法限制人身自由的手段强迫劳动者劳动的，或者用人单位违章指挥、强令冒险作业危及劳动者人身安全的，劳动者立即解除劳动合同的；⑦法律、行政法规规定劳动者可以解除劳动合同的其他情形。

（2）用人单位向劳动者提出解除劳动合同并与劳动者协商一致解除劳动合同的。如果是劳动者向用人单位提出解除劳动合同，用人单位同意解除劳动合同的，不支付经济补偿金。

（3）用人单位依照《劳动合同法》第四十条规定，在劳动者没有主观过错，但存在下列情形之一的情况下，提前三十日以书面形式通知劳动者本人或者额外支付劳动者一个月工资后，解除劳动合同的：①劳动者患病或者非因工负伤，在规定的医疗期满后不能从事原工作，也不能从事由用人单位另行安排的工作的；②劳动者不能胜任工作，经过培训或者调整工作岗位，仍不能胜任工作的；③劳动合同订立时所依据的客观情况发生重大变化，致使劳动合同无法履行，经用人单位与劳动者协商，未能就变更劳动合同内容达成协议的。

（4）用人单位依照《劳动合同法》第四十一条第一款规定，因为破产重整、生产经营发生严重困难、企业转产、重大技术革新或者经营方式调整、客观经济情况发生重大变化致使劳动合同无法履行等原因，通过经济性裁员方式解除劳动合同的。

（5）劳动合同因期满终止的。但是，劳动合同期满后用人单位以维持或者提高劳动合同约定条件续订劳动合同，劳动者不同意续订的情形除外。

（6）因用人单位被依法宣告破产，或者用人单位被吊销营业执照、责令关闭、撤销、用人单位决定提前解散而终止劳动合同的。

（7）法律、行政法规规定的其他情形。

2. 经济补偿金的标准

根据《劳动合同法》第四十七条规定，经济补偿按劳动者在本单位工作的年限，每满一年支付一个月工资的标准向劳动者支付。六个月以上不满一年的，按一年计算；不满六个月的，向劳动者支付半个月工资的经济补偿。劳动者月工资高于用人单位所在直辖市、设区的市级人民政府公布的本地区上年度职工月平均工资三倍的，向其支付经济补偿的标准按职工月平均工资三倍的数额支付，向其支付经济补偿的年限最高不超过十二年。月工资是指劳动者本人在劳动合同解除或者终止前十二个月的平均工资。

（十）用人单位违法解除或终止劳动合同关系的救济

在劳动合同关系中，劳动者支付的是劳动力，涉及人身关系，用人单位支付的是劳动报酬，只涉及财产，所以劳动法对劳动者实施倾斜保护。劳动者解除劳动合同的权利优先于用人单位解除劳动合同的权利。劳动者违反《劳动合同法》解除劳动合同，给用人单位造成损失的，根据《劳动合同法》第九十条规定，应承担赔偿责任，除此以外，根据《劳动合同法》第二十五条规定，劳动者因违约支付违约金的情形只限于专项培训服务协议、保密协议、竞业限制协议，此外，劳动合同中不得约定劳动者违反法律规定或合同约定解除劳动合同时应承担违约金。但是，对用人单位违法解除劳动合同，《劳动合同法》第四十八条规定了法定的违约责任：用人单位违法解除或者终止劳动合同，劳动者要求继续履行劳动合同的，用人单位应当继续履行；劳动者不要求继续履行劳动合同或者劳动合同已经不能继续履行的，用人单位应当支付赔偿金。用人单位违法解除或者终止劳动合同的，应当按照经济补偿标准的二倍向劳动者支付赔偿金。

（十一）特殊用工形式

1. 劳务派遣

劳务派遣是指由劳务派遣机构与派遣劳动者订立劳动合同，并支付劳动报酬，把劳动者派向其他用工单位，用工单位向派遣机构支付费用的一种用工形式。劳动合同用工是我国的企业基本用工形式。《劳动合同法》规定，劳务派遣用工是补充形式，只能在临时性、辅助性或者替代性的工作岗位上实施。所谓临时性工作岗位是指存续时间不超过六个月的岗位；辅助性工作岗位是指为主营业务岗位提供服务的非主营业务岗位；替代性工作岗位是指用工单位的劳动者因脱产学习、休假等原因无法工作的一定期间内，可以由其他劳动者替代工作的岗位。法律禁止用人单位设立劳务派遣单位向本单位或者所属单位派遣劳动者。在劳务派遣关系中，劳务派遣单位是用人单位，应当履行用人单位对劳动者的义务。劳务派遣单位与被派遣劳动者订立的劳动合同，应当载明被派遣劳动者的用工单位以及派遣期限、工作岗位等情况。劳务派遣单位应当与被派遣劳动者订立二年以上的固定期限劳动合同，按月支付劳动报酬；被派遣劳动者在无工作期间，劳务派遣单位应当按照所在地人民政府规定的最低工资标准，向其按月支付报酬。

劳务派遣单位派遣劳动者应当与接受以劳务派遣形式用工的单位（用工单位）订立劳务派遣协议。劳务派遣协议应当约定派遣岗位和人员数量、派遣期限、劳动报酬和社会保险费的数额与支付方式以及违反协议的责任。用工单位应当根据工作岗位的实际需要与劳务派遣单位确定派遣期限，不得将连续用工期限分割订立数个短期劳务派遣协议。劳务派遣单位应当将劳务派遣协议的内容告知被派遣劳动者。劳务派遣单位不得克扣用工单位按照劳务派遣协议支付给被派遣劳动者的劳动报酬。劳务派遣单位和用工单位不得向被派遣劳动者收取费用。劳务派遣单位跨地区派遣劳动者的，被派遣劳动者享有的劳动报酬和劳动条件，按照用工单位所在地的标准执行。被派遣劳动者享有与用工单位的劳动者同工同酬的权利。用工单位应当按照同工同酬原则，对被派遣劳动者与本单位同类岗位的劳动者实行相同的劳动报酬分配办法。用工单位无同类岗位劳动者的，参照用工单位所在地相同或者相近岗位劳动者的劳动报酬确定。劳务派遣单位与被派遣劳动者订立的劳动合同和与用工单位订立的劳务派遣协议，载明或者约定的向被派遣劳动者支付的劳动报酬应当符合同工同酬的原则。

用工单位应当履行下列义务：①执行国家劳动标准，提供相应的劳动条件和劳动保护；②告知被派遣劳动者的工作要求和劳动报酬；③支付加班费、绩效奖金，提供与工作岗位相关的福利待遇；④对在岗被派遣劳动者进行工作岗位所必需的培训；⑤连续用工的，实行正常的工资调整机制；⑥用工单位不得将被派遣劳动者再派遣到其他用人单位。

在特定条件下，用工单位有权将劳动者退回派遣单位。被派遣劳动者有《劳动合同法》第三十九条和第四十条第一项、第二项规定的以下情形的，用工单位可以将劳动者退回劳务派遣单位，劳务派遣单位可以与劳动者解除劳动合同：①在试用期间被证明不符合录用条件的；②严重违反用工单位的规章制度的；③严重失职，营私舞弊，给用工单位造成重大损害的；④劳动者同时与其他用人单位建立劳动关系，对完成用工单位的工作任务造成严重影响，或者经用工单位提出，拒不改正的；⑤因劳动者原因致使劳动合同无效的；⑥被依法追究刑事责任的；⑦劳动者患病或者非因工负伤，在规定的医疗期满后不能从事原工作，也不能从事由用工单位另行安排的工作的；⑧劳动者不能胜任工作，经过培训或者调整工作岗位，仍不能胜任工作的。

2. 非全日制用工

非全日制用工，是指以小时计酬为主，劳动者在同一用人单位一般平均每日工作时间不超过四小时，每周工作时间累计不超过二十四小时的用工形式。非全日制用工双方当事人可以订立口头协议。从事非全日制用工的劳动者可以与一个或者一个以上用人单位订立劳动合同；但是，后订立的劳动合同不得影响先订立的劳动合同的履行。非全日制用工双方当事人不得约定试用期。非全日制用工双方当事人任何一方都可以随时通知对方终止用工。终止用工，用人单位不向劳动者支付经济补偿。非全日制用工小时计酬标准不得低于用人单位所在地人民政府规定的最低小时工资标准。非全日制用工劳动报酬结算支付周期最长不得超过十五日。

（十二）公司违反《劳动合同法》的法律责任

（1）用人单位有下列情形之一的，由劳动行政部门责令限期支付劳动报酬、加班费或者经济补偿；劳动报酬低于当地最低工资标准的，应当支付其差额部分；逾期不支付的，责令用人单位按应付金额百分之五十以上百分之一百以下的标准向劳动者加付赔偿金：①未按照劳动合同的约定或者国家规定及时足额支付劳动者劳动报酬的；②低于当地最低工资标准支付劳动者工资的；③安排加班不支付加班费的；④解除或者终止劳动合同，未依照本法规定向劳动者支付经济补偿的。

（2）用人单位有下列情形之一的，依法给予行政处罚；构成犯罪的，依法追究刑事责任；给劳动者造成损害的，应当承担赔偿责任：①以暴力、威胁或者非法限制人身自由的手段强迫劳动的；②违章指挥或者强令冒险作业危及劳动者人身安全的；③侮辱、体罚、殴打、非法搜查或者拘禁劳动者的；④劳动条件恶劣、环境污染严重，给劳动者身心健康造成严重损害的。

（3）未经许可，擅自经营劳务派遣业务的，由劳动行政部门责令停止违法行为，没收违法所得，并处违法所得一倍以上五倍以下的罚款；没有违法所得的，可以处五万元以下的罚款。

劳务派遣单位、用工单位违反本法有关劳务派遣规定的，由劳动行政部门责令限期改正；逾期不改正的，以每人五千元以上一万元以下的标准处以罚款，对劳务派遣单位，吊销其劳务派遣业务经营许可证。用工单位给被派遣劳动者造成损害的，劳务派遣单位与用工单位承担连带赔偿责任。

（4）个人承包经营违反《劳动合同法》规定招用劳动者，给劳动者造成损害的，发包的组织与个人承包经营者承担连带赔偿责任。

二　公司与工会的关系

《工会法》规定，维护职工合法权益是工会的基本职责。工会必须密切联系职工，听取和反映职工的意见和要求，关心职工的生活，帮助职工解决困难，全心全意为职工服务。工会的基本职责可以分为两个方面：一是工会通过平等协商和集体合同制度，协调劳动关系，维护企业职工劳动权益；二是工会依照法律规定通过职工代表大会或者其他形式，组织职工参与本单位的民主决策、民主管理和民主监督。

（一）工会维护职工劳动权益、协调劳动关系的职责

《公司法》第十八条规定，公司职工依照《中华人民共和国工会法》组织工会，开展工会活动，维护职工合法权益。被派遣劳动

者有权在劳务派遣单位或者用工单位依法参加或者组织工会，维护自身的合法权益。公司应当为本公司工会提供必要的活动条件。公司工会代表职工就职工的劳动报酬、工作时间、福利、保险和劳动安全卫生等事项依法与公司签订集体合同。集体合同草案应当提交职工代表大会或者全体职工讨论通过。集体合同由工会代表企业职工一方与用人单位订立；尚未建立工会的用人单位，由上级工会指导劳动者推举的代表与用人单位订立。工会应当帮助、指导劳动者与用人单位依法订立和履行劳动合同，并与用人单位建立集体协商机制，维护劳动者的合法权益。

公司单方解除劳动合同，应当事先将理由通知工会。公司违反法律、行政法规规定或者劳动合同约定的，工会有权要求其纠正。公司应当研究工会的意见，并将处理结果书面通知工会。

工会对用人单位履行劳动合同、集体合同的情况进行监督。用人单位违反劳动法律、法规和劳动合同、集体合同的，工会有权提出意见或者要求纠正；劳动者申请仲裁、提起诉讼的，工会依法给予支持和帮助。用人单位违反集体合同，侵犯职工劳动权益的，工会可以依法要求用人单位承担责任；因履行集体合同发生争议，经协商解决不成的，工会可以依法申请仲裁、提起诉讼。

（二）工会组织职工参与公司民主管理的职责

公司依照《宪法》和有关法律的规定，通过职工代表大会或者其他形式，实行民主管理。工会、职工代表大会虽然不是公司的决策机构，但是对提升职工的在公司的主人翁意识、发挥广大职工的聪明才智，为公司生产经营活动献计献策有着重要的意义。而且，公司的有些决策在制定前必须听取职工意见，决策机构对工会的意见必须答复，是刚性的程序性规定。

公司研究决定改制以及经营方面的重大问题，应当听取公司工会的意见，并通过职工代表大会或者其他形式听取职工的意见和建议。公司在制定、修改或者决定有关劳动报酬、工作时间、休息休假、劳动安全卫生、保险福利、职工培训、劳动纪律以及劳动定额管理等直接涉及劳动者切身利益的规章制度或者重大事项时，应当经职工代表大会或者全体职工讨论，提出方案和意见，与工会或者职工代表平等协商确定。在规章制度和重大事项决定实施过程中，工会或者职工认为不适当的，有权向公司提出，通过协商予以修改完善。

三　职工向公司选派董事和监事的权利

《公司法》第四十四条规定，两个以上的国有企业或者两个以上的其他国有投资主体投资设立的有限责任公司，其董事会成员中应当有公司职工代表；第六十七条规定，国有独资公司董事会成员中应当有公司职工代表。至于职工代表的人数和比例，《公司法》没有规定，只要有至少一名职工民主选举产生的董事，即符合《公司法》的这一规定。非国有企业或者国有投资主体投资设立的其他有限责任公司、股份有限公司董事会成员中可以有公司职工代表。无论哪种公司形式，董事会中的职工代表由公司职工通过职工代表大会、职工大会或者其他形式民主选举产生。

其实，除了独立董事不是公司职工外，公司的其他董事，无论是股东会、股东大会选举的董事，还是职工民主选举的董事，都是公司职工。所谓董事会中应当或可以有职工代表者，非谓职工董事才是职工，股东会、股东大会选举产生的董事不是职工，而是说作为职工代表的董事必须由职工民主选举产生。

《公司法》规定，公司监事会应当包括股东代表和适当比例的公司职工代表，其中职工代表的比例不得低于三分之一，具体比例由公司章程规定。监事会中的职工代表由公司职工通过职工代表大会、职工大会或者其他形式民主选举产生。不设监事会的有限责任公司的监事中是否包括职工代表，《公司法》没有作强制性规定，公司可以通过章程自主决定。

监事会或监事是公司的常设机关，所以监事都是公司职工。并不是说股东会、股东大会选举产生的监事不是职工。所谓职工监事者，必须由公司职工通过民主选举产生。是否为职工监事，区别在于监事的产生方式，而不在于监事是否具有职工身份。

第十章

公司及股东与公司债权人之间关系的均衡

一　公司与其债权人之间的关系

（一）公司独立承担责任

要正确理解公司及股东与公司债权人之间的关系，需要理解法人概念。社会生活中，最原初的法律人格本来只有自然人。随着生产力的发展，人们之间结成了越来越多的生产组织。随着人们之间社会关系的发展，国家产生以后，出现了越来越多的社会管理机构。国家用法律调整社会关系的过程中，发现如果由这些组织的成员分别享有组织的权利、履行组织的义务、承担组织的法律责任，会带来很大的不方便，于是，国家在总结实践经验的基础上，通过制定法律，把这些组织整体作为一个独立的人格，由组织体行使权利、履行义务、承担责任，就像自然人人格一样，即法律上拟制的人，称为法人。法人就是具有民事权利能力和完全民事行为能力，拥有独立的财产，能够独立行使权利、履行义务、承担责任的组织。这样，在法律上，组织体异化为独立于其成员的另外一个法律主体，公司正是这样的法人组织。

公司以其全部财产对公司的债务承担责任。公司财产的来源有：一是股东缴付的出资，股东向公司缴付出资是转移财产所有权的行为，公司取得的股东出资构成公司的注册资本或资本公积，是公司承担责任的最基本的财产。二是公司经营活动创造的全部财产，公司经营活动创造的全部财产首先归公司所有，只不过公司必须从中支付生产经营成本和税收，剩余利润为公司财产的净增加。三是公司借入的资金等财产。四是公司通过其他合法途径获得的财产。

股东完全履行其出资义务后，不再以个人财产为公司债务承担责任。也就是说，有限责任公司的股东以其认缴的出资额为限对公司承担责任；股份有限公司的股东以其认购的股份为限对公司承担责任。公司债务对股东的最大损害以股东的出资额为限。从公司债权人的角度来说，只要他是在与公司交易过程中形成的债权，基于债权债务关系的相对性原则，就只能向公司主张，不得向公司股东主张。这就是股东对公司的有限责任。公司的独立法人资格和股东的有限责任是同一个问题的两面：因为公司具有独立法人资格，独立承担自己的责任，所以股东在履行出资义务之外不对公司债务承担责任，即有限责任；因为股东不对公司债务承担责任，所以公司必须独立承担自己的责任，即须拥有法律上独立的人格。股东的有限责任制度被誉为是近代经济制度的一项重大创造，股东出资设立公司后，法律上规定的有限责任制度就像一道防火墙一样，把公司的经营风险与股东个人和家庭的财产相互隔离了，公司无论如何亏损负债，只以公司财产清偿，即使公司财产不足以清偿其债务，导致公司破产关闭，也不会殃及股东的个人财产或其家庭财产，大大降低了投资经营公司股东的财产风险，鼓励了人们投资设立公司从事生产经营活动的积极性，为繁荣社会经济发挥了重大作用。

（二）公司对外担保形成的或有债务关系

当公司为他人债务提供担保时，被担保的主债务人如果不能清偿债务，作为担保人的公司就要承担清偿债务或补充清偿债务的责任，这种基于担保关系而有可能产生的债务称为或有债务。根据担保法的规定，常见的担保方式有保证、抵押、质押、留置、定金五种。公司的对外保证是指公司作为保证人和债权人约定，当债务人不履行债务时，保证人按照约定履行债务或者承担责任的行为。保证的方式有一般保证和连带责任保证。当事人在保证合同中约定，债务人不能履行债务时，由保证人承担保证责任的，为一般保证。一般保证的保证人在主合同纠纷未经审判或者仲裁，并就债务人财产依法强制执行仍不能履行债务前，对债权人可以拒绝承担保证责任。当事人在保证合同中约定保证人与债务人对债务承担连带责任的，为连带责任保证。连带责任保证的债务人在主合同规定的债务履行期限届满没有履行债务的，债权人可以要求债务人履行债务，也可以要求保证人在其保证范围内承担清偿责任。当事人对保证方式没有约定或者约定不明确的，按照连带责任保证承担保证责任。公司对外抵押是指公司不转移对其财产的占有，将该财产作为债权的担保。债务人不履行债务时，债权人有权依照担保法规定以该财产折价或者以拍卖、变卖该财产的价款优先受偿。原则上，抵押人所担保的债权不得超出其抵押物的价值。抵押是一种物的担保，不及于人，抵押人对抵押担保的债权不承担清偿义务。债权人的权利只及于抵押物，不及于抵押担保人，对于超出抵押物价值的债权，抵押人不承担清偿责任。公司可以以其动产给他人债权提供质押担保，公司对他人债权提供质押担保是指公司作为出质人将其动产移交债权人占有，将该动产作为债权的担保。债务人不履行债务时，债权人即质权人有权依照担保法规定以该动产折价或者以拍卖、变卖该动产的价款优先受偿。质押担保也是物的担保，不及于人，公司以质押担保的债权只及于质物，不及于公司，债权超出质物价值的部分，作为出质人的公司没有清偿义务。留置和定金都是债务人为自己的债务进行担保，此处不再赘述。

因为公司为他人提供担保有可能使公司负担债务，所以对外担保应当谨慎为之。关于公司对外担保的决定权，《公司法》第十六条规定，公司为他人提供担保，依照公司章程的规定，由董事会或者股东会、股东大会决议；公司章程对担保的总额及单项担保的数额有限额规定的，不得超过规定的限额。有权决定公司对外提供担保的公司机关是股东会、股东大会或者董事会，如果公司章程规定或者股东会、股东大会决定，未经股东会、股东大会决议，董事会不得以公司财产为他人提供担保，董事会也就没有了对外担保决策权。《公司法》的此项规定意味着，接受公司担保的债权人负有审查公司提供担保的内部决策文件的义务。结合《公司法》第一百四十八条第一款（三）项规定，高级管理人员“不得违反公司章程的规定，未经股东会、股东大会或者董事会同意，以公司财产为他人提供担保”，《公司法》排除了高级管理人员对公司对外担保的决定权。这也是为了避免公司轻易遭受或有债务的损害，保护公司及股东等相关人的利益。

这里有一个重要的问题：公司未经法定的内部决策程序对他人债务提供的担保是否有效？比如公司章程规定，公司对他人债务提供担保须经股东会、股东大会或者董事会决议，但是未经此等决议程序，作为《公司法》法定代表人的董事长或者经理代表公司对外签订了为他人债务提供担保的合同，此合同有效还是无效？《最高人民法院关于适用〈中华人民共和国担保法〉若干问题的解释》第四条规定，董事、经理违反《中华人民共和国公司法》第六十条的规定，以公司资产为本公司的股东或者其他个人债务提供担保的，担保合同无效。除债权人知道或者应当知道的外，债务人、担保人应当对债权人的损失承担连带赔偿责任。当时的《公司法》第六十条第三款规定“董事、经理不得以公司资产为本公司的股东或者其他个人债务提供担保”。现行《公司法》第十六条将“其他个人”修改扩大到“他人”，从法理上说，相对于公司的他人，对作为担保人的公司来说，无论是个人还是公司或其他组织，没有本质差别，担保法解释的规定应当沿用。接受担保的债权人应当对作为担保人的公司的担保行为的内部决策程序和决议文件进行审查，即其在接受担保时应当审查提供担保的公司的股东会、股东大会或者董事会关于担保的决议，如果公司只有董事、经理或法定代表人签署和加盖公司印章的担保文书，没有提供内部决策文件，债权人即接受担保的，应当视为债权人未为妥当履行《公司法》规定的义务，或者存有恶意，担保应当无效。但是，债权人的审查义务应当仅限于形式审查，只要公司代表人在提供公司担保文书之际出示了股东会、股东大会或者董事会关于对外担保的决议，而且具备形式合法性，即应视为债权人履行了适当的审查义务，公司担保行为即为有效。① 至于股东会、股东大会或者董事会决议是否存在瑕疵，比如是否为公司董事、经理或者法定代表人伪造，对接受担保的债权人

---

① 参见高圣平《公司担保相关法律问题研究》，《中国法学》2013 年第 2 期。

来说应当在所不问，只要债权人不存在恶意，不影响担保的效力，《公司法》第十六条“并非旨在规范公司对外担保或投资的行为，而是规范公司内部关于担保或投资事项的意思决定程序”。[①] 至于公司董事、经理或法定代表人伪造股东会、股东大会或董事会决议给公司造成的损失赔偿是另外一个法律关系。

公司对股东或者实际控制人提供担保的问题，《公司法》第十六条第二、第三款做了专门规定：公司为公司股东或者实际控制人提供担保的，必须经股东会或者股东大会决议。该规定排除了董事会决议的余地。而且，在审议该担保事项的股东会、股东大会会议上，接受担保的股东或者接受担保的实际控制人支配的股东，不得参加对该担保事项的表决。该项表决由出席会议的其他股东所持表决权的过半数通过。

二　公司变更对其债权、债务关系的影响

公司的变更涉及公司名称的变更、公司注册资本的增减、公司合并、公司分立、公司类型的变更等。

公司变更名称，不影响其主体资格，也不影响其权利义务关系，公司变更名称前的债权债务由名称变更后的公司继续承担。

公司注册资本的增加或减少也不改变公司主体存在。公司增加注册资本会相应提高公司的偿债能力，对公司债权人来说是有利的。公司减少注册资本，从理论上说，会相应降低公司的偿债能力，对公司债权人的利益造成潜在损害，《公司法》第一百七十七条规定，公司需要减少注册资本时，必须编制资产负债表及财产清单。公司应当自做出减少注册资本决议之日起十日内通知债权人，并于三十日内在报纸上公告。债权人自接到通知书之日起三十日内，未接到通知书的自公告之日起四十五日内，有权要求公司清偿债务或者提供相应的担保。公司登记管理条例规定，公司减少注册资本的，应当向公司登记机关提供公告证明、债务清偿或债务担保情况的说明。公司减少注册资本的，应当取得公司债权人的同意，

① 钱玉林：《公司法第16条的规范意义》，《法学研究》2011年第6期。

公司未取得债权人同意的，不得减少注册资本。

公司合并是两个以上公司合并为一个公司，公司合并有吸收合并和新设合并两种方式。吸收合并是一个公司吸收另一个公司，合并后，被吸收的公司解散、注销，吸收公司继续存续。新设合并是两个以上公司合并为一个新公司，合并前的公司都解散、注销，新设公司办理设立登记。公司合并涉及公司主体的解散或改变，牵涉公司债权人利益，《公司法》第一百七十三条规定，公司合并，应当由合并各方签订合并协议，并编制资产负债表及财产清单。公司应当自做出合并决议之日起十日内通知债权人，并于三十日内在报纸上公告。债权人自接到通知书之日起三十日内，未接到通知书的自公告之日起四十五日内，可以要求公司清偿债务或者提供相应的担保，未获得债权人同意的，公司不得合并。自公告之日起四十五日后，向登记机关提交合并协议、公司内部决议或决定，债务清偿或债务担保情况的说明，方可办理有关合并的变更登记。《公司法》第一百七十四条规定，公司合并时，合并各方的债权、债务，应当由合并后存续的公司或者新设的公司承继。

公司分立是一个公司分立为两个以上公司，公司分立的方式有派生分立和新设分立。派生分立是从一个公司分立出一个或多个新公司，原公司继续存续。新设分立是一个公司分设为两个以上新公司，原公司解散、注销。公司分立会引起公司主体的改变乃至解散，涉及公司债权人的利益，公司分立，其财产做相应的分割。公司分立，应当编制资产负债表及财产清单。公司应当自做出分立决议之日起十日内通知债权人，并于三十日内在报纸上公告。公司分立前的债务由分立后的公司承担连带责任。但是，公司在分立前与债权人就债务清偿达成的书面协议另有约定的除外。公司债权人有权要求公司在分立前清偿债务，或者提供担保，未取得债权人同意的，公司不得分立。公司自公告之日起四十五日后，向公司登记机关提交分立的决议或决定，债务清偿或者债务担保情况的说明。公司在未与债务人达成债务安排情况下分立的，分立前公司的债务由分立后的公司承担连带清偿责任。

公司类型的变更是指有限责任公司变更为股份有限公司，或者股份有限公司变更为有限责任公司。公司变更类型的，不改变公司的主体资格和其所承担的责任，公司变更前的债权、债务由变更后的公司承继。

三　公司股东与公司债权人之间的关系

如前所述，公司作为法人独立承担自己责任，股东只要完全履行了对公司的出资义务，而且在经营活动中不违反法律、行政法规和公司章程的规定，就不对公司的债务承担责任，也就是说股东与公司债权人之间没有法律上的权利义务关系，这是原则。但是，公司这种通过法律拟制的人毕竟与有血有肉有理智的自然人不同，公司作为一种社团组织，它是一种抽象存在，它自身并不能做出民事行为，其行使权利、履行义务、承担责任的行为需要由作为其代表人的自然人作出，公司法人的这一属性决定了其代表人的行为与公司法人应当做出的行为是否合一是一个问题，也就是说公司法人的代表人，特别是其代表人是股东时，违背《公司法》的规定和公司法人意志损害公司或公司债权人利益是有可能的。另外，股东履行对公司的出资义务时有可能存在瑕疵。在这些非正常情况下，股东就不能还隐藏在公司法人之幕的背后，而是要走到前台，基于其行为违法性的程度，在一定范围内对公司债权人承担法律责任。

（一）刺破法人面纱原则

《公司法》第二十条规定，公司股东应当遵守法律、行政法规和公司章程，依法行使股东权利，不得滥用公司法人独立地位和股东有限责任损害公司债权人的利益。公司股东滥用公司法人独立地位和股东有限责任，逃避债务，严重损害公司债权人利益的，应当对公司债务承担连带责任。这就是《公司法》理论上的刺破公司法人面纱理论，或称为公司法人格否认理论。公司治理实践中，股东采取不正当手段转移公司财产到股东名下或其他人名下，侵害公司法人财产权，破坏了公司以其所有的财产独立承担责任的原则，其实质是股东以自己的行为否定了公司的独立法律人格，既然公司的独立法律人格被否定了，就丧失了独立承担责任的资格，由恶意行为的股东对公司的债务承担连带责任就是顺理成章的。股东和债权人与公司之间的关系相比较，股东显然处于优势地位，股东组成的股东会、股东大会作为公司最高权力机构全面掌握着公司的经营管理权，债权人作为公司的外部人，不能支配公司的经营活动。债权人向股东追究公司连带责任的难度是：债权人应当举证证明股东“滥用公司法人独立地位和股东有限责任，逃避债务，严重损害公司债权人利益”，股东的滥用行为发生在公司内部，债权人不容易掌握。另一个问题是，如果一部分股东实施了滥用权利、转移财产、逃避债务的行为，损害到债权人利益后，是全体股东对公司债务承担连带责任，还是只能由实施了滥权行为的股东承担连带责任，《公司法》没有明确规定。笔者认为，股东滥权行为损害公司债权人利益，本质上是侵权行为，根据自己责任原则，侵权责任应当由侵权行为人承担，其他股东不应为公司债务承担连带责任。股东人数较多的有限责任公司或者股份有限公司，往往由少数大股东控制经营活动，小股东并不参与公司的经营管理，大股东侵害债权人利益的所得，小股东未必能够分享到，如果还要小股东对大股东的滥权行为承担法律责任，对小股东是不公平的。特别是上市的股份有限公司，存在广大公众股东，他们连股东大会都基本不参加，不应该让他们为控制并经营管理公司的大股东的滥权行为担责。

（二）一人有限责任公司股东对公司债务承担连带责任的情形

一人有限责任公司的特点是公司内部治理关系中缺乏股东之间的相互监督和制约，股东对公司的操控可能更加任性，股东更有可能滥用公司法人资格和股东有限责任，逃避债务，损害公司债权人利益。所以，《公司法》对一人有限责任公司的股东规定了更为严厉的责任。一人有限责任公司的股东不能证明公司财产独立于股东自己的财产的，应当对公司债务承担连带责任。就是说，在一人有限责任公司中，公司债权人可以直接请求股东对公司债务承担连带责任，公司债权人无须承担举证责任，股东承担证明公司财产独立于股东自己财产的举证责任，股东若证明不了公司财产独立于股东自己财产，即构成对公司债务承担连带责任的充分条件。这一规定意味着一人有限公司的股东为公司债务承担连带责任的风险很大，股东证明公司财产独立于股东个人财产存在相当难度，本来证明程度就是一个见仁见智的问题，不同的人会有不同的心证。普通有限责任公司股东不对公司债务承担责任是原则，公司债权人请求股东对公司债务承担连带责任，公司债权人负有证明股东滥用公司法人资格和股东有限责任的举证责任，而在一人有限责任公司，股东对公司债务承担连带责任是原则，股东欲不承担连带责任，须承担证明公司财产独立于股东个人财产的举证责任。举证责任的分配是完全不一样的。正如法谚所云：举证之所在，败诉之所在。所以，有些人以为《公司法》允许设立一人有限责任公司后，可以设立一人公司，任由自己支配，免受他人干扰了，其实这是一种错误认识，岂不知设立一人有限责任公司很容易“引火烧身”。《公司法》允许设立一人有限责任公司之前，有很多人想设立一人公司时不得不配一个挂名股东，以符合当时法律的规定。但是，现在《公司法》允许设立一人有限责任公司后，同时对一人有限责任公司及其股东的责任做了相应的规范，可想而知，真正想出资设立一人有限责任公司的股东，为了避免为公司债务承担连带责任，也会配一个挂名股东，以便形式上设立为普通有限责任公司，以规避法律责任，对此司法活动应当予以重视。

（三）未履行或者未全面履行出资义务的股东对公司债权人承担补充赔偿责任

根据公司法人制度和股东有限责任制度，股东依法完全履行对公司的出资义务后，不再对公司的债务承担责任。股东完全履行出资义务是其不承担公司债务的充分必要条件。但是，如果股东不是完全履行出资义务，而是未履行或者未全面履行其出资义务的话，其对公司债务不承担责任的充分必要条件就不成立了，即股东须在一定范围内对公司债务承担责任。《公司法》司法解释（三）第十三条规定，股东未履行或者未全面履行出资义务，公司债权人请求未履行或者未全面履行出资义务的股东在未出资本息范围内对公司债务不能清偿的部分承担补充赔偿责任的，人民法院应予支持。须注意的是，未履行或者未全面履行出资义务的股东并不是对公司债务承担连带责任，而是在公司以其全部财产承担责任后，对公司财产不足以清偿的债务部分在未履行或者未全面履行出资义务的本息范围内承担补充赔偿责任。补充赔偿责任意味着，未履行或者未全面履行出资义务的股东享有在对公司强制执行前拒绝承担补充赔偿责任的抗辩权。从法理上来说，公司债权人的这种权利与合同法规定的债权代位权是一致的，① 甚至还延长了代位权的行使链条。未履行或者未全面履行出资义务的股东已经按照未出资本息足额承担了补充赔偿责任，其他债权人提出相同请求的，人民法院不予支持。

股东在公司设立时未履行或者未全面履行出资义务，公司债权人可以请求公司的发起人对公司设立时未履行或者未全面履行出资义务的股东的补充赔偿责任承担连带责任，公司的发起人承担责任后，可以向未履行或未全面履行出资义务的股东追偿。

股东在公司增资时未履行或者未全面履行出资义务，公司债权人可以请求未尽《公司法》第一百四十七条第一款规定的忠实义务和勤勉义务而使股东出资未缴足的董事、高级管理人员承担相应责任，即对未履行或者未全面履行出资义务的股东对公司债务的补充赔偿责任承担连带责任，董事、高级管理人员承担责任后，可以向该股东追偿。

《公司法》司法解释（三）第十七条规定，有限责任公司的股东未履行出资义务，经公司催告缴纳，其在合理期间内仍未缴纳出资，公司可以以股东会决议解除该股东的股东资格。公司应当及时办理法定减资程序或者由其他股东或者第三人缴纳相应的出资。在办理法定减资程序或者其他股东或者第三人缴纳相应的出资之前，公司债权人可以依照《公司法》司法解释（三）第十三条请求因未出资被解除股东资格者在其认缴的出资本息范围内对公司不能清偿的债务部分承担补充赔偿责任，也可以请求公司发起人、未依法履行忠实义务和勤勉义务的董事、高级管理人员等相关当事人对该未出资股东的补充赔偿责任承担连带责任。在公司登记的注册资本得

---

① 石冠彬、江海：《论公司发起人的出资补缴责任》，《法商研究》2014 年第 2 期。

到充实之前，即使公司内部以股东会决议的形式解除了未出资股东的股东资格，其效力并不及于该未出资股东对公司债权人的补充赔偿责任，这也是商事外观主义原则的体现。

（四）抽逃出资的股东对公司债权人的补充赔偿责任

股东抽逃出资意味着破坏了其出资义务的全面性，也意味着破坏了其对公司债务不承担责任的条件，即须有条件地对公司债务承担责任。《公司法》司法解释（三）第十四条规定，股东抽逃出资，公司债权人请求抽逃出资的股东在抽逃出资本息范围内对公司债务不能清偿的部分承担补充赔偿责任，协助抽逃出资的其他股东、董事、高级管理人员或者实际控制人对抽逃出资的股东的此项责任承担连带责任。这里需要特别注意的是，抽逃出资的股东并不是对公司债务承担连带责任，而是在公司以其全部财产清偿债务后，对于公司财产不足以清偿的债务部分，在其抽逃出资的本息范围内承担补充赔偿责任。所谓补充赔偿责任意味着，抽逃出资的股东享有在对主债务人即公司进行强制执行之前拒绝承担补充赔偿责任的抗辩权。而且补充赔偿责任是一次性责任，不是重复责任，抽逃出资的股东及其他责任人已经按照抽逃出资的本息足额承担赔偿责任后，不对其他债权人重复承担责任。另外，协助抽逃出资的其他股东、董事、高级管理人员或者实际控制人对抽逃出资的股东的补充赔偿责任承担连带责任，不是对公司的债务在抽逃出资的本息范围内承担连带责任，更不是对公司债务承担连带责任。

《公司法》司法解释（三）第十七条规定，有限责任公司的股东抽逃全部出资，经公司催告返还，其在合理期间内仍未返还出资，公司以股东会决议解除该股东的股东资格。公司应当及时办理法定减资程序或者由其他股东或者第三人缴纳相应的出资。在办理法定减资程序或者其他股东或者第三人缴纳相应的出资之前，公司债权人可以依照《公司法》司法解释（三）第十四条请求因抽逃全部出资被解除股东资格者在抽逃出资本息范围内对公司不能清偿的债务承担补充赔偿责任，也可以请求协助抽逃出资的其他股东、董事、高级管理人员或者实际控制人等相关当事人对抽逃出资股东的补充赔偿责任承担连带责任。

四 关联公司人格混同及其与债权人之间的关系

根据《公司法》的规定，关联关系公司是指公司控股股东、实际控制人、董事、监事、高级管理人员相互交叉或混同，可能导致公司利益可以相互转移的公司之间的关系。但是，国家控股的企业之间不仅因为同受国家控股而具有关联关系。

根据最高人民法院发布的第十五号指导案例确认的原则，关联公司的人员、业务、财务等方面交叉或混同，导致各自财产无法区分，丧失独立人格的，构成人格混同。关联公司人格混同，严重损害债权人利益的，关联公司相互之间对外部债务承担连带责任。这是超出现行《公司法》之外，对法人格否认原则的扩大适用。人员、业务、财务等是公司之间表征人格的重要因素，不同公司之间这些因素高度混同，会导致各自财产无法区分，而公司财产是其独立承担责任的物质基础，这种情况下可以认为各关联公司丧失独立人格，构成人格混同。当这种人格混同害及债权人利益时，应当否定各个关联公司的独立人格，由各关联公司连带清偿各公司债务。这一案例所确认的关联公司人格混同原则，虽无《公司法》依据，但对有效调整关联公司恶意侵害债权人利益的法律关系具有现实意义，也符合法理，应为公司立法所吸收。①

五 清算中的公司及其股东与公司债权人的关系

公司因自主解散、被行政机关吊销营业执照、责令关闭、破产等原因进入清算程序后，公司及其股东、清算组成员与公司债权人的关系会出现一些新情况。公司清算主要是清理公司财产，清收公司债权，以公司所有财产首先清偿公司债务，保护公司债权人合法权益。公司在正常存续和经营过程中，由公司股东及其委任的管理人员控制公司，公司债权人作为公司外部的间接投资人，对公司并不享有控制权，处于相对弱势地位，正是由于这个原因，为了建立

① 参见吴建斌《公司法人格否认成文规则适用困境的化解》，《法学》2009 年第 7 期。

和维护股东与公司债权人之间的均衡关系，《公司法》规定，针对公司财产，公司债权人的债权请求权优先于股东的分配请求权，公司进入清算程序后，公司财产首先用来清偿公司债务。

1. 清算义务人

公司解散后的清算义务人，根据清算方式的不同而有所不同。公司清算的方式有公司自主组织清算和通过人民法院指定清算组进行清算两种。根据《公司法》第一百八十三条规定，公司自主组织清算的，清算义务人如下：有限责任公司的清算组由股东组成，股份有限公司的清算组由董事或者股东大会确定的人员组成。公司解散后，应当在解散事由出现之日起十五日内成立清算组，开始清算。有下列情形之一的，债权人可以申请人民法院指定清算组进行清算的，人民法院应予受理：①公司解散逾期不成立清算组进行清算的；②虽然成立清算组但故意拖延清算的；③违法清算可能严重损害债权人或者股东利益的。具有上述情形之一，而债权人未向人民法院提起清算申请，公司股东可以申请人民法院指定清算组对公司进行清算，人民法院应予受理。人民法院受理公司清算案件，清算组成员可以从下列人员或者机构中指定：①公司股东、董事、监事、高级管理人员；②依法设立的律师事务所、会计师事务所、破产清算事务所等社会中介机构；③依法设立的律师事务所、会计师事务所、破产清算事务所等社会中介机构中具备相关专业知识并取得执业资格的人员。在人民法院组织清算的情况下，无论是有限责任公司还是股份有限公司，公司的股东、董事、监事、高级管理人员都可以被指定为清算组成员，一经人民法院指定，应当无条件接受指定，依法履行清算义务，否则承担相应的法律责任。但是，依法设立的律师事务所、会计师事务所、破产清算事务所等社会中介机构及其具备相关专业知识并取得执业资格的人员是否有义务无条件接受人民法院的指定履行清算义务呢？笔者认为，社会中介机构及其从业人员负有法定的社会义务，人民法院作为终极司法机关，有权指定社会中介机构及其从业人员履行社会义务，对特定公司进行清算，中介机构及其从业人员不得拒绝人民法院的指定，否则有损法律和司法的严肃性。当然，中介机构及其从业人员的清算活动应当获得适当的报酬，这是另外一个问题。

人民法院指定的清算组成员有下列情形之一的，人民法院可以根据债权人、股东的申请，或者依职权更换清算组成员：①有违反法律或者行政法规的行为；②丧失执业能力或者民事行为能力；③有严重损害公司或者债权人利益的行为。

2. 通知债权人

公司进入清算程序后，清算组应当首先将公司进入清算程序的事实通知全体债权人，以便债权人及时行使权利。《公司法》第一百八十五条规定，清算组应当自成立之日起十日内通知债权人，并于六十日内在报纸上公告。《公司法》司法解释（二）第十一条对通知和公告方式做了具体规定：清算组应当将公司解散清算事宜书面通知全体已知债权人，并根据公司规模和营业地域范围在全国或者公司注册登记地省级有影响的报纸上进行公告。登载公告的报纸级别如果不符合公司经营范围的实际状况和司法解释的规定，将不产生公告效力，公司或者清算组成员应当承担未进行适当通知的法律责任。书面通知债权人的应当制作送达回执，以资为证。

3. 申报和核定债权

接到书面通知的债权人，应当自接到通知书之日起三十日内，向清算组申报债权；未接到通知书的债权人，自公告之日起四十五日内，向清算组申报其债权。债权人申报债权，应当说明债权的有关事项，并提供证明材料。清算组应当对债权进行登记。债权人未按期申报债权，在公司清算程序终结前补充申报的，清算组应予登记。清算组在登记债权后，应当根据债权人提交的债权证据，结合公司的记载等证明材料，对债权人申报的债权数额进行审核认定。债权人对清算组核定的债权有异议的，可以要求清算组重新核定。清算组不予重新核定，或者债权人对重新核定的债权仍有异议，债权人可以以公司为被告向人民法院提起诉讼请求确认债权数额。

公司清算结束后，清算组应当制作清算报告，报股东会、股东大会或者人民法院确认，并报送公司登记机关，申请注销公司登记，公告公司终止。公司清算程序终结，是指清算报告经股东会、股东大会或者人民法院确认完毕。

4. 债权的清偿

（1）清偿方案和清偿顺序。清算组在清理公司财产、编制资产负债表和财产清单后，根据申报和核定的债权总额与公司财产总额是否对等，全盘考虑，制订清算方案，不能对个别债权先行进行清偿，更不能在申报债权期间，对个别债权人进行清偿。清算组只能制订清算方案，无权决定清算方案。清算方案的决定权根据清算方式是公司自行清算还是人民法院组织清算，分别归属于公司股东会、股东大会或者人民法院。公司自行清算的，清算方案应当报股东会或者股东大会决议确认；人民法院组织清算的，清算方案应当报人民法院确认。清算方案经确认后，按照清算方案进行清偿，未经确认的清算方案，清算组不得执行。公司财产在清偿公司各类债务时应当依顺序清偿，清偿顺序为：清算费用；职工的工资、社会保险费用和法定补偿金；缴纳所欠税款；清偿公司债务。债务全部清偿完毕后剩余的财产，有限责任公司按照股东的出资比例分配，股份有限公司按照股东持有的股份比例分配。

（2）对补充申报债权的清偿。债权人补充申报的债权，可以在公司尚未分配财产中依法清偿。公司尚未分配财产不能全额清偿，债权人可以主张股东以其在剩余财产分配中已经取得的财产予以清偿的；但债权人因重大过错未在规定期限内申报债权的除外。如果债权人接到了书面通知或者在公告期满后，在规定的申报期限内未申报债权，或未申报全部债权，又提不出合理理由的，应当认为其对未申报债权存在重大过错，如果有合理理由，比如患病住院，出国在外，或者发生了不可抗力等，应当允许其补充申报。但是，补充申报的债权在受偿时不溯及影响此前已经受偿的债权和清偿财产。

（3）公司财产不足清偿债务时的处理。公司进入清算程序后，财产不足清偿全部债务时，原则上应当对债权人的债权公平清偿，不能任由债权人与清算组相互串通私分乱抢。公平清偿债权的实现方式有两种：一是协商方式。以协商方式实现对公司债权公平清偿，只适用于人民法院组织清算的情形，因为公平清偿方案必须经人民法院认可，公司自行清算的情形下，协商达成的公平清偿方案没有途径接受人民法院的司法审查。《公司法》司法解释（二）第十七条规定，人民法院指定的清算组在清理公司财产、编制资产负债表和财产清单时，发现公司财产不足清偿债务的，可以与债权人协商制作有关债务清偿方案。如果清算组与全体债权人达成公平清偿债务的方案，债务清偿方案经全体债权人确认且不损害其他利害关系人利益的，清算组应当向人民法院申请确认清偿方案，人民法院依清算组的申请裁定予以认可的，清算组依据该清偿方案清偿债务后，应当向人民法院申请裁定终结清算程序。二是通过破产程序清偿。《公司法》第一百八十七条规定，清算组在清理公司财产、编制资产负债表和财产清单后，发现公司财产不足清偿债务的，应当依法向人民法院申请宣告破产。或者在人民法院组织清算的情况下，债权人对清算组制作的债务公平清偿方案不予确认或者人民法院不予认可的，清算组应当依法向人民法院申请宣告公司破产。公司经人民法院裁定宣告破产后，清算组应当将清算事务移交给人民法院。但是，债权人或者清算组，以公司尚未分配财产和股东在剩余财产分配中已经取得的财产，不能全额清偿补充申报的债权为由，向人民法院提出破产清算申请的，人民法院不予受理。也就是说，补充申报的债权存在程序瑕疵，无权要求与其他债权公平受偿，也无权因得不到全额清偿而申请债务人破产。

5. 股东或发起人对公司债务的补充清偿责任

根据公司法人和股东有限责任制度的规定，股东不对公司债务承担责任的前提条件是股东完全履行了对公司的出资义务，使得公司拥有了自己独立的财产，并以此独立承担责任。如果股东没有完全履行出资义务，就不能享有有限责任制度的保护。股东没有完全履行出资义务的，公司进入清算程序后，应当全面履行未竟的出资义务，充实公司资产，保障公司偿债能力，以最大限度保护公司债权人利益。公司解散时，股东尚未缴纳的出资均应作为清算财产。股东尚未缴纳的出资，包括到期应缴未缴的出资，以及依照《公司法》第二十六条和第八十条的规定分期缴纳尚未届满缴纳期限的出资。公司财产不足以清偿债务时，债权人主张未缴出资股东，以及公司设立时的其他股东或者发起人在未缴出资范围内对公司债务承担连带清偿责任的，人民法院应依法予以支持。股东未完全履行出资义务时，对公司债务承担的是补充清偿义务，即以其未缴出资数额为限，而不是对公司全部债务承担连带清偿责任，而且补充清偿责任是以公司财产不足以清偿其债务为前提，如果公司财产足够清偿公司债务，公司债权人就无权要求股东为公司债务承担补充清偿责任。有限责任公司设立时的股东、股份有限公司发起人作为公司的创立者，他们有条件知悉其他股东的出资情况，有义务相互监督和督促向公司完全履行出资义务，如果有股东未完全履行出资义务，既违反股东之间的约定，又侵害公司财产权，公司设立时的其他股东或发起人理应请求其履行出资义务，或者向人民法院提起诉讼，诉请人民法院依法判令其履行出资义务。对于公司设立时的股东或发起人来说，这既是权利也是义务，如果其未依法履行义务，导致公司财产未为充实，侵害及公司债权人利益，应当对公司债权人承担相应责任。而且，对于公司债权人来说，股东之间以及股东与公司之间关系属于内部关系，债权人不可能穿过公司这道面纱去区分他们之间的关系，所以由公司设立时的股东或发起人在其他股东未完全履行出资义务的范围内对公司财产不足以清偿的债务承担连带责任是合理的。至于公司成立后，在存续期间加入公司的股东，对其他股东的出资情况，特别是对先于自己进入公司的股东的出资情况很难掌握，所以这部分股东不对其他股东未缴出资承担责任。

6. 清算义务人对公司债权人的损害赔偿责任

有限责任公司的股东、股份有限公司的董事和控股股东未在法定期限内成立清算组开始清算，导致公司财产贬值、流失、毁损或者灭失，债权人可以主张其在造成损失范围内对公司债务承担赔偿责任。这是清算义务人因未履行法定清算义务给公司债权人的债权造成损害的一种损害赔偿责任，不是对公司债务承担连带清偿责任。这种损害赔偿责任也是一种过错责任，公司债权人请求清算义务人承担损害赔偿责任，需要证明清算义务人主观上有过错，客观上实施了侵权行为（即不履行清算义务的消极不作为），导致公司财产贬值、流失、毁损或者灭失，而且公司现有财产不足以清偿公司债务，如果公司现有财产足以清偿债务，说明未害及公司债权人利益，债权人就无须主张这种损害赔偿责任了。另外，有限责任公司的股东、股份有限公司的董事和控股股东，以及公司的实际控制人在公司解散后，恶意处置公司财产，或者未经依法清算，以虚假的清算报告骗取公司登记机关办理法人注销登记，给债权人造成损失，债权人可以主张其对公司债务承担相应赔偿责任。承担赔偿责任的前提是，公司尚能清算，只是清算义务人的行为造成了公司财产损失降低了公司偿债能力，并进而侵害了公司债权人的利益。但是，如果虚假注销后导致公司无法清算，公司债权人可以请求清算义务人对公司债务承担清偿责任，适用《公司法》司法解释（二）第二十条的规定。

7. 有限责任公司的股东、股份有限公司的董事和控股股东对公司债务承担连带责任或直接清偿责任的情形

《公司法》司法解释（二）第十八条第二款规定，有限责任公司的股东、股份有限公司的董事和控股股东因怠于履行义务，导致公司主要财产、账册、重要文件等灭失，无法进行清算，债权人可以主张其对公司债务承担连带清偿责任的。上述情形系实际控制人原因造成，债权人可以主张实际控制人对公司债务承担相应民事责任。这里的“相应民事责任”应当包括损害赔偿责任和连带清偿责任两种情形，公司的实际控制人不是法定的清算义务人，如果其对清算义务人怠于履行清算义务没有过错，没有施加影响，应当不承担责任。如果有证据证明其指使清算义务人不依法及时履行清算义务，导致公司主要财产、账册、重要文件等灭失，无法进行清算，债权人可以主张其与其他清算义务人对公司债务承担连带清偿责任。

公司未经清算即办理注销登记，导致公司无法进行清算，债权人主张有限责任公司的股东、股份有限公司的董事和控股股东，以及公司的实际控制人对公司债务承担清偿责任的，人民法院应依法予以支持。这种情况下，公司主体已经不存在了，所以清算义务人

承担的不再是连带清偿责任，而是对公司债务直接承担清偿责任。清算义务人因怠于履行义务，导致公司主要财产、账册、重要文件等灭失，无法进行清算的，应对公司债务承担连带清偿责任，根据举轻以明重的原则，清算义务人在未经依法清算的情况下，以虚假的清算报告骗取公司登记机关办理法人注销登记，连清算主体都不存在了，会更加确定地造成无法清算的后果，更应对公司债务承担清偿责任，无需公司债权人举证，更有利于保护公司债权人的利益。清算义务人是公司的控制人，其相对于公司的法律地位比债权人优越，公司进入清算程序后，应当更加注重保护债权人的利益。而且，现实中公司出资人和经营者因公司亏损而关门走人或一销了之，置债权人的利益于不顾的情形比比皆是，这种恶意行为应当受到相应的追究。

公司未经依法清算即办理注销登记，股东或者第三人在公司登记机关办理注销登记时承诺对公司债务承担责任，债权人主张其对公司债务承担相应民事责任的，人民法院应依法予以支持。这里的第三人包括了公司董事、实际控制人等在内，其既可以单方面向公司登记机关承诺对公司债务承担责任，但必须以书面为之，而且存入公司工商登记档案，也可以在承诺的同时与已知的债权人达成债务承担协议。

8. 清算组成员不当清算的损害赔偿责任

清算组成立后接管公司清算期间的管理事务，清算组成员应当忠于职守，依法履行清算义务。清算组成员因故意或者重大过失给公司或者债权人造成损失的，应当承担赔偿责任。清算组履行清算义务不当对公司债权人承担损害赔偿责任的情形主要有以下几种。

（1）公司清算的主要任务是清理公司财产清偿公司债务。清算组成立后的首要工作是通知公司债权人关于公司解散清算的事实，以便债权人申报债权。清算组未按照《公司法》第一百八十四条规定、《公司法》司法解释（二）第十一条规定履行通知和公告义务，导致债权人未及时申报债权而未获清偿，债权人可以主张清算组成员对因此造成的损失承担赔偿责任的，人民法院应依法予以支持。

（2）执行未经确认的清算方案对公司或债权人的损害赔偿责

任。《公司法》第一百八十六条规定，清算组在清理公司财产、编制资产负债表和财产清单后，应当制订清算方案，并报股东会、股东大会或者人民法院确认。未经确认的清算方案，清算组不得执行。执行未经确认的清算方案给公司、股东或者债权人造成损失，公司、股东或者债权人可以主张清算组成员承担赔偿责任的。

（3）清算组成员从事清算事务时，违反法律、行政法规或者公司章程给公司或者债权人造成损失，公司或者债权人可以主张其承担赔偿责任的。有限责任公司的股东、股份有限公司连续一百八十日以上单独或者合计持有公司百分之一以上股份的股东，依据《公司法》第一百五十一条第三款的规定，以清算组成员有前述行为为由向人民法院提起诉讼的，人民法院应予受理。公司已经清算完毕注销，上述股东参照《公司法》第一百五十一条第三款的规定，直接以清算组成员为被告、其他股东为第三人向人民法院提起诉讼的，人民法院应予受理。

第十一章

公司与政府关系的均衡

公司与政府之间的关系主要是监管与被监管的关系，政府为了维护市场秩序，对公司进入市场的行为、在市场中的经营活动以及退出市场的行为要加以监管，这是政府公共管理职能的组成部分。公司应当依法设立、经营，依法接受政府的监管。政府对公司的监管涉及很多方面，本章选择几个重要的方面，依据有关法律法规做一介绍，以供参考。政府在采购活动中与公司之间发生的商事交易关系与政府对公司的行政监管无关，与一般的商业交易关系无异，此处不述。

第一节　政府对公司的营业登记管理

设立公司进行经营活动需要向政府管理部门登记，这是世界通例。公司的经营活动面向社会公众，政府有义务对其经营活动予以监管，以保护社会公众的利益，公司营业登记主要是便于政府对公司经营活动进行监管。

一　设立登记

根据《公司法》的规定，我国实行公司登记注册制度，即只要申请人向公司登记机关提交的材料符合法律规定的设立公司的条件，登记机关就应当予以登记，发给营业执照。符合《公司法》规定的有限责任公司或股份有限公司相应设立条件的，由公司登记机关分别登记为有限责任公司或者股份有限公司；不符合《公司法》

规定的设立条件的，不得登记为有限责任公司或者股份有限公司。

（一）设立公司的条件

根据《公司法》第二十三条的规定，设立有限责任公司的条件是：①股东符合法定人数，即五十个以下股东出资设立。②有符合公司章程规定的全体股东认缴的出资额。公司注册资本实行认缴制，法律不作强制性规定。③股东共同制订公司章程。公司设立时制定的章程应为全体股东一致通过，因为不同意章程内容的出资人一般不会参与公司的设立成为股东。④有符合《公司法》规定的公司名称，设立有限责任公司，必须在公司名称中标明有限责任公司或者有限公司字样。⑤建立符合有限责任公司要求的组织机构，根据《公司法》和公司登记管理条例的规定，有限责任公司必须建立的组织机构有股东会（一人有限责任公司不设股东会）、董事会（股东人数较少或者规模较小的有限责任公司，可以设一名执行董事，不设董事会）、监事会（股东人数较少或者规模较小的有限责任公司，可以设一至二名监事，不设监事会）、经理等。⑥有公司住所，公司必须有住所，这是保证交易稳定和交易安全的必要条件。

《公司法》第七十六条规定，设立股份有限公司，应当具备下列条件：①发起人符合法定人数。设立股份有限公司，发起人应当为二人以上二百人以下，其中须有半数以上的发起人在中国境内有住所。股份有限公司的设立，可以采取发起设立或者募集设立的方式。发起设立，是指由发起人认购公司应发行的全部股份而设立公司。募集设立，是指由发起人认购公司应发行股份的一部分，其余股份向社会公开募集或者向特定对象募集而设立公司。②有符合公司章程规定的全体发起人认购的股本总额或者募集的实收股本总额。③股份发行、筹办事项符合法律规定。④发起人制订公司章程，采用发起方式设立的，公司章程由全体发起人通过。募集方式设立的，章程须经创立大会通过。⑤有公司名称，股份有限公司必须在公司名称中标明股份有限公司或者股份公司字样。⑥建立符合股份有限公司要求的组织机构，股份有限公司必须建立的组织机构有股东大会、董事会、监事会、经理等。⑦有公司住所。

公司营业执照签发日期为公司正式成立的日期。公司营业执照应当载明公司的名称、住所、注册资本、经营范围、法定代表人姓名等事项。

《公司法》第十四条规定，公司可以设立分公司。设立分公司，应当向公司登记机关申请登记，领取营业执照。分公司不具有法人资格，其民事责任由公司承担，分公司的本质是公司的内部机构。公司可以出资设立子公司，子公司具有法人资格，依法独立承担民事责任。公司设立子公司可以采取全资子公司、控股子公司等方式，公司与子公司之间的关系是股东与公司的关系，公司是其子公司的股东。

（二）登记事项

根据公司登记管理条例规定，公司的登记事项包括：①名称。②住所。③法定代表人姓名，公司法定代表人可以是董事长、执行董事或者经理，具体由章程规定。④注册资本。⑤公司类型，即有限责任公司或股份有限公司。⑥经营范围。公司只能开展登记的经营范围内的业务，公司如果要开展超出经营范围的新业务，必须首先向公司登记机关申请变更经营范围，如果新业务是法律、行政法规规定必须批准才能经营的，须事先取得政府主管部门的批准，再向公司登记机关申请变更登记。对于公司超出登记的经营范围的经营行为，工商行政管理机关应当责令停止，并可视情况处以一定的行政处罚。⑦营业期限。⑧有限责任公司股东或者股份有限公司发起人的姓名或者名称，有限责任公司股东的姓名或者名称必须全部登记，股份有限公司的股东不设上限，所以无法全部登记，股份有限公司只登记发起人的姓名或者名称。

公司登记事项的作用，一方面为了政府对公司经营活动的监管，另一方面为了向社会公众公示公司的基本情况，便于社会公众了解公司的基本情况，以决定是否与公司进行交易。为此，《公司法》规定，公众可以向公司登记机关申请查询公司登记事项，公司登记机关应当提供查询服务。

（三）设立公司的批准和营业批准。设立公司的批准和营业批准是性质完全不同的两回事。《公司法》规定，普通公司的设立实行注册登记制，只有特殊公司，法律、行政法规规定设立时必须报经批准的，应当在公司登记前依法办理批准手续。如果没有法律、行政法规明确规定某类公司的设立必须经政府主管部门批准，任何部门不得以任何法外理由规定公司设立审批事项。比如《商业银行法》规定，设立商业银行，应当经国务院银行业监督管理机构审察批准。这是特殊公司设立的批准制度。公司营业批准是指公司的特殊经营事项依法须经政府主管部门批准，未经批准不得经营该等业务。经营业务是否获得批准与公司的设立无关。比如对于吸收公众存款业务，《商业银行法》规定，未经国务院银行业监督管理机构批准，任何单位和个人不得从事吸收公众存款业务。

二　变更登记

公司营业执照记载的事项发生变更的，公司应当依法办理变更登记，由公司登记机关换发营业执照；公司合并或者分立，登记事项发生变更的，应当依法向公司登记机关办理变更登记；设立新公司的，应当依法办理公司设立登记；公司增加或者减少注册资本，应当依法向公司登记机关办理变更登记；公司其他登记事项发生变更的，应当向登记机关申请办理变更登记。

三　注销登记

公司因解散、被吊销营业执照、被责令关闭、破产等原因终止的，清算终结后应当依法办理公司注销登记。

第二节　政府对公司纳税行为的监管

依法纳税是公司对国家的基本义务，国务院税务主管部门依法主管全国税收征收管理工作，各地国家税务局和地方税务局应当按照国务院规定的税收征收管理范围分别进行征收管理。地方各级人民政府应当依法加强对本行政区域内税收征收管理工作的领导或者协调，支持税务机关依法执行职务，各有关部门和单位应当支持、协助税务机关依法执行职务。税务机关依法执行职务，任何单位和个人不得阻挠。政府对公司税收征收进行管理的法律依据主要是《税收征收管理法》。

一　政府对公司的税务管理关系

（一）税务登记

公司以及公司在外地设立的分支机构自领取营业执照之日起三十日内，持有关证件，向税务机关申报办理税务登记。税务机关应当于收到申报的当日办理登记并发给税务登记证件。公司税务登记内容发生变化的，自工商行政管理机关办理变更登记之日起三十日内或者在向工商行政管理机关申请办理注销登记之前，持有关证件向税务机关申报办理变更或者注销税务登记。公司应当按照国家有关规定，持税务登记证件，在银行或者其他金融机构开立基本存款账户和其他存款账户，并将其全部账号向税务机关报告。银行和其他金融机构应当在从事生产、经营的公司纳税人的账户中登录税务登记证件号码，并在税务登记证件中登录从事生产、经营的纳税人的账户账号。税务机关依法查询从事生产、经营的公司开立账户的情况时，有关银行和其他金融机构应当予以协助。公司应当按照国务院税务主管部门的规定使用税务登记证件。税务登记证件不得转借、涂改、损毁、买卖或者伪造。

公司合并、分立的，应当向税务机关报告，并依法缴清税款。公司合并时未缴清税款的，应当由合并后的公司继续履行未履行的纳税义务；公司分立时未缴清税款的，分立后的公司对未履行的纳税义务应当承担连带责任。

（二）账簿、凭证管理

税务机关是发票的主管机关，负责发票印制、领购、开具、取得、保管、缴销的管理和监督。公司在购销商品、提供或者接受经营服务以及从事其他经营活动中，应当按照规定开具、使用、取得发票。公司应当按照有关法律、行政法规和国务院财政、税务主管部门的规定设置账簿，根据合法、有效凭证记账，进行核算。按照国务院财政、税务主管部门规定的保管期限保管账簿、记账凭证、完税凭证及其他有关资料。公司的财务、会计制度或者财务、会计处理办法和会计核算软件，应当报送税务机关备案。公司的财务、会计制度或者财务、会计处理办法与国务院或者国务院财政、税务主管部门有关税收的规定抵触的，依照国务院或者国务院财政、税务主管部门有关税收的规定计算应纳税款、代扣代缴和代收代缴税款。

（三）纳税申报

公司必须依照法律、行政法规规定或者税务机关依照法律、行政法规的规定确定的申报期限、申报内容如实办理纳税申报，报送纳税申报表、财务会计报表以及税务机关根据实际需要要求报送的其他纳税资料。公司作为扣缴义务人时必须依照法律、行政法规规定或者税务机关依照法律、行政法规的规定确定的申报期限、申报内容如实报送代扣代缴、代收代缴税款报告表以及税务机关根据实际需要要求报送的其他有关资料。公司不能按期办理纳税申报或者报送代扣代缴、代收代缴税款报告表的，应当向税务机关申请延期申报，经税务机关核准，可以延期申报。

二　税款征收关系

（一）公司主动汇算清缴

公司应当积极主动履行纳税义务，按照法律、行政法规规定或者税务机关依照法律、行政法规的规定确定的期限，缴纳或者解缴税款。公司因有特殊困难，不能按期缴纳税款的，经省、自治区、直辖市国家税务局、地方税务局批准，可以延期缴纳税款，但是最长不得超过三个月。公司可以依照法律、行政法规的规定书面申请减税、免税。减税、免税的申请须经法律、行政法规规定的减税、免税审查批准机关审批。

公司有下列情形之一的，税务机关有权核定其应纳税额：①依照法律、行政法规的规定可以不设置账簿的；②依照法律、行政法规的规定应当设置账簿但未设置的；③擅自销毁账簿或者拒不提供纳税资料的；④虽设置账簿，但账目混乱或者成本资料、收入凭证、费用凭证残缺不全，难以查账的；⑤发生纳税义务，未按照规定的期限办理纳税申报，经税务机关责令限期申报，逾期仍不申报的；⑥纳税人申报的计税依据明显偏低，又无正当理由的；⑦关联公司之间的业务往来，应当按照独立企业之间的业务往来收取或者支付价款、费用；不按照独立企业之间的业务往来收取或者支付价款、费用，而减少其应纳税的收入或者所得额的，税务机关有权进行合理调整。

（二）税务机关对公司欠缴税款的救济

1. 纳税担保和税收保全

公司有逃避纳税义务行为的，税务机关可以在规定的纳税期之前，责令限期缴纳应纳税款；在限期内发现公司有明显的转移、隐匿其应纳税的商品、货物以及其他财产或者应纳税的收入的迹象的，税务机关可以责成公司提供纳税担保。如果公司不能提供纳税担保，经县以上税务局（分局）局长批准，税务机关可以采取下列税收保全措施：①书面通知纳税人开户银行或者其他金融机构冻结纳税人的金额相当于应纳税款的存款；②扣押、查封纳税人的价值相当于应纳税款的商品、货物或者其他财产。公司在规定的限期内缴纳税款的，税务机关必须立即解除税收保全措施。税务机关未立即解除税收保全措施，使纳税人公司的合法利益遭受损失的，税务机关应当承担赔偿责任；限期期满仍未缴纳税款的，经县以上税务局（分局）局长批准，税务机关可以书面通知纳税人公司开户银行或者其他金融机构从其冻结的存款中扣缴税款，或者依法拍卖或者变卖所扣押、查封的商品、货物或者其他财产，以拍卖或者变卖所得抵缴税款。

2. 强制执行

公司未按照规定的期限缴纳或者解缴税款，纳税担保人未按照规定的期限缴纳所担保的税款，由税务机关责令限期缴纳，逾期仍未缴纳的，经县以上税务局（分局）局长批准，税务机关可以采取下列强制执行措施：①书面通知其开户银行或者其他金融机构从其存款中扣缴税款；②扣押、查封、依法拍卖或者变卖其价值相当于应纳税款的商品、货物或者其他财产，以拍卖或者变卖所得抵缴税款。税务机关采取强制执行措施时，对未缴纳的滞纳金同时强制执行。

税务机关对公司以前纳税期的纳税情况依法进行税务检查时，发现公司有逃避纳税义务行为，并有明显的转移、隐匿其应纳税的商品、货物以及其他财产或者应纳税的收入的迹象的，可以依法采取税收保全措施或者强制执行措施。

税收优先于无担保债权，法律另有规定的除外；纳税人欠缴的税款发生在纳税人以其财产设定抵押、质押或者纳税人的财产被留置之前的，税收应当先于抵押权、质权、留置权执行。

税务机关采取税收保全措施和强制执行措施必须依照法定权限和法定程序，税务机关滥用职权违法采取税收保全措施、强制执行措施，或者采取税收保全措施、强制执行措施不当，使公司的合法权益遭受损失的，应当依法承担赔偿责任。

3. 限制公司处分财产

欠缴税款数额较大的公司在处分其不动产或者大额资产之前，应当向税务机关报告。税务机关可以要求其在处分财产之前清缴税款，否则可以在其处分财产之前实施纳税保全措施。

4. 行使代位权、撤销权

欠缴税款的公司因怠于行使到期债权，或者放弃到期债权，或者无偿转让财产，或者以明显不合理的低价转让财产而受让人知道该情形，对国家税收造成损害的，税务机关可以依照《合同法》第七十三条、第七十四条的规定行使代位权、撤销权。税务机关行使代位权、撤销权后，不免除欠缴税款的公司尚未履行的纳税义务和应承担的法律责任。

5. 限制出境

欠缴税款的公司法定代表人需要出境的，应当在出境前向税务机关结清应纳税款、滞纳金或者提供担保。未结清税款、滞纳金，又不提供担保的，税务机关可以通知出境管理机关阻止其出境。

6. 加收滞纳金

公司未按照规定期限缴纳税款的，或者作为扣缴义务人未按照规定期限解缴税款的，税务机关除责令限期缴纳外，从滞纳税款之日起，按日加收滞纳税款万分之五的滞纳金。税务机关应当对公司欠缴税款的情况定期予以公告。

（三）税款的退还、补缴和追征

公司超过应纳税额缴纳的税款，税务机关发现后应当立即退还；公司自结算缴纳税款之日起三年内发现的，可以向税务机关要求退还多缴的税款并加算银行同期存款利息，税务机关及时查实后应当立即退还；涉及从国库中退库的，依照法律、行政法规有关国库管理的规定退还。因税务机关的责任，致使纳税人、扣缴义务人未缴或者少缴税款的，税务机关在三年内可以要求纳税人、扣缴义务人补缴税款，但是不得加收滞纳金。因公司原因计算错误等失误，未缴或者少缴税款的，税务机关在三年内可以追征税款、滞纳金；有特殊情况的，追征期可以延长到五年。对偷税、抗税、骗税的，税务机关追征其未缴或者少缴的税款、滞纳金或者所骗取的税款，不受该期限的限制。

三　税务检查关系

为了确保公司依法全面履行纳税义务，保障国家税收收入，促进经济和社会发展，税务机关应当经常性地开展税务检查，公司作为纳税人必须接受税务机关依法进行的税务检查，如实反映情况，提供有关资料，不得拒绝、隐瞒。

税务检查的内容主要有以下方面：①检查纳税人的账簿、记账凭证、报表和有关资料，检查扣缴义务人代扣代缴、代收代缴税款账簿、记账凭证和有关资料；②到纳税人的生产、经营场所和货物存放地检查纳税人应纳税的商品、货物或者其他财产，检查扣缴义务人与代扣代缴、代收代缴税款有关的经营情况；③责成纳税人、扣缴义务人提供与纳税或者代扣代缴、代收代缴税款有关的文件、证明材料和有关资料；④询问纳税人、扣缴义务人与纳税或者代扣代缴、代收代缴税款有关的问题和情况；⑤到车站、码头、机场、邮政企业及其分支机构检查纳税人托运、邮寄应纳税商品、货物或者其他财产的有关单据、凭证和有关资料；⑥经县以上税务局（分局）局长批准，凭全国统一格式的检查存款账户许可证明，查询从事生产、经营的纳税人、扣缴义务人在银行或者其他金融机构的存款账户。税务机关在调查税收违法案件时，经设区的市、自治州以上税务局（分局）局长批准，可以查询案件涉嫌人员的储蓄存款。税务机关查询所获得的资料，不得用于税收以外的用途；⑦税务机关依法进行税务检查时，有权向有关单位和个人调查纳税人、扣缴义务人和其他当事人与纳税或者代扣代缴、代收代缴税款有关的情况，有关单位和个人有义务向税务机关如实提供有关资料及证明材料；⑧税务机关调查税务违法案件时，对与案件有关的情况和资料，可以记录、录音、录像、照相和复制。

四　公司违反税收法律的行政追责关系

公司作为纳税人有下列行为之一的，由税务机关责令限期改正，可以处二千元以下的罚款；情节严重的，处二千元以上一万元以下的罚款：①未按照规定的期限申报办理税务登记、变更或者注销登记的；②未按照规定设置、保管账簿或者保管记账凭证和有关资料的；③未按照规定将财务、会计制度或者财务、会计处理办法和会计核算软件报送税务机关备查的；④未按照规定将其全部银行账号向税务机关报告的；⑤未按照规定安装、使用税控装置，或者损毁或者擅自改动税控装置的。

纳税人不办理税务登记的，由税务机关责令限期改正；逾期不改正的，经税务机关提请，由工商行政管理机关吊销其营业执照。

纳税人未按照规定使用税务登记证件，或者转借、涂改、损毁、买卖、伪造税务登记证件的，处二千元以上一万元以下的罚款；情节严重的，处一万元以上五万元以下的罚款。

公司作为扣缴义务人时，未按照规定设置、保管代扣代缴、代收代缴税款账簿或者保管代扣代缴、代收代缴税款记账凭证及有关资料的，由税务机关责令限期改正，可以处二千元以下的罚款；情节严重的，处二千元以上五千元以下的罚款。

公司作为纳税人未按照规定的期限办理纳税申报和报送纳税资料的，或者作为扣缴义务人未按照规定的期限向税务机关报送代扣代缴、代收代缴税款报告表和有关资料的，由税务机关责令限期改正，可以处二千元以下的罚款；情节严重的，可以处二千元以上一万元以下的罚款。

公司作为纳税人，或者作为扣缴义务人，伪造、变造、隐匿、擅自销毁账簿、记账凭证，或者在账簿上多列支出或者不列、少列收入，或者经税务机关通知申报而拒不申报或者进行虚假的纳税申报，不缴或者少缴应纳税款的，是偷税。对纳税人偷税的，由税务机关追缴其不缴或者少缴的税款、滞纳金，并处不缴或者少缴的税款百分之五十以上五倍以下的罚款；构成犯罪的，依法追究刑事责任。

公司作为纳税人、扣缴义务人编造虚假计税依据的，由税务机关责令限期改正，并处五万元以下的罚款。

公司不进行纳税申报，不缴或者少缴应纳税款的，由税务机关追缴其不缴或者少缴的税款、滞纳金，并处不缴或者少缴的税款百分之五十以上五倍以下的罚款。

公司欠缴应纳税款，采取转移或者隐匿财产的手段，妨碍税务机关追缴欠缴的税款的，由税务机关追缴欠缴的税款、滞纳金，并处欠缴税款百分之五十以上五倍以下的罚款；构成犯罪的，依法追究刑事责任。

公司以假报出口或者其他欺骗手段，骗取国家出口退税款的，由税务机关追缴其骗取的退税款，并处骗取税款一倍以上五倍以下的罚款；构成犯罪的，依法追究刑事责任。对骗取国家出口退税款的，税务机关可以在规定期间内停止为其办理出口退税。

公司在规定期限内不缴或者少缴应纳或者应解缴的税款，经税务机关责令限期缴纳，逾期仍未缴纳的，税务机关除采取强制执行措施追缴其不缴或者少缴的税款外，可以处不缴或者少缴的税款百分之五十以上五倍以下的罚款。

公司作为扣缴义务人应扣未扣、应收而不收税款的，由税务机关向纳税人追缴税款，对扣缴义务人处应扣未扣、应收未收税款百分之五十以上三倍以下的罚款。

公司作为纳税人、扣缴义务人逃避、拒绝或者以其他方式阻挠税务机关检查的，由税务机关责令改正，可以处一万元以下的罚款；情节严重的，处一万元以上五万元以下的罚款。

公司实施税收违法行为，拒不接受税务机关处理的，税务机关可以收缴其发票或者停止向其发售发票。

纳税人、扣缴义务人的开户银行或者其他金融机构拒绝接受税务机关依法检查纳税人、扣缴义务人存款账户，或者拒绝执行税务机关作出的冻结存款或者扣缴税款的决定，或者在接到税务机关的书面通知后帮助纳税人、扣缴义务人转移存款，造成税款流失的，由税务机关处十万元以上五十万元以下的罚款，对直接负责的主管人员和其他直接责任人员处一千元以上一万元以下的罚款。

公司同税务机关在纳税上发生争议时，必须先依照税务机关的纳税决定缴纳或者解缴税款及滞纳金或者提供相应的担保，然后可以依法申请行政复议；对行政复议决定不服的，可以依法向人民法院起诉。公司对税务机关的处罚决定、强制执行措施或者税收保全措施不服的，可以依法申请行政复议，也可以依法向人民法院起诉。对税务机关的处罚决定逾期不申请行政复议也不向人民法院起诉、又不履行的，作出处罚决定的税务机关可以采取强制执行措施，或者申请人民法院强制执行。

第三节　政府对公司产品质量的监管

公司生产和销售产品，包括有形的物质产品和无形的服务产品，产品质量应当符合一定的标准，有国家标准、行业标准、地方标准的，应当遵守，即使没有这些外部标准，公司应当制定自己的产品质量标准，产品必须符合保障人体健康和人身安全、财产安全的要求。检验合格的产品才能出厂销售，不得以不合格产品冒充合格产品。产品质量的最低标准应当能够实现产品的基本用途。

一　产品质量管理制度

根据产品质量法的规定，对产品质量的管理，国家推行企业质量体系认证制度和产品质量认证制度。国家根据国际通用的质量管理标准，推行企业质量体系认证制度。企业根据自愿原则可以向国务院产品质量监督部门认可的或者国务院产品质量监督部门授权的部门认可的认证机构申请企业质量体系认证。经认证合格的，由认证机构颁发企业质量体系认证证书。国家参照国际先进的产品标准和技术要求，推行产品质量认证制度。企业根据自愿原则可以向国务院产品质量监督部门认可的或者国务院产品质量监督部门授权的部门认可的认证机构申请产品质量认证。经认证合格的，由认证机构颁发产品质量认证证书，准许企业在产品或者其包装上使用产品质量认证标志。

二　产品质量检查制度

对产品质量的监督，国家实行以抽查为主要方式的监督检查制度，对可能危及人体健康和人身、财产安全的产品，影响国计民生的重要工业产品以及消费者、有关组织反映有质量问题的产品进行抽查。抽查的样品应当在市场上或者企业成品仓库内的待销产品中随机抽取。监督抽查工作由国务院产品质量监督部门规划和组织。县级以上地方产品质量监督部门在本行政区域内也可以组织监督抽查。国家监督抽查的产品，地方不得另行重复抽查；上级监督抽查的产品，下级不得另行重复抽查。根据监督抽查的需要，可以对产品进行检验。检验抽取样品的数量不得超过检验的合理需要，并不得向被检查人收取检验费用。监督抽查所需检验费用按照国务院规定列支，由国家承担。国务院和省、自治区、直辖市人民政府的产品质量监督部门应当定期发布其监督抽查的产品的质量状况公告。对依法进行的产品质量监督检查，生产者、销售者不得拒绝。生产者、销售者对抽查检验的结果有异议的，可以自收到检验结果之日起十五日内向实施监督抽查的产品质量监督部门或者其上级产品质量监督部门申请复检，由受理复检的产品质量监督部门作出复检结论。监督抽查的产品质量不合格的，由实施监督抽查的产品质量监督部门责令其生产者、销售者限期改正。逾期不改正的，由省级以上人民政府产品质量监督部门予以公告；公告后经复查仍不合格的，责令停业，限期整顿；整顿期满后经复查产品质量仍不合格的，吊销营业执照。

三　对产品质量违法行为的行政追责关系

根据产品质量法的规定，对公司的产品质量违法行为，根据不同情节，由政府质量监管部门处以以下行政处罚：

（1）生产、销售不符合保障人体健康和人身、财产安全的国家标准、行业标准的产品的，责令停止生产、销售，没收违法生产、销售的产品，并处违法生产、销售产品（包括已售出和未售出的产品，下同）货值金额等值以上三倍以下的罚款；有违法所得的，并处没收违法所得；情节严重的，吊销营业执照。对用于非法生产的原辅材料、包装物、生产工具，应当予以没收。

（2）在产品中掺杂、掺假，以假充真，以次充好，或者以不合格产品冒充合格产品的，责令停止生产、销售，没收违法生产、销售的产品，并处违法生产、销售产品货值金额百分之五十以上三倍以下的罚款；有违法所得的，并处没收违法所得；情节严重的，吊销营业执照。

（3）生产国家明令淘汰的产品的，销售国家明令淘汰并停止销售的产品的，责令停止生产、销售，没收违法生产、销售的产品，并处违法生产、销售产品货值金额等值以下的罚款；有违法所得的，并处没收违法所得；情节严重的，由工商行政管理机关吊销营业执照。对用于非法生产的原辅材料、包装物、生产工具，应当予以没收。

（4）销售失效、变质的产品的，责令停止销售，没收违法销售的产品，并处违法销售产品货值金额二倍以下的罚款；有违法所得的，并处没收违法所得；情节严重的，由工商行政管理机关吊销营业执照。

（5）伪造产品产地的，伪造或者冒用他人厂名、厂址的，伪造或者冒用认证标志等质量标志的，责令改正，没收违法生产、销售的产品，并处违法生产、销售产品货值金额等值以下的罚款；有违法所得的，并处没收违法所得；情节严重的，由工商行政管理机关吊销营业执照。

（6）产品或者其包装上的标识必须真实，产品标识应当符合《产品质量法》第二十七条的以下规定：有产品质量检验合格证明；有中文标明的产品名称、生产厂厂名和厂址；根据产品的特点和使用要求，需要标明产品规格、等级、所含主要成分的名称和含量的，用中文相应予以标明；需要事先让消费者知晓的，应当在外包装上标明，或者预先向消费者提供有关资料；限期使用的产品，应当在显著位置清晰地标明生产日期和安全使用期或者失效日期；使用不当，容易造成产品本身损坏或者可能危及人身、财产安全的产品，应当有警示标志或者中文警示说明。裸装的食品和其他根据产品的特点难以附加标识的裸装产品，可以不附加产品标识。产品标识不符合上述规定的，责令改正；情节严重的，可以责令停止生产、销售，并处违法生产、销售产品货值金额百分之三十以下的罚款；有违法所得的，并处没收违法所得。

（7）拒绝接受依法进行的产品质量监督检查的，给予警告，责令改正；拒不改正的，责令停业整顿；情节特别严重的，由工商行政管理机关吊销营业执照。

（8）知道或者应当知道属于产品质量法规定禁止生产、销售的产品而为其提供运输、保管、仓储等便利条件的，或者为以假充真的产品提供制假生产技术的，没收全部运输、保管、仓储或者提供制假生产技术的收入，并处违法收入百分之五十以上三倍以下的罚款。

（9）服务业的经营者将不符合产品质量法规定的不符合保障人体健康和人身、财产安全标准的产品，掺杂、掺假、以假充真、以次充好的不合格产品，国家明令淘汰的产品以及失效、变质的产品用于经营性服务的，责令停止使用；对知道或者应当知道所使用的产品属于本法规定禁止销售的产品的，按照违法使用的产品（包括已使用和尚未使用的产品）的货值金额，依照产品质量法对销售者的处罚规定处罚。

（10）隐匿、转移、变卖、损毁被产品质量监督部门或者工商行政管理部门查封、扣押的物品的，处被隐匿、转移、变卖、损毁物品货值金额等值以上三倍以下的罚款；有违法所得的，并处没收违法所得。

第四节　政府对公司广告活动的监管

在市场经济条件下，公司通过一定媒介和形式直接或者间接地对自己经营的商品或者服务进行推广的商业广告活动，成为公司经营活动的必要组成部分，在广告活动中，公司容易夸大宣传，损害消费者的合法权益，或者损害竞争对手的合法权益。为了保护消费者的合法权益，维护市场经济秩序，促进广告业的健康发展，政府必须对公司的广告活动进行监管。《中华人民共和国广告法》（以下简称为《广告法》）规定，工商行政管理部门履行广告监督管理职责，工商行政管理部门应当建立健全广告监测制度，完善监测措施，及时发现和依法查处违法广告行为。对从事违反广告法规定的违法行为的公司，由工商行政管理部门记入信用档案，并依照有关法律、行政法规规定予以公示。

作为广告主、广告经营者、广告发布者的公司，违反广告法的规定，实施违法广告行为，由政府监管部门分别按照以下情形予以行政处罚。

一　对广告主的行政监管和行政处罚

（1）发布虚假广告的，由工商行政管理部门责令停止发布广告，责令广告主在相应范围内消除影响，处广告费用三倍以上五倍以下的罚款，广告费用无法计算或者明显偏低的，处二十万元以上一百万元以下的罚款；两年内有三次以上违法行为或者有其他严重情节的，处广告费用五倍以上十倍以下的罚款，广告费用无法计算或者明显偏低的，处一百万元以上二百万元以下的罚款，可以吊销营业执照，并由广告审查机关撤销广告审查批准文件、一年内不受理其广告审查申请。

医疗机构发布虚假广告，情节严重的，除由工商行政管理部门依照本法处罚外，卫生行政部门可以吊销诊疗科目或者吊销医疗机构执业许可证。

（2）有下列行为之一的，由工商行政管理部门责令停止发布广告，对广告主处二十万元以上一百万元以下的罚款，情节严重的，并可以吊销营业执照，由广告审查机关撤销广告审查批准文件、一年内不受理其广告审查申请；对广告经营者、广告发布者，由工商行政管理部门没收广告费用，处二十万元以上一百万元以下的罚款，情节严重的，可以吊销营业执照、吊销广告发布登记证件：①发布有广告法第九条、第十条规定的禁止情形的广告的；②违反《广告法》第十五条规定发布处方药广告、药品类易制毒化学品广告、戒毒治疗的医疗器械和治疗方法广告的；③违反《广告法》第二十条规定，发布声称全部或者部分替代母乳的婴儿乳制品、饮料和其他食品广告的；④违反《广告法》第二十二条规定发布烟草广告的；⑤违反广告法第三十七条规定，利用广告推销禁止生产、销售的产品或者提供的服务，或者禁止发布广告的商品或者服务的；⑥违反《广告法》第四十条第一款规定，在针对未成年人的大众传播媒介上发布医疗、药品、保健食品、医疗器械、化妆品、酒类、美容广告，以及不利于未成年人身心健康的网络游戏广告的。

（3）有下列行为之一的，由工商行政管理部门责令停止发布广告，责令广告主在相应范围内消除影响，处广告费用一倍以上三倍以下的罚款，广告费用无法计算或者明显偏低的，处十万元以上二十万元以下的罚款；情节严重的，处广告费用三倍以上五倍以下的罚款，广告费用无法计算或者明显偏低的，处二十万元以上一百万元以下的罚款，可以吊销营业执照，并由广告审查机关撤销广告审查批准文件、一年内不受理其广告审查申请：①违反《广告法》第十六条对医疗、药品、医疗器械广告内容的禁止性规定的；②违反《广告法》第十七条规定，在普通商品广告中涉及疾病治疗功能，以及使用医疗用语或者易使推销的商品与药品、医疗器械相混淆的用语的；③违反《广告法》第十八条对保健食品广告内容的禁止性规定，以及发布保健食品广告未标明“本品不能代替药物”字样的；④违反《广告法》第二十一条的禁止性规定发布农药、兽药、饲料和饲料添加剂广告的；⑤违反《广告法》第二十三条对酒类广告的禁止性规定发布酒类广告的；⑥违反《广告法》第二十四条对教育、培训广告内容的禁止性规定发布教育、培训广告的；⑦违反《广告法》第二十五条的禁止性规定发布招商等有投资回报预期的商品或者服务广告，或者对可能存在的风险以及风险责任承担没有合理提示或者警示的；⑧违反《广告法》第二十六条的禁止性规定发布房地产广告，或者所发布的房源信息不真实，没有明确表明面积为建筑面积或者套内建筑面积的；⑨违反《广告法》第二十七条的禁止性规定发布农作物种子、林木种子、草种子、种畜禽、水产苗种和种养殖广告，对有关信息表述不够真实、清楚、明白的；⑩利用不满十周岁的未成年人作为广告代言人的；⑪利用在虚假广告中作推荐、证明受到行政处罚未满三年的自然人、法人或者其他组织作为广告代言人的；⑫在中小学校、幼儿园内或者利用与中小学生、幼儿有关的物品发布广告的；⑬发布针对不满十四周岁的未成年人的商品或者服务的广告的；⑭未经审查发布广告的。

医疗机构有前述规定违法行为，情节严重的，除由工商行政管理部门依照本法处罚外，卫生行政部门可以吊销诊疗科目或者吊销医疗机构执业许可证。

（4）有下列行为之一的，由工商行政管理部门责令停止发布广告，对广告主处十万元以下的罚款：①广告内容违反《广告法》第八条规定，对商品的性能、功能、产地、用途、质量、成分、价格、生产者、有效期限、允诺等或者对服务的内容、提供者、形式、质量、价格、允诺等信息的表示不够准确、清楚、明白，或者没有明示所附带赠送商品或者服务的品种、规格、数量、期限和方式的；②广告引证内容违反《广告法》第十一条规定，使用数据、统计资料、调查结果、文摘、引用语等引证内容缺乏真实性、准确性，或者没有表明出处，对引证内容有适用范围和有效期限没有明确表示的；③涉及专利的广告违反《广告法》第十二条规定，没有标明专利号和专利种类，或者未取得专利权而在广告中谎称取得专利权，或者使用未授予专利权的专利申请和已经终止、撤销、无效的专利作广告的；④广告贬低其他生产经营者的商品或者服务的。

（5）未经当事人同意或者请求，向其住宅、交通工具等发送广告，或者以电子信息方式向其发送广告，以电子信息方式发送广告未明示发送者的真实身份和联系方式，并向接收者提供拒绝继续接收的方式的。由有关部门责令停止违法行为，对广告主处五千元以上三万元以下的罚款。

（6）利用互联网发布广告，未显著标明关闭标志，确保一键关闭的，由工商行政管理部门责令改正，对广告主处五千元以上三万元以下的罚款。

二　对广告经营者、广告发布者的行政监管和行政处罚

（1）广告经营者、广告发布者明知或者应知广告虚假仍设计、制作、代理、发布的，由工商行政管理部门没收广告费用，并处广告费用三倍以上五倍以下的罚款，广告费用无法计算或者明显偏低的，处二十万元以上一百万元以下的罚款；两年内有三次以上违法行为或者有其他严重情节的，处广告费用五倍以上十倍以下的罚款，广告费用无法计算或者明显偏低的，处一百万元以上二百万元以下的罚款，并可以由有关部门暂停广告发布业务、吊销营业执照、吊销广告发布登记证件。

（2）《广告法》第五十八条规定，广告经营者、广告发布者明知或者应知有该条规定违法行为仍设计、制作、代理、发布的，由工商行政管理部门没收广告费用，并处广告费用一倍以上三倍以下的罚款，广告费用无法计算或者明显偏低的，处十万元以上二十万元以下的罚款；情节严重的，处广告费用三倍以上五倍以下的罚款，广告费用无法计算或者明显偏低的，处二十万元以上一百万元以下的罚款，并可以由有关部门暂停广告发布业务、吊销营业执照、吊销广告发布登记证件。

（3）广告经营者、广告发布者明知或者应知广告存在《广告法》违反《广告法》第十三条规定，贬低其他生产经营者的商品或者服务的情形仍设计、制作、代理、发布的，由工商行政管理部门处十万元以下的罚款。

（4）发布的广告违反《广告法》第十四条规定，不具有可识别性的，或者违反《广告法》第十九条规定，变相发布医疗、药品、医疗器械、保健食品广告的，由工商行政管理部门责令改正，对广告发布者处十万元以下的罚款。

（5）违反《广告法》第二十九条规定，广播电台、电视台、报刊出版单位未办理广告发布登记，擅自从事广告发布业务的，由工商行政管理部门责令改正，没收违法所得，违法所得一万元以上的，并处违法所得一倍以上三倍以下的罚款；违法所得不足一万元

的，并处五千元以上三万元以下的罚款。

（6）违反《广告法》第三十四条规定，广告经营者、广告发布者未按照国家有关规定建立、健全广告业务管理制度的，或者未对广告内容进行核对的，由工商行政管理部门责令改正，可以处五万元以下的罚款。

（7）广告营经者、广告发布者未公布其收费标准和收费办法的，由价格主管部门责令改正，可以处五万元以下的罚款。

（8）公共场所的管理者和电信业务经营者、互联网信息服务提供者，明知或者应知广告活动违法不予制止的，由工商行政管理部门没收违法所得，违法所得五万元以上的，并处违法所得一倍以上三倍以下的罚款，违法所得不足五万元的，并处一万元以上五万元以下的罚款；情节严重的，由有关部门依法停止相关业务。

（9）隐瞒真实情况或者提供虚假材料申请广告审查的，广告审查机关不予受理或者不予批准，予以警告，一年内不受理该申请人的广告审查申请；以欺骗、贿赂等不正当手段取得广告审查批准的，广告审查机关予以撤销，处十万元以上二十万元以下的罚款，三年内不受理该申请人的广告审查申请。

（10）伪造、变造或者转让广告审查批准文件的，由工商行政管理部门没收违法所得，并处一万元以上十万元以下的罚款。

第五节　政府对公司竞争行为的监管

公司等经营者在市场交易中，应当遵循自愿、平等、公平、诚实信用的原则，遵守公认的商业道德，不得采取不正当竞争行为，损害其他经营者的合法权益，扰乱社会经济秩序。国家为了保障社会主义市场经济健康发展，鼓励和保护公平竞争，制止不正当竞争行为，保护经营者和消费者的合法权益，制定了《反不正当竞争法》。该法规定，各级人民政府应当采取措施，制止不正当竞争行为，为公平竞争创造良好的环境和条件。县级以上人民政府工商行政管理部门是对不正当竞争行为进行监督检查的主管机关；法律、行政法规规定其他部门根据其职能监督检查。下列经营行为属于不正当竞争，政府监管部门应当追究其相应行政责任。

一　假冒行为

公司等经营者假冒他人的注册商标，擅自使用他人的企业名称或者姓名，伪造或者冒用认证标志、名优标志等质量标志，伪造产地，对商品质量做引人误解的虚假表示等都属于假冒行为。

公司等经营者擅自使用知名商品特有的名称、包装、装潢，或者使用与知名商品近似的名称、包装、装潢，造成和他人的知名商品相混淆，使购买者误认为是该知名商品的，监督检查部门应当责令停止违法行为，没收违法所得，可以根据情节处以违法所得一倍以上三倍以下的罚款；情节严重的，可以吊销营业执照。

二　商业贿赂

公司等经营者采用财物或者其他手段进行贿赂以销售或者购买商品，在账外暗中给予对方单位或者个人回扣，构成犯罪的，依法追究刑事责任；不构成犯罪的，监督检查部门可以根据情节处以一万元以上二十万元以下的罚款，有违法所得的，予以没收。

三　滥用市场支配地位

公用企业或者其他依法具有独占地位的经营者，限定他人购买其指定的经营者的商品，以排挤其他经营者的公平竞争的，省级或者设区的市的监督检查部门应当责令停止违法行为，可以根据情节处以五万元以上二十万元以下的罚款。被指定的经营者借此销售质次价高商品或者滥收费用的，监督检查部门应当没收违法所得，可以根据情节处以违法所得一倍以上三倍以下的罚款。

四　侵犯商业秘密

经营者侵犯他人商业秘密的，监督检查部门应当责令停止违法行为，可以根据情节处以一万元以上二十万元以下的罚款。

五　不正当低价销售

经营者不得以排挤竞争对手为目的，以低于成本的价格销售商品。但下列情形不属于不正当竞争行为：①销售鲜活商品；②处理有效期限即将到期的商品或者其他积压的商品；③季节性降价；④因清偿债务、转产、歇业降价销售商品。

六　附条件销售行为

经营者销售商品，不得违背购买者的意愿搭售商品或者附加其他不合理的条件。

七　不正当有奖销售

经营者违法进行有奖销售的，监督检查部门应当责令停止违法行为，可以根据情节处以一万元以上十万元以下的罚款。

八　虚假宣传

经营者不得利用广告或者其他方法，对商品的质量、制作成分、性能、用途、生产者、有效期限、产地等做引人误解的虚假宣传。广告的经营者不得在明知或者应知的情况下，代理、设计、制作、发布虚假广告。

经营者利用广告或者其他方法，对商品作引人误解的虚假宣传的，监督检查部门应当责令停止违法行为，消除影响，可以根据情节处以一万元以上二十万元以下的罚款。广告的经营者，在明知或者应知的情况下，代理、设计、制作、发布虚假广告的，监督检查部门应当责令停止违法行为，没收违法所得，并依法处以罚款。

九　商业诽谤行为

经营者不得捏造、散布虚假事实，损害竞争对手的商业信誉、商品声誉。

十　串通招、投标

投标者串通投标，抬高标价或者压低标价；投标者和招标者相互勾结，以排挤竞争对手的公平竞争的，其中标无效。监督检查部门可以根据情节处以一万元以上二十万元以下的罚款。

十一　政府部门滥用行政权力限制竞争的行为

政府及其所属部门不得滥用行政权力，限定他人购买其指定的经营者的商品，限制其他经营者正当的经营活动。政府及其所属部门不得滥用行政权力，限制外地商品进入本地市场，或者本地商品流向外地市场。

另外，经营者有违反被责令暂停销售，不得转移、隐匿、销毁与不正当竞争行为有关的财物的行为的，监督检查部门可以根据情节处以被销售、转移、隐匿、销毁财物的价款的一倍以上三倍以下的罚款。

第六节　政府对公司商标行为的监管

政府对公司等经营者的商标行为进行管理，保护商标专用权，促使生产、经营者保证商品和服务质量，维护商标信誉，保障消费者和生产、经营者的利益，促进社会主义市场经济的发展。国家工商行政管理总局商标局主管全国商标注册和管理的工作。国家工商行政管理总局设立商标评审委员会，负责处理商标争议事宜。

一　商标注册管理

公司在生产经营活动中，对其商品或者服务需要取得商标专用权的，应当向商标局申请商标注册。法律、行政法规规定必须使用注册商标的商品，必须申请商标注册，未经核准注册的，不得在市场销售。经商标局核准注册的商标为注册商标，商标注册人享有商标专用权，受法律保护。

对申请注册的商标，商标局经审查符合《中华人民共和国商标法》（以下简称为《商标法》）规定的，予以初步审定公告。公告期满无异议的，予以核准注册，发给商标注册证，并予公告。不符合本法有关规定或者同他人在同一种商品或者类似商品上已经注册的或者初步审定的商标相同或者近似的，由商标局驳回申请，不予公告。商标注册申请人不服的，可以自收到通知之日起十五日内向商标评审委员会申请复审。当事人对商标评审委员会的决定不服的，可以自收到通知之日起三十日内向人民法院起诉。

他人对初步审定公告的商标提出异议的，商标局应当听取异议人和被异议人陈述事实和理由，经调查核实后，做出是否准予注册的决定。商标局做出准予注册决定的，发给商标注册证，并予公告。异议人不服的，可以向商标评审委员会请求宣告该注册商标无效。商标局做出不予注册决定，被异议人不服的，可以自收到通知之日起十五日内向商标评审委员会申请复审。被异议人对商标评审委员会的决定不服的，可以自收到通知之日起三十日内向人民法院起诉。

二 注册商标的续展、变更、转让和使用许可的管理

注册商标的有效期为十年，自核准注册之日起计算。注册商标有效期满，需要继续使用的，商标注册人应当在期满前十二个月内按照规定办理续展手续；在此期间未能办理的，可以给予六个月的宽展期。每次续展注册的有效期为十年，自该商标上一届有效期满次日起计算。期满未办理续展手续的，注销其注册商标。商标局应当对续展注册的商标予以公告。

转让注册商标的，应当申请商标局核准，对容易导致混淆或者有其他不良影响的转让，商标局不予核准。转让注册商标经核准后，予以公告。受让人自公告之日起享有商标专用权。

商标注册人可以通过签订商标使用许可合同，许可他人使用其注册商标。许可他人使用其注册商标的，许可人应当将其商标使用许可报商标局备案，由商标局公告。商标使用许可未经备案不得对抗善意第三人。许可人应当监督被许可人使用其注册商标的商品质量。被许可人应当保证使用该注册商标的商品质量。经许可使用他人注册商标的，必须在使用该注册商标的商品上标明被许可人的名称和商品产地。

三 注册商标的无效宣告

已经注册的商标，违反《商标法》第十条、第十一条、第十二

条禁止性规定的，或者是以欺骗手段或者其他不正当手段取得注册的，由商标局宣告该注册商标无效。当事人对商标局的决定不服的，可以自收到通知之日起十五日内向商标评审委员会申请复审。当事人对商标评审委员会的决定不服的，可以自收到通知之日起三十日内向人民法院起诉。

其他单位或者个人请求商标评审委员会宣告注册商标无效的，商标评审委员会收到申请后，应当书面通知有关当事人，并限期提出答辩。当事人对商标评审委员会的裁定不服的，可以自收到通知之日起三十日内向人民法院起诉。

已经注册的商标，违反《商标法》第十三条第二款和第三款、第十五条、第十六条第一款、第三十条、第三十一条、第三十二条规定的，自商标注册之日起五年内，在先权利人或者利害关系人可以请求商标评审委员会宣告该注册商标无效。对恶意注册的，驰名商标所有人不受五年的时间限制。商标评审委员会收到宣告注册商标无效的申请后，应当书面通知有关当事人，并限期提出答辩。当事人对商标评审委员会的裁定不服的，可以自收到通知之日起三十日内向人民法院起诉。

宣告无效的注册商标，由商标局予以公告，该注册商标专用权视为自始即不存在。

四　对商标使用行为的管理

商标注册人在使用注册商标的过程中，不得自行改变注册商标、注册人名义、地址或者其他注册事项，擅自改变的，由地方工商行政管理部门责令限期改正；期满不改正的，由商标局撤销其注册商标。

注册商标成为其核定使用的商品的通用名称或者没有正当理由连续三年不使用的，任何单位或者个人可以向商标局申请撤销该注册商标。对商标局撤销或者不予撤销注册商标的决定，当事人不服的，可以自收到通知之日起十五日内向商标评审委员会申请复审。当事人对商标评审委员会的决定不服的，可以自收到通知之日起三十日内向人民法院起诉。被撤销的注册商标，由商标局予以公告，该注册商标专用权自公告之日起终止。

违反《商标法》第六条规定，应当使用注册商标未使用的，由地方工商行政管理部门责令限期申请注册，违法经营额五万元以上的，可以处违法经营额百分之二十以下的罚款，没有违法经营额或者违法经营额不足五万元的，可以处一万元以下的罚款。

将未注册商标冒充注册商标使用的，或者使用未注册商标违反《商标法》第十条规定，使用禁止作为商标的标志的，由地方工商行政管理部门予以制止，限期改正，并可以予以通报，违法经营额五万元以上的，可以处违法经营额百分之二十以下的罚款，没有违法经营额或者违法经营额不足五万元的，可以处一万元以下的罚款。

违反《商标法》第十四条第五款规定，将“驰名商标”字样用于商品、商品包装或者容器上，或者用于广告宣传、展览以及其他商业活动的，由地方工商行政管理部门责令改正，处十万元罚款。

五　注册商标专用权的行政保护

当事人因侵犯注册商标专用权引起纠纷的，可以请求工商行政管理部门处理。工商行政管理部门处理时，认定侵权行为成立的，责令立即停止侵权行为，没收、销毁侵权商品和主要用于制造侵权商品、伪造注册商标标识的工具，违法经营额五万元以上的，可以处违法经营额五倍以下的罚款，没有违法经营额或者违法经营额不足五万元的，可以处二十五万元以下的罚款。对五年内实施两次以上商标侵权行为或者有其他严重情节的，应当从重处罚。销售不知道是侵犯注册商标专用权的商品，能证明该商品是自己合法取得并说明提供者的，由工商行政管理部门责令停止销售。

对侵犯注册商标专用权的行为，工商行政管理部门有权依法查处；涉嫌犯罪的，应当及时移送司法机关依法处理。

第七节　政府对公司专利行为的监管

《中华人民共和国专利法》（以下简称为《专利法》）规定，国务院专利行政部门负责管理全国的专利工作；统一受理和审查专利申请，依法授予专利权。省、自治区、直辖市人民政府管理专利工作的部门负责本行政区域内的专利管理工作。国务院专利行政部门及其专利复审委员会应当按照客观、公正、准确、及时的要求，依法处理有关专利的申请和请求。国务院专利行政部门应当完整、准确、及时发布专利信息，定期出版专利公报。在专利申请公布或者公告前，国务院专利行政部门的工作人员及有关人员对其内容负有保密责任。

一　专利的申请

公司的发明、实用新型或者外观设计只有向国务院专利行政部门提出申请，经依法受理、审查并授予专利权后，才能享受专利权，依法取得的专利权受法律保护。

国务院专利行政部门收到专利申请文件之日为申请日。如果申请文件是邮寄的，以寄出的邮戳日为申请日。申请人自发明或者实用新型在外国第一次提出专利申请之日起十二个月内，或者自外观设计在外国第一次提出专利申请之日起六个月内，又在中国就相同主题提出专利申请的，依照该外国同中国签订的协议或者共同参加的国际条约，或者依照相互承认优先权的原则，可以享有优先权。申请人自发明或者实用新型在中国第一次提出专利申请之日起十二个月内，又向国务院专利行政部门就相同主题提出专利申请的，可以享有优先权。

申请人可以在被授予专利权之前随时撤回其专利。

二　专利申请的审查和批准

国务院专利行政部门收到发明专利申请后，经初步审查认为符合要求的，自申请日起满十八个月，即行公布。国务院专利行政部门可以根据申请人的请求早日公布其申请。发明专利申请自申请日起三年内，国务院专利行政部门可以根据申请人随时提出的请求，对其申请进行实质审查；申请人无正当理由逾期不请求实质审查的，该申请即被视为撤回。国务院专利行政部门认为必要的时候，可以自行对发明专利申请进行实质审查。

国务院专利行政部门对发明专利申请进行实质审查后，认为不符合本法规定的，应当通知申请人，要求其在指定的期限内陈述意见，或者对其申请进行修改；无正当理由逾期不答复的，该申请即被视为撤回。发明专利申请经申请人陈述意见或者进行修改后，国务院专利行政部门仍然认为不符合《专利法》规定的，应当予以驳回。发明专利申请经实质审查没有发现驳回理由的，由国务院专利行政部门做出授予发明专利权的决定，发给发明专利证书，同时予以登记和公告。发明专利权自公告之日起生效。实用新型和外观设计专利申请经初步审查没有发现驳回理由的，由国务院专利行政部门做出授予实用新型专利权或者外观设计专利权的决定，发给相应的专利证书，同时予以登记和公告。实用新型专利权和外观设计专利权自公告之日起生效。

国务院专利行政部门设立专利复审委员会。专利申请人对国务院专利行政部门驳回申请的决定不服的，可以自收到通知之日起三个月内，向专利复审委员会请求复审。专利申请人对专利复审委员会的复审决定不服的，可以自收到通知之日起三个月内向人民法院起诉。

三 专利权的期限、终止和无效

发明专利权的期限为二十年，实用新型专利权和外观设计专利权的期限为十年，均自申请日起计算。专利权人应当自被授予专利权的当年开始缴纳年费。没有按照规定缴纳年费或者专利权人以书面声明放弃其专利权的，专利权终止。专利权在期限届满前终止的，由国务院专利行政部门登记和公告。

自国务院专利行政部门公告授予专利权之日起，任何单位或者个人认为该专利权的授予不符合《专利法》规定的，可以请求专利复审委员会宣告该专利权无效。对专利复审委员会宣告专利权无效或者维持专利权的决定不服的，可以自收到通知之日起三个月内向人民法院起诉。宣告无效的专利权视为自始即不存在。宣告专利权无效的决定，对在宣告专利权无效前人民法院做出并已执行的专利侵权的判决、调解书，已经履行或者强制执行的专利侵权纠纷处理决定，以及已经履行的专利实施许可合同和专利权转让合同，不具有追溯力。但是因专利权人的恶意给他人造成的损失，应当给予赔偿。

四　专利实施的强制许可

专利实施的强制许可，是指国务院专利行政部门依法定条件和程序向申请人颁发的使用他人专利的许可。申请人获得这种许可后无须专利权人同意即可得以实施专利，但应支付给专利权人合理的使用费。强制许可的对象仅指发明和实用新型专利，而不包括外观设计。

（一）专利强制许可的情形

1. 专利权人不实施专利的强制许可

专利权人自专利权被授予之日起满三年，且自提出专利申请之日起满四年，无正当理由未实施或者未充分实施其专利的，国务院专利行政部门根据具备实施条件的单位或者个人的申请，可以给予实施发明专利或者实用新型专利的强制许可。

2. 为减少或消除垄断影响的强制许可

专利权人行使专利权的行为被依法认定为垄断行为，为消除或者减少该行为对竞争产生的不利影响，国务院专利行政部门根据具备实施条件的单位或者个人的申请，可以给予实施发明专利或者实用新型专利的强制许可。

3. 为了国家利益或公共利益的强制许可

①在国家出现紧急状态或者非常情况时，或者为了公共利益的目的，国务院专利行政部门可以给予实施发明专利或者实用新型专利的强制许可。②为了公共健康目的，对取得专利权的药品，国务院专利行政部门可以给予制造并将其出口到符合中华人民共和国参加的有关国际条约规定的国家或者地区的强制许可。

4. 从属专利的强制许可

一项取得专利权的发明或者实用新型比前已经取得专利权的发明或者实用新型具有显著经济意义或重大技术进步，其实施又有赖于前一发明或者实用新型的实施的，国务院专利行政部门根据后一专利权人的申请，可以给予实施前一发明或者实用新型的强制许可。在此情形下，国务院专利行政部门根据前一专利权人的申请，也可以给予实施后一发明或者实用新型的强制许可。

（二）强制许可的法律效力

取得实施强制许可的单位或者个人不享有独占的实施权，并且无权允许他人实施。取得实施强制许可的单位或者个人应当付给专利权人合理的使用费，或者依照中华人民共和国参加的有关国际条约的规定处理使用费问题。付给使用费的，其数额由双方协商；双方不能达成协议的，由国务院专利行政部门裁决。

（三）实施强制许可的救济

专利权人对国务院专利行政部门关于实施强制许可的决定不服的，专利权人和取得实施强制许可的单位或者个人对国务院专利行政部门关于实施强制许可的使用费的裁决不服的，可以自收到通知之日起三个月内向人民法院起诉。

（四）强制许可的终止

给予实施强制许可的决定，应当根据强制许可的理由规定实施的范围和时间。强制许可的理由消除并不再发生时，国务院专利行政部门应当根据专利权人的请求，经审查后做出终止实施强制许可的决定。

五　专利权的保护

未经专利权人许可，实施其专利，即侵犯其专利权，引起纠纷的，由当事人协商解决；不愿协商或者协商不成的，专利权人或者利害关系人可以向人民法院起诉，也可以请求管理专利工作的部门处理。管理专利工作的部门处理时，认定侵权行为成立的，可以责令侵权人立即停止侵权行为，当事人不服的，可以自收到处理通知之日起十五日内向人民法院提起行政诉讼；侵权人期满不起诉又不停止侵权行为的，管理专利工作的部门可以申请人民法院强制执行。进行处理的管理专利工作的部门应当事人的请求，可以就侵犯专利权的赔偿数额进行调解；调解不成的，当事人可以向人民法院起诉。

假冒专利的，除依法承担民事责任外，由管理专利工作的部门责令改正并予公告，没收违法所得，可以并处违法所得四倍以下的罚款；没有违法所得的，可以处二十万元以下的罚款；构成犯罪的，依法追究刑事责任。

第八节　政府对公司安全生产的监管

《安全生产法》规定，安全生产工作应当以人为本，坚持安全第一、预防为主、综合治理的方针，强化和落实生产经营单位的主体责任，建立生产经营单位负责、职工参与、政府监管、行业自律和社会监督的机制。生产经营单位必须遵守《安全生产法》和其他有关安全生产的法律、法规，加强安全生产管理，建立、健全安全生产责任制和安全生产规章制度，改善安全生产条件，推进安全生产标准化建设，提高安全生产水平，确保安全生产。生产经营单位必须执行依法制定的保障安全生产的国家标准或者行业标准。生产经营单位的主要负责人对本单位的安全生产工作全面负责。

一　监管主体

国务院和县级以上地方各级人民政府应当根据国民经济和社会发展规划制定安全生产规划，并组织实施。安全生产规划应当与城乡规划相衔接。国务院和县级以上地方各级人民政府应当加强对安全生产工作的领导，支持、督促各有关部门依法履行安全生产监督管理职责，建立健全安全生产工作协调机制，及时协调、解决安全生产监督管理中存在的重大问题。乡、镇人民政府以及街道办事处、开发区管理机构等地方人民政府的派出机关应当按照职责，加强对本行政区域内生产经营单位安全生产状况的监督检查，协助上级人民政府有关部门依法履行安全生产监督管理职责。国务院安全生产监督管理部门对全国安全生产工作实施综合监督管理；县级以上地方各级人民政府安全生产监督管理部门对本行政区域内安全生产工作实施综合监督管理。国务院有关部门依照《安全生产法》和其他有关法律、行政法规的规定，在各自的职责范围内对有关行业、领域的安全生产工作实施监督管理；县级以上地方各级人民政府有关部门依照《安全生产法》和其他有关法律、法规的规定，在各自的职责范围内对有关行业、领域的安全生产工作实施监督管理。安全生产监督管理部门和对有关行业、领域的安全生产工作实施监督管理的部门，统称负有安全生产监督管理职责的部门。

国家实行生产安全事故责任追究制度，依法追究生产安全事故责任人员的法律责任。

二 安全生产的监督管理

县级以上地方各级人民政府应当根据本行政区域内的安全生产状况，组织有关部门按照职责分工，对本行政区域内容易发生重大生产安全事故的生产经营单位进行严格检查。安全生产监督管理部门应当按照分类分级监督管理的要求，制订安全生产年度监督检查计划，并按照年度监督检查计划进行监督检查，发现事故隐患，应当及时处理。

负有安全生产监督管理职责的部门依照有关法律、法规的规定，对涉及安全生产的事项需要审查批准（包括批准、核准、许可、注册、认证、颁发证照等，下同）或者验收的，必须严格依照有关法律、法规和国家标准或者行业标准规定的安全生产条件和程序进行审查；不符合有关法律、法规和国家标准或者行业标准规定的安全生产条件的，不得批准或者验收通过。对未依法取得批准或者验收合格的单位擅自从事有关活动的，负责行政审批的部门发现或者接到举报后应当立即予以取缔，并依法予以处理。对已经依法取得批准的单位，负责行政审批的部门发现其不再具备安全生产条件的，应当撤销原批准。

负有安全生产监督管理职责的部门对涉及安全生产的事项进行审查、验收，不得收取费用；不得要求接受审查、验收的单位购买其指定品牌或者指定生产、销售单位的安全设备、器材或者其他产品。

安全生产监督管理部门和其他负有安全生产监督管理职责的部门依法开展安全生产行政执法工作，对生产经营单位执行有关安全生产的法律、法规和国家标准或者行业标准的情况进行监督检查，行使以下职权：①进入生产经营单位进行检查，调阅有关资料，向有关单位和人员了解情况；②对检查中发现的安全生产违法行为，当场予以纠正或者要求限期改正；对依法应当给予行政处罚的行为，依照本法和其他有关法律、行政法规的规定作出行政处罚决定；③对检查中发现的事故隐患，应当责令立即排除；重大事故隐患排除前或者排除过程中无法保证安全的，应当责令从危险区域内撤出做业人员，责令暂时停产停业或者停止使用相关设施、设备；重大事故隐患排除后，经审查同意，方可恢复生产经营和使用；④对有根据认为不符合保障安全生产的国家标准或者行业标准的设施、设备、器材以及违法生产、储存、使用、经营、运输的危险物品予以查封或者扣押，对违法生产、储存、使用、经营危险物品的作业场所予以查封，并依法做出处理决定。监督检查不得影响被检查单位的正常生产经营活动。生产经营单位对负有安全生产监督管理职责的部门的监督检查人员（以下统称安全生产监督检查人员）依法履行监督检查职责，应当予以配合，不得拒绝、阻挠。

安全生产监督检查人员应当忠于职守，坚持原则，秉公执法。安全生产监督检查人员执行监督检查任务时，必须出示有效的监督执法证件；对涉及被检查单位的技术秘密和业务秘密，应当为其保密。

安全生产监督检查人员应当将检查的时间、地点、内容、发现的问题及其处理情况，做出书面记录，并由检查人员和被检查单位的负责人签字；被检查单位的负责人拒绝签字的，检查人员应当将情况记录在案，并向负有安全生产监督管理职责的部门报告。

负有安全生产监督管理职责的部门在监督检查中，应当互相配合，实行联合检查；确需分别进行检查的，应当互通情况，发现存在的安全问题应当由其他有关部门进行处理的，应当及时移送其他有关部门并形成记录备查，接受移送的部门应当及时进行处理。

负有安全生产监督管理职责的部门依法对存在重大事故隐患的生产经营单位做出停产停业、停止施工、停止使用相关设施或者设备的决定，生产经营单位应当依法执行，及时消除事故隐患。生产经营单位拒不执行，有发生生产安全事故的现实危险的，在保证安全的前提下，经本部门主要负责人批准，负有安全生产监督管理职责的部门可以采取通知有关单位停止供电、停止供应民用爆炸物品等措施，强制生产经营单位履行决定。通知应当采用书面形式，有关单位应当予以配合。负有安全生产监督管理职责的部门采取停止供电措施，除有危及生产安全的紧急情形外，应当提前二十四小时通知生产经营单位。生产经营单位依法履行行政决定、采取相应措施消除事故隐患的，负有安全生产监督管理职责的部门应当及时解除强制措施。

监察机关依照行政监察法的规定，对负有安全生产监督管理职责的部门及其工作人员履行安全生产监督管理职责实施监察。

承担安全评价、认证、检测、检验的机构应当具备国家规定的资质条件，并对其做出的安全评价、认证、检测、检验的结果负责。

任何单位或者个人对事故隐患或者安全生产违法行为，均有权向负有安全生产监督管理职责的部门报告或者举报。居民委员会、村民委员会发现其所在区域内的生产经营单位存在事故隐患或者安全生产违法行为时，应当向当地人民政府或者有关部门报告。负有安全生产监督管理职责的部门应当建立举报制度，公开举报电话、信箱或者电子邮件地址，受理有关安全生产的举报；受理的举报事项经调查核实后，应当形成书面材料；需要落实整改措施的，报经有关负责人签字并督促落实。

新闻、出版、广播、电影、电视等单位有进行安全生产公益宣传教育的义务，有对违反安全生产法律、法规的行为进行舆论监督的权利。

负有安全生产监督管理职责的部门应当建立安全生产违法行为信息库，如实记录生产经营单位的安全生产违法行为信息；对违法行为情节严重的生产经营单位，应当向社会公告，并通报行业主管部门、投资主管部门、国土资源主管部门、证券监督管理机构以及有关金融机构。

三　生产安全事故的应急救援与调查处理

（一）应急救援机制的建立

国家加强生产安全事故应急能力建设，在重点行业、领域建立应急救援基地和应急救援队伍，鼓励生产经营单位和其他社会力量建立应急救援队伍，配备相应的应急救援装备和物资，提高应急救援的专业化水平。国务院安全生产监督管理部门建立全国统一的生产安全事故应急救援信息系统，国务院有关部门建立健全相关行业、领域的生产安全事故应急救援信息系统。县级以上地方各级人民政府应当组织有关部门制订本行政区域内生产安全事故应急救援预案，建立应急救援体系。生产经营单位应当制订本单位生产安全事故应急救援预案，与所在地县级以上地方人民政府组织制订的生产安全事故应急救援预案相衔接，并定期组织演练。

（二）安全事故的调查处理

生产经营单位发生生产安全事故后，事故现场有关人员应当立即报告本单位负责人。单位负责人接到事故报告后，应当迅速采取有效措施，组织抢救，防止事故扩大，减少人员伤亡和财产损失，并按照国家有关规定立即如实报告当地负有安全生产监督管理职责的部门，不得隐瞒不报、谎报或者迟报，不得故意破坏事故现场、毁灭有关证据。负有安全生产监督管理职责的部门接到事故报告后，应当立即按照国家有关规定上报事故情况。负有安全生产监督管理职责的部门和有关地方人民政府对事故情况不得隐瞒不报、谎报或者迟报。有关地方人民政府和负有安全生产监督管理职责的部门的负责人接到生产安全事故报告后，应当按照生产安全事故应急救援预案的要求立即赶到事故现场，组织事故抢救。参与事故抢救的部门和单位应当服从统一指挥，加强协同联动，采取有效的应急救援措施，并根据事故救援的需要采取警戒、疏散等措施，防止事故扩大和次生灾害的发生，减少人员伤亡和财产损失。事故抢救过程中应当采取必要措施，避免或者减少对环境造成的危害。任何单位和个人都应当支持、配合事故抢救，并提供一切便利条件。

事故调查处理应当按照科学严谨、依法依规、实事求是、注重实效的原则，及时、准确地查清事故原因，查明事故性质和责任，总结事故教训，提出整改措施，并对事故责任者提出处理意见。事故调查报告应当依法及时向社会公布。事故发生单位应当及时全面落实整改措施，负有安全生产监督管理职责的部门应当加强监督检查。县级以上地方各级人民政府安全生产监督管理部门应当定期统计分析本行政区域内发生生产安全事故的情况，并定期向社会公布。

生产经营单位发生生产安全事故，经调查确定为责任事故的，除了应当查明事故单位的责任并依法予以追究外，还应当查明对安全生产的有关事项负有审查批准和监督职责的行政部门的责任，对有失职、渎职行为的，依照《安全生产法》第八十七条的规定追究法律责任。

四　安全生产法律责任

生产经营单位的决策机构、主要负责人或者个人经营的投资人不依法保证安全生产所必需的资金投入，致使生产经营单位不具备安全生产条件的，责令限期改正，提供必需的资金；逾期未改正的，责令生产经营单位停产停业整顿。因此导致发生生产安全事故的，对生产经营单位的主要负责人给予撤职处分，对个人经营的投资人处二万元以上二十万元以下的罚款；构成犯罪的，依照刑法有关规定追究刑事责任。

生产经营单位的主要负责人未履行安全生产管理职责的，责令限期改正；逾期未改正的，处二万元以上五万元以下的罚款，责令生产经营单位停产停业整顿。因此导致发生生产安全事故的，给予撤职处分；构成犯罪的，依照刑法有关规定追究刑事责任。生产经营单位的主要负责人因此受刑事处罚或者撤职处分的，自刑罚执行完毕或者受处分之日起，五年内不得担任任何生产经营单位的主要负责人；对重大、特别重大生产安全事故负有责任的，终身不得担任本行业生产经营单位的主要负责人。这里的主要负责人应包括公司的董事长和经理。

生产经营单位的主要负责人未依法履行安全生产管理职责，导致发生生产安全事故的，由安全生产监督管理部门依照下列规定处以罚款：①发生一般事故的，处上一年年收入百分之三十的罚款；②发生较大事故的，处上一年年收入百分之四十的罚款；③发生重大事故的，处上一年年收入百分之六十的罚款；④发生特别重大事故的，处上一年年收入百分之八十的罚款。

生产经营单位的安全生产管理人员未依法履行安全生产管理职责的，责令限期改正；导致发生生产安全事故的，暂停或者撤销其与安全生产有关的资格；构成犯罪的，依照刑法有关规定追究刑事责任。

生产经营单位有下列行为之一的，责令限期改正，可以处五万元以下的罚款；逾期未改正的，责令停产停业整顿，并处五万元以上十万元以下的罚款，对其直接负责的主管人员和其他直接责任人员处一万元以上二万元以下的罚款：①未按照规定设置安全生产管理机构或者配备安全生产管理人员的；②危险物品的生产、经营、储存单位以及矿山、金属冶炼、建筑施工、道路运输单位的主要负责人和安全生产管理人员未按照规定经考核合格的；③未按照规定对从业人员、被派遣劳动者、实习学生进行安全生产教育和培训，或者未按照规定如实告知有关的安全生产事项的；④未如实记录安全生产教育和培训情况的；⑤未将事故隐患排查治理情况如实记录或者未向从业人员通报的；⑥未按照规定制定生产安全事故应急救援预案或者未定期组织演练的；⑦特种作业人员未按照规定经专门的安全作业培训并取得相应资格，上岗作业的。

生产经营单位有下列行为之一的，责令停止建设或者停产停业整顿，限期改正；逾期未改正的，处五十万元以上一百万元以下的罚款，对其直接负责的主管人员和其他直接责任人员处二万元以上五万元以下的罚款；构成犯罪的，依照刑法有关规定追究刑事责任：①未按照规定对矿山、金属冶炼建设项目或者用于生产、储存、装卸危险物品的建设项目进行安全评价的；②矿山、金属冶炼建设项目或者用于生产、储存、装卸危险物品的建设项目没有安全设施设计或者安全设施设计未按照规定报经有关部门审查同意的；③矿山、金属冶炼建设项目或者用于生产、储存、装卸危险物品的建设项目的施工单位未按照批准的安全设施设计施工的；④矿山、金属冶炼建设项目或者用于生产、储存危险物品的建设项目竣工投入生产或者使用前，安全设施未经验收合格的。

生产经营单位有下列行为之一的，责令限期改正，可以处五万元以下的罚款；逾期未改正的，处五万元以上二十万元以下的罚款，对其直接负责的主管人员和其他直接责任人员处一万元以上二万元以下的罚款；情节严重的，责令停产停业整顿；构成犯罪的，依照刑法有关规定追究刑事责任：①未在有较大危险因素的生产经营场所和有关设施、设备上设置明显的安全警示标志的；②安全设备的安装、使用、检测、改造和报废不符合国家标准或者行业标准的；③未对安全设备进行经常性维护、保养和定期检测的；④未为从业人员提供符合国家标准或者行业标准的劳动防护用品的；⑤危险物品的容器、运输工具，以及涉及人身安全、危险性较大的海洋石油开采特种设备和矿山井下特种设备未经具有专业资质的机构检测、检验合格，取得安全使用证或者安全标志，投入使用的；⑥使用应当淘汰的危及生产安全的工艺、设备的。

未经依法批准，擅自生产、经营、运输、储存、使用危险物品或者处置废弃危险物品的，依照有关危险物品安全管理的法律、行政法规的规定予以处罚；构成犯罪的，依照刑法有关规定追究刑事责任。

生产经营单位有下列行为之一的，责令限期改正，可以处十万元以下的罚款；逾期未改正的，责令停产停业整顿，并处十万元以上二十万元以下的罚款，对其直接负责的主管人员和其他直接责任人员处二万元以上五万元以下的罚款；构成犯罪的，依照刑法有关规定追究刑事责任：①生产、经营、运输、储存、使用危险物品或者处置废弃危险物品，未建立专门安全管理制度、未采取可靠的安全措施的；②对重大危险源未登记建档，或者未进行评估、监控，或者未制订应急预案的；③进行爆破、吊装以及国务院安全生产监督管理部门会同国务院有关部门规定的其他危险作业，未安排专门人员进行现场安全管理的；④未建立事故隐患排查治理制度的。

生产经营单位未采取措施消除事故隐患的，责令立即消除或者限期消除；生产经营单位拒不执行的，责令停产停业整顿，并处十万元以上五十万元以下的罚款，对其直接负责的主管人员和其他直接责任人员处二万元以上五万元以下的罚款。

生产经营单位将生产经营项目、场所、设备发包或者出租给不具备安全生产条件或者相应资质的单位或者个人的，责令限期改正，没收违法所得；违法所得十万元以上的，并处违法所得二倍以上五倍以下的罚款；没有违法所得或者违法所得不足十万元的，单处或者并处十万元以上二十万元以下的罚款；对其直接负责的主管人员和其他直接责任人员处一万元以上二万元以下的罚款；导致发生生产安全事故给他人造成损害的，与承包方、承租方承担连带赔偿责任。生产经营单位未与承包单位、承租单位签订专门的安全生产管理协议或者未在承包合同、租赁合同中明确各自的安全生产管理职责，或者未对承包单位、承租单位的安全生产统一协调、管理的，责令限期改正，可以处五万元以下的罚款，对其直接负责的主管人员和其他直接责任人员可以处一万元以下的罚款；逾期未改正的，责令停产停业整顿。

两个以上生产经营单位在同一作业区域内进行可能危及对方安全生产的生产经营活动，未签订安全生产管理协议或者未指定专职安全生产管理人员进行安全检查与协调的，责令限期改正，可以处五万元以下的罚款，对其直接负责的主管人员和其他直接责任人员可以处一万元以下的罚款；逾期未改正的，责令停产停业。

生产经营单位有下列行为之一的，责令限期改正，可以处五万元以下的罚款，对其直接负责的主管人员和其他直接责任人员可以处一万元以下的罚款；逾期未改正的，责令停产停业整顿；构成犯罪的，依照刑法有关规定追究刑事责任：①生产、经营、储存、使用危险物品的车间、商店、仓库与员工宿舍在同一座建筑内，或者与员工宿舍的距离不符合安全要求的；②生产经营场所和员工宿舍未设有符合紧急疏散需要、标志明显、保持畅通的出口，或者锁闭、封堵生产经营场所或者员工宿舍出口的。

生产经营单位与从业人员订立协议，免除或者减轻其对从业人员因生产安全事故伤亡依法应承担的责任的，该协议无效；对生产经营单位的主要负责人、个人经营的投资人处二万元以上十万元以下的罚款。生产经营单位的从业人员不服从管理，违反安全生产规章制度或者操作规程的，由生产经营单位给予批评教育，依照有关规章制度给予处分；构成犯罪的，依照刑法有关规定追究刑事责任。

生产经营单位拒绝、阻碍负有安全生产监督管理职责的部门依法实施监督检查的，责令改正；拒不改正的，处二万元以上二十万元以下的罚款；对其直接负责的主管人员和其他直接责任人员处一万元以上二万元以下的罚款；构成犯罪的，依照刑法有关规定追究刑事责任。

生产经营单位的主要负责人在本单位发生生产安全事故时，不立即组织抢救或者在事故调查处理期间擅离职守或者逃匿的，给予降级、撤职的处分，并由安全生产监督管理部门处上一年年收入百分之六十至百分之一百的罚款；对逃匿的处十五日以下拘留；构成犯罪的，依照刑法有关规定追究刑事责任。生产经营单位的主要负责人对生产安全事故隐瞒不报、谎报或者迟报的，依照本规定处罚。

生产经营单位不具备本法和其他有关法律、行政法规和国家标准或者行业标准规定的安全生产条件，经停产停业整顿仍不具备安全生产条件的，予以关闭；有关部门应当依法吊销其有关证照。

发生生产安全事故，对负有责任的生产经营单位除要求其依法承担相应的赔偿等责任外，由安全生产监督管理部门依照下列规定处以罚款：①发生一般事故的，处二十万元以上五十万元以下的罚款；②发生较大事故的，处五十万元以上一百万元以下的罚款；③发生重大事故的，处一百万元以上五百万元以下的罚款；④发生特别重大事故的，处五百万元以上一千万元以下的罚款；情节特别严重的，处一千万元以上二千万元以下的罚款。

有关行政处罚由安全生产监督管理部门和其他负有安全生产监督管理职责的部门按照职责分工决定。予以关闭的行政处罚由负有安全生产监督管理职责的部门报请县级以上人民政府按照国务院规定的权限决定；给予拘留的行政处罚由公安机关依照治安管理处罚法的规定决定。

承担安全评价、认证、检测、检验工作的机构，出具虚假证明的，没收违法所得；违法所得在十万元以上的，并处违法所得二倍以上五倍以下的罚款；没有违法所得或者违法所得不足十万元的，单处或者并处十万元以上二十万元以下的罚款；对其直接负责的主管人员和其他直接责任人员处二万元以上五万元以下的罚款；给他人造成损害的，与生产经营单位承担连带赔偿责任；构成犯罪的，依照刑法有关规定追究刑事责任。对有前述违法行为的机构，吊销其相应资质。

第九节　政府对公司环境保护行为的监管

公司的生产活动是一个与环境进行物质和能量交换的过程，所谓环境，是指影响人类生存和发展的各种天然的和经过人工改造的自然因素的总体，包括大气、水、海洋、土地、矿藏、森林、草原、湿地、野生生物、自然遗迹、人文遗迹、自然保护区、风景名胜区、城市和乡村等。环境是人类生存不可或缺的条件，环境条件直接决定着人类生存的质量。环境质量涉及公共利益，公司无权因追求自身利润损害公共利益。但是，公司作为盈利主体，有追求自身利益的积极性，不一定有保护环境的主动性。为了保护和改善环境，防治污染和其他公害，保障公众健康，推进生态文明建设，促进经济社会可持续发展，政府要对公司生产经营活动对环境的影响加以监管。为此，国家制定了《环境保护法》，把保护环境确立为国家的基本国策。以法律的形式规定了包括公司在内的一切单位和个人保护环境的义务，对环境污染和生态破坏造成的损害依法承担责任；规定国家采取有利于节约和循环利用资源、保护和改善环境、促进人与自然和谐的经济、技术政策和措施，使经济社会发展与环境保护相协调。明确了环境保护坚持保护优先、预防为主、综合治理、公众参与、损害担责的原则。规定地方各级人民政府应当对本行政区域的环境质量负责，国务院环境保护主管部门对全国环境保护工作实施统一监督管理；县级以上地方人民政府环境保护主管部门对本行政区域环境保护工作实施统一监督管理。县级以上人民政府有关部门和军队环境保护部门依照有关法律的规定对资源保护和污染防治等环境保护工作实施监督管理。

一 公司的环保义务

公司建设对环境有影响的项目，应当依法进行环境影响评价。未依法进行环境影响评价的开发利用规划，不得组织实施；未依法进行环境影响评价的建设项目，不得开工建设。公司建设项目中防治污染的设施，应当与主体工程同时设计、同时施工、同时投产使用。防治污染的设施应当符合经批准的环境影响评价文件的要求，不得擅自拆除或者闲置。

公司排放污染物应当采取措施，防治在生产建设或者其他活动中产生的废气、废水、废渣、医疗废物、粉尘、恶臭气体、放射性物质以及噪声、振动、光辐射、电磁辐射等对环境的污染和危害。应当建立环境保护责任制度，明确单位负责人和相关人员的责任。公司如果被列为重点排污单位，应当按照国家有关规定和监测规范安装使用监测设备，保证监测设备正常运行，保存原始监测记录。严禁通过暗管、渗井、渗坑、灌注或者篡改、伪造监测数据，或者不正常运行防治污染设施等逃避监管的方式违法排放污染物。排放污染物的公司应当按照国家有关规定缴纳排污费。排污费应当全部专项用于环境污染防治，任何单位和个人不得截留、挤占或者挪作他用。依照法律规定征收环境保护税的，不再征收排污费。

公司在执行国家和地方污染物排放标准的同时，应当遵守政府按照重点污染物排放总量控制制度分解落实到本单位的重点污染物排放总量控制指标，不得突破指标。作为重点排污单位的公司应当如实向社会公开其主要污染物的名称、排放方式、排放浓度和总量、超标排放情况，以及防治污染设施的建设和运行情况，接受社会监督。

实行排污许可管理的企业事业单位和其他生产经营者应当按照排污许可证的要求排放污染物；未取得排污许可证的，不得排放污染物。

公司不得生产、销售或者转移、使用被国家明令淘汰的严重污染环境的工艺、设备和产品。公司不得引进不符合我国环境保护规定的技术、设备、材料和产品。

公司应当依照《中华人民共和国突发事件应对法》的规定，做好突发环境事件的风险控制、应急准备、应急处置和事后恢复等工作，制订突发环境事件应急预案，报环境保护主管部门和有关部门备案。在发生或者可能发生突发环境事件时，公司应当立即采取措施处理，及时通报可能受到危害的单位和居民，并向环境保护主管部门和有关部门报告，配合政府组织的突发环境事件应急处置工作。

二 政府对公司履行环保义务的监督管理

国家实行重点污染物排放总量控制制度。重点污染物排放总量控制指标由国务院下达，省、自治区、直辖市人民政府分解落实。对超过国家重点污染物排放总量控制指标或者未完成国家确定的环境质量目标的地区，省级以上人民政府环境保护主管部门应当暂停审批其新增重点污染物排放总量的建设项目环境影响评价文件。

各级人民政府应当依照《中华人民共和国突发事件应对法》的规定，做好突发环境事件的风险控制、应急准备、应急处置和事后恢复等工作。县级以上人民政府应当建立环境污染公共监测预警机制，组织制订预警方案；环境受到污染，可能影响公众健康和环境安全时，依法及时公布预警信息，启动应急措施。政府环境保护主管部门督促企业事业单位按照国家有关规定制订突发环境事件应急预案，并对其应急预案进行登记备案，在接到公司等企事业单位关于发生或者可能发生突发环境事件的报告后，及时启动应急响应，依法、科学处置。突发环境事件应急处置工作结束后，有关人民政府应当立即组织评估事件造成的环境影响和损失，并及时将评估结果向社会公布。

各级人民政府及其农业等有关部门和机构应当指导农业生产经营者科学种植和养殖，科学合理施用农药、化肥等农业投入品，科学处置农用薄膜、农作物秸秆等农业废弃物，防止农业面源污染。禁止将不符合农用标准和环境保护标准的固体废物、废水施入农田。施用农药、化肥等农业投入品及进行灌溉，应当采取措施，防止重金属和其他有毒有害物质污染环境。畜禽养殖场、养殖小区、定点屠宰企业等的选址、建设和管理应当符合有关法律法规规定。从事畜禽养殖和屠宰的单位和个人应当采取措施，对畜禽粪便、尸体和污水等废弃物进行科学处置，防止污染环境。县级人民政府负责组织农村生活废弃物的处置工作。

县级以上人民政府环境保护主管部门和其他负有环境保护监督管理职责的部门，应当依法公开环境质量、环境监测、突发环境事件以及环境行政许可、行政处罚、排污费的征收和使用情况等信息。县级以上地方人民政府环境保护主管部门和其他负有环境保护监督管理职责的部门，应当将企业事业单位和其他生产经营者的环境违法信息记入社会诚信档案，及时向社会公布违法者名单。

公司在污染物排放符合法定要求的基础上，进一步减少污染物排放的，各级人民政府应当依法采取财政、税收、价格、政府采购等方面的政策和措施予以鼓励和支持。公司为改善环境，依照有关规定转产、搬迁、关闭的，人民政府应当予以支持。

县级以上人民政府环境保护主管部门及其委托的环境监察机构和其他负有环境保护监督管理职责的部门，有权对排放污染物的企业事业单位和其他生产经营者进行现场检查。被检查者应当如实反映情况，提供必要的资料。实施现场检查的部门、机构及其工作人员应当为被检查者保守商业秘密。

三　公司违反环境保护法的行政责任

公司在经营活动中，应当全面履行环境保护义务，接受政府的监管和社会力量的监督。公司违反《环境保护法》的规定，造成环境污染的，除承担相应赔偿责任外，分别不同情形，由政府依法追究行政责任。

（1）按日连续处罚。《环境保护法》规定了对违法排放污染物拒不改正的按日连续处罚制度。为了正确实施按日连续处罚，环境保护部制定了《环境保护主管部门实施按日连续处罚办法》。公司违法排放污染物，受到罚款处罚，被责令改正，拒不改正的，依法做出处罚决定的行政机关可以自责令改正之日的次日起，按照原处罚数额按日连续处罚。环境保护主管部门应当在送达责令改正违法行为决定书之日起三十日内，以暗查方式组织对排污者违法排放污染物行为的改正情况实施复查。排污者在环境保护主管部门实施复查前，可以向做出责令改正违法行为决定书的环境保护主管部门报告改正情况，并附具相关证明材料。环境保护主管部门复查时发现排污者已经改正违法排放污染物行为或者已经停产、停业、关闭的，不启动按日连续处罚。排污者具有下列情形之一的，认定为拒不改正：①责令改正违法行为决定书送达后，环境保护主管部门复查发现仍在继续违法排放污染物的；②拒绝、阻挠环境保护主管部门实施复查的。

按日连续处罚的适用范围为：①超过国家或者地方规定的污染物排放标准，或者超过重点污染物排放总量控制指标排放污染物的；②通过暗管、渗井、渗坑、灌注或者篡改、伪造监测数据，或者不正常运行防治污染设施等逃避监管的方式排放污染物的；③排放法律、法规规定禁止排放的污染物的；④违法倾倒危险废物的；⑤其他违法排放污染物行为。

按日连续处罚的计罚日数为责令改正违法行为决定书送达排污者之日的次日起，至环境保护主管部门复查发现违法排放污染物行为之日止。再次复查仍拒不改正的，计罚日数累计执行。再次复查时违法排放污染物行为已经改正，环境保护主管部门在之后的检查中又发现排污者有上述排污情形的，应当重新做出处罚决定，按日连续处罚的计罚周期重新起算。按日连续处罚次数不受限制。按日连续处罚每日的罚款数额，为原处罚决定书确定的罚款数额。按照按日连续处罚规则决定的罚款数额，为原处罚决定书确定的罚款数额乘以计罚日数。

（2）查封、扣押排污设施。公司违反法律法规规定排放污染物，造成或者可能造成严重污染的，县级以上人民政府环境保护主管部门和其他负有环境保护监督管理职责的部门，可以查封、扣押造成污染物排放的设施、设备。公司排污设施被查封、扣押之后，其生产活动会随之停顿，赋予环境保护主管部门和其他环境保护监督管理部门这一权力，对公司的震慑力比较大，适用于较为紧急的环境污染事件或违法行为，能够使公司的环境污染行为立即停止，避免了污染行为被发现后、处罚前持续污染的不合理情形，彻底断了公司采取拖延战术的念头和做法。一般的调查、处罚程序耗时较长，对于处罚数额较大的罚单往往还要做听证。如果被处罚者再申请行政复议乃至进入法律诉讼程序，这一过程中就很可能出现证据损毁、污染损害扩大等问题。

环保部《环境保护主管部门实施查封、扣押办法》规定，排污者有下列情形之一的，环境保护主管部门对其与排污有关的设施依法实施查封、扣押：①违法排放、倾倒或者处置含传染病病原体的废物、危险废物、含重金属污染物或者持久性有机污染物等有毒物质或者其他有害物质的；②在饮用水水源一级保护区、自然保护区核心区违反法律法规规定排放、倾倒、处置污染物的；③违反法律法规规定排放、倾倒化工、制药、石化、印染、电镀、造纸、制革等工业污泥的；④通过暗管、渗井、渗坑、灌注或者篡改、伪造监测数据，或者不正常运行防治污染设施等逃避监管的方式违反法律法规规定排放污染物的；⑤较大、重大和特别重大突发环境事件发生后，未按照要求执行停产、停排措施，继续违反法律法规规定排放污染物的；⑥法律、法规规定的其他造成或者可能造成严重污染的违法排污行为。有前述第一项、第二项、第三项、第六项情形之一的，环境保护主管部门可以实施查封、扣押；已造成严重污染或者有前款第四项、第五项情形之一的，环境保护主管部门应当实施查封、扣押。

对不易移动的或者有特殊存放要求的设施、设备，应当就地查封。查封时，可以在该设施、设备的控制装置等关键部件或者造成污染物排放所需供水、供电、供气等开关阀门张贴封条。对就地查封的设施、设备，排污者应当妥善保管，不得擅自损毁封条、变更查封状态或者启用已查封的设施、设备。排污者阻碍执法、擅自损毁封条、变更查封状态或者隐藏、转移、变卖、启用已查封的设施、设备的，环境保护主管部门应当依据《中华人民共和国治安管理处罚法》等法律法规及时提请公安机关依法处理。

对扣押的设施、设备，环境保护主管部门应当妥善保管，也可以委托第三人保管。扣押期间设施、设备的保管费用由环境保护主管部门承担。查封的设施、设备造成损失的，由排污者承担。扣押的设施、设备造成损失的，由环境保护主管部门承担；因受委托第三人原因造成损失的，委托的环境保护主管部门先行赔付后，可以向受委托第三人追偿。

查封、扣押的期限不得超过三十日；情况复杂的，经本级环境保护主管部门负责人批准可以延长，但延长期限不得超过三十日，法律、法规另有规定的除外。排污者在查封、扣押期限届满前，可以向决定实施查封、扣押的环境保护主管部门提出解除申请，并附具相关证明材料。环境保护主管部门应当自收到解除查封、扣押申请之日起五个工作日内，组织核查，并根据核查结果分别做出如下决定：①确已改正违反法律法规规定排放污染物行为的，解除查封、扣押；②未改正违反法律法规规定排放污染物行为的，维持查封、扣押。

具备下列情形之一的排污者，造成或者可能造成严重污染的，环境保护主管部门应当按照有关环境保护法律法规予以处罚，可以不予实施查封、扣押：①城镇污水处理、垃圾处理、危险废物处置等公共设施的运营单位；②生产经营业务涉及基本民生、公共利益的；③实施查封、扣押可能影响生产安全的。

环境保护主管部门实施查封、扣押后，应当及时查清事实，有下列情形之一的，应当立即作出解除查封、扣押决定：①对违反法律法规规定排放污染物行为已经做出行政处罚或者处理决定，不再需要实施查封、扣押的；②查封、扣押期限已经届满的；③其他不再需要实施查封、扣押的情形。扣押措施被解除的，还应当通知排污者领回扣押物；无法通知的，应当进行公告，排污者应当自招领公告发布之日起六十日内领回；逾期未领回的，所造成的损失由排污者自行承担。

（3）公司超过污染物排放标准或者超过重点污染物排放总量控制指标排放污染物的，县级以上人民政府环境保护主管部门可以责令其采取限制生产、停产整治等措施；情节严重的，报经有批准权的人民政府批准，责令停业、关闭。《环境保护限制生产、停产整治暂行办法》规定，排污者有下列情形之一的，环境保护主管部门可以责令其采取停产整治措施：①通过暗管、渗井、渗坑、灌注或者篡改、伪造监测数据，或者不正常运行防治污染设施等逃避监管的方式排放污染物，超过污染物排放标准的；②非法排放含重金属、持久性有机污染物等严重危害环境、损害人体健康的污染物超过污染物排放标准三倍以上的；③超过重点污染物排放总量年度控制指标排放污染物的；④被责令限制生产后仍然超过污染物排放标准排放污染物的；⑤因突发事件造成污染物排放超过排放标准或者重点污染物排放总量控制指标的；⑥法律、法规规定的其他情形。但是，具备下列情形之一的排污者，超过污染物排放标准或者超过重点污染物排放总量控制指标排放污染物的，环境保护主管部门应当按照有关环境保护法律法规予以处罚，可以不予实施停产整治：①城镇污水处理、垃圾处理、危险废物处置等公共设施的运营单位；②生产经营业务涉及基本民生、公共利益的；③实施停产整治可能影响生产安全的。排污者有下列情形之一的，由环境保护主管部门报经有批准权的人民政府责令停业、关闭：①两年内因排放含重金属、持久性有机污染物等有毒物质超过污染物排放标准受过两次以上行政处罚，又实施前列行为的；②被责令停产整治后拒不停产或者擅自恢复生产的；③停产整治决定解除后，跟踪检查发现又实施同一违法行为的；④法律法规规定的其他严重环境违法情节的。

限制生产一般不超过三个月；情况复杂的，经本级环境保护主管部门负责人批准，可以延长，但延长期限不得超过三个月。停产整治的期限，自责令停产整治决定书送达排污者之日起，至停产整治决定解除之日止。排污者应当在收到责令限制生产决定书或者责令停产整治决定书后立即整改，并在十五个工作日内将整改方案报作出决定的环境保护主管部门备案并向社会公开。整改方案应当确定改正措施、工程进度、资金保障和责任人员等事项。被限制生产的排污者在整改期间，不得超过污染物排放标准或者重点污染物日最高允许排放总量控制指标排放污染物，并按照环境监测技术规范进行监测或者委托有条件的环境监测机构开展监测，保存监测记录。排污者完成整改任务的，应当在十五个工作日内将整改任务完成情况和整改信息社会公开情况，报作出限制生产、停产整治决定的环境保护主管部门备案，并提交监测报告以及整改期间生产用电量、用水量、主要产品产量与整改前的对比情况等材料。限制生产、停产整治决定自排污者报环境保护主管部门备案之日起解除。排污者解除限制生产、停产整治后，环境保护主管部门应当在解除之日起三十日内对排污者进行跟踪检查。

（4）建设单位未依法提交建设项目环境影响评价文件或者环境影响评价文件未经批准，擅自开工建设的，由负有环境保护监督管理职责的部门责令停止建设，处以罚款，并可以责令恢复原状。

（5）重点排污单位不公开或者不如实公开环境信息的，由县级以上地方人民政府环境保护主管部门责令公开，处以罚款，并予以公告。

（6）公司有下列行为之一，尚不构成犯罪的，除依照有关法律法规规定予以处罚外，由县级以上人民政府环境保护主管部门或者其他有关部门将案件移送公安机关，对其直接负责的主管人员和其他直接责任人员，处十日以上十五日以下拘留；情节较轻的，处五日以上十日以下拘留：①建设项目未依法进行环境影响评价，被责令停止建设，拒不执行的；②违反法律规定，未取得排污许可证排放污染物，被责令停止排污，拒不执行的；③通过暗管、渗井、渗坑、灌注或者篡改、伪造监测数据，或者不正常运行防治污染设施等逃避监管的方式违法排放污染物的；④生产、使用国家明令禁止生产、使用的农药，被责令改正，拒不改正的。

（7）环境影响评价机构、环境监测机构以及从事环境监测设备和防治污染设施维护、运营的机构，在有关环境服务活动中弄虚作假，对造成的环境污染和生态破坏负有责任的，除依照有关法律法规规定予以处罚外，还应当与造成环境污染和生态破坏的其他责任者承担连带责任。

第十二章

公司治理中的刑事法律关系

公司治理关系均衡的打破会涉及刑事法律关系，这类刑事法律关系有两种：一是公司内部治理关系中的违法行为构成刑事犯罪，比如虚报注册资本罪、虚假出资罪、抽逃出资罪、大股东滥用股东权利侵占公司财产构成职务侵占罪等；二是公司在对外交易中的违法行为构成刑事犯罪，主要涉及《刑法》第三章规定的破坏社会主义市场经济罪，这些犯罪从表面上看是公司在经营活动中的犯罪，似乎与公司的内部治理无关，但其本质上是由公司内部治理关系失衡后未及时获得救济导致的公司经营行为构成犯罪。为引起公司治理参与各方的重视，本章简要列举这些犯罪。

一　生产、销售伪劣商品罪

【生产、销售伪劣产品罪】生产者、销售者在产品中掺杂、掺假，以假充真，以次充好或者以不合格产品冒充合格产品，销售金额五万元以的，构成生产、销售伪劣产品罪。构成本罪涉嫌下列情形之一的，应予立案追诉：（1）伪劣产品销售金额五万元以上的；（2）伪劣产品尚未销售，货值金额十五万元以上的；（3）伪劣产品销售金额不满五万元，但将已销售金额乘以三倍后，与尚未销售的伪劣产品货值金额合计十五万元以上的。

【生产、销售假药罪】生产、销售假药的，没有生产、销售数量的最低限制，也没有对危害后果的要求，只要有生产、销售假药的行为，即构成本罪，属于行为犯。假药，是指依照《中华人民共和国药品管理法》的规定属于假药和按假药处理的药品、非药品。

【生产、销售劣药罪】生产、销售劣药，对人体健康造成严重危害的，本罪在情节上较生产、销售假药罪为轻，属于结果犯。劣药，是指依照《中华人民共和国药品管理法》的规定属于劣药的药品。生产（包括配制）、销售劣药，涉嫌下列情形之一的，应予立案追诉：（1）造成人员轻伤、重伤或者死亡的；（2）其他对人体健康造成严重危害的情形。

【生产、销售不符合安全标准的食品罪】生产、销售不符合食品安全标准的食品，足以造成严重食物中毒事故或者其他严重食源性疾病的，构成本罪。涉嫌下列情形之一的，应予立案追诉：（1）含有可能导致严重食物中毒事故或者其他严重食源性疾患的超标准的有害细菌的；（2）含有可能导致严重食物中毒事故或者其他严重食源性疾患的超标准的其他污染物的。“不符合卫生标准的食品”，由省级以上卫生行政部门确定的机构进行鉴定。

【生产、销售有毒、有害食品罪】在生产、销售的食品中掺入有毒、有害的非食品原料的，或者销售明知掺有有毒、有害的非食品原料的食品的，构成本罪。对本罪的追诉没有数量等危害后果的要求，只要存在该行为就构成本罪并应当予以追究。另外，明知是使用盐酸克仑特罗等禁止在饲料和动物饮用水中使用的药品或者含有该类药品的饲料养殖的供人食用的动物，而提供屠宰等加工服务，或者销售其制品的，应予立案追诉。

【生产、销售不符合标准的医用器材罪】生产不符合保障人体健康的国家标准、行业标准的医疗器械、医用卫生材料，或者销售明知是不符合保障人体健康的国家标准、行业标准的医疗器械、医用卫生材料，足以严重危害人体健康的，构成本罪。涉嫌下列情形之一的，应予立案追诉：（1）进入人体的医疗器械的材料中含有超过标准的有毒有害物质的；（2）进入人体的医疗器械的有效性指标不符合标准要求，导致治疗、替代、调节、补偿功能部分或者全部丧失，可能造成贻误诊治或者人体严重损伤的；（3）用于诊断、监护、治疗的有源医疗器械的安全指标不符合强制性标准要求，可能对人体构成伤害或者潜在危害的；（4）用于诊断、监护、治疗的有源医疗器械的主要性能指标不合格，可能造成贻误诊治或者人体严重损伤的；（5）未经批准，擅自增加功能或者适用范围，可能造成贻误诊治或者人体严重损伤的；（6）其他足以严重危害人体健康或者对人体健康造成严重危害的情形。医疗机构或者个人知道或者应当知道是不符合保障人体健康的国家标准、行业标准的医疗器械、医用卫生材料而购买并有偿使用的，视为“销售”。

【生产、销售不符合安全标准的产品罪】生产不符合保障人身、财产安全的国家标准、行业标准的电器、压力容器、易燃易爆产品或者其他不符合保障人身、财产安全的国家标准、行业标准的产品，或者销售明知是以上不符合保障人身、财产安全的国家标准、行业标准的产品，造成严重后果的，构成本罪。涉嫌下列情形之一的，应予立案追诉：（1）造成人员重伤或者死亡的；（2）造成直接经济损失十万元以上的；（3）其他造成严重后果的情形。

【生产、销售伪劣农药、兽药、化肥、种子罪】生产假农药、假兽药、假化肥，销售明知是假的或者失去使用效能的农药、兽药、化肥、种子，或者生产者、销售者以不合格的农药、兽药、化肥、种子冒充合格的农药、兽药、化肥、种子，使生产遭受较大损失的，构成本罪。涉嫌下列情形之一的，应予立案追诉：（1）使生产遭受损失二万元以上的；（2）其他使生产遭受较大损失的情形。

【生产、销售不符合卫生标准的化妆品罪】生产不符合卫生标准的化妆品，或者销售明知是不符合卫生标准的化妆品，造成严重后果的，构成本罪。涉嫌下列情形之一的，应予立案追诉：（1）造成他人容貌毁损或者皮肤严重损伤的；（2）造成他人器官组织损伤导致严重功能障碍的；（3）致使他人精神失常或者自杀、自残造成重伤、死亡的；（4）其他造成严重后果的情形。

二　走私罪

【走私武器、弹药罪、走私核材料罪、走私假币罪；走私文物罪、走私贵重金属罪、走私珍贵动物罪、走私珍贵动物制品罪；走私国家禁止进出口的货物、物品罪】这些罪都是行为犯，犯罪的构成要件中不需要数额标准。

【走私淫秽物品罪】以牟利或者传播为目的，走私淫秽的影片、录像带、录音带、图片、书刊或者其他淫秽物品构成本罪。涉嫌下列情形之一的，应予立案追诉：（1）走私淫秽录像带、影碟五十盘（张）以上的；（2）走私淫秽录音带、音碟一百盘（张）以上的；（3）走私淫秽扑克、书刊、画册一百副（册）以上的；（4）走私淫秽照片、画片五百张以上的；（5）走私其他淫秽物品相当于上述数量的；（6）走私淫秽物品数量虽未达到第（1）项至第（4）项规定标准，但分别达到其中两项以上标准的百分之五十以上的。

【走私废物罪】逃避海关监管将境外固体废物、液态废物和气态废物运输进境，情节严重的。

【走私普通货物、物品罪】走私武器、弹药、走私核材料、假币、文物、贵重金属、珍贵动物、珍贵动物制品、国家禁止进出口的货物、物品、淫秽物品、废物、毒品以外的货物、物品，偷逃应缴税额较大或者一年内曾因走私被给予二次行政处罚后又走私的，构成本罪。对多次走私未经处理的，按照累计走私货物、物品的偷逃应缴税额处罚。

【特殊形式的走私普通货物、物品罪】下列走私行为构成犯罪的，依照走私普通货物、物品罪定罪处罚：（1）未经海关许可并且未补缴应缴税额，擅自将批准进口的来料加工、来件装配、补偿贸易的原材料、零件、制成品、设备等保税货物，在境内销售牟利的；（2）未经海关许可并且未补缴应缴税额，擅自将特定减税、免税进口的货物、物品，在境内销售牟利的。

下列行为，以走私罪论处，依照走私的有关规定处罚：（1）直接向走私人非法收购国家禁止进口物品的，或者直接向走私人非法收购走私进口的其他货物、物品，数额较大的；（2）在内海、领海、界河、界湖运输、收购、贩卖国家禁止进出口物品的，或者运输、收购、贩卖国家限制进出口货物、物品，数额较大，没有合法证明的。

与走私罪犯通谋，为其提供贷款、资金、账号、发票、证明，或者为其提供运输、保管、邮寄或者其他方便的，以走私罪的共犯论处。

三　妨害对公司、企业的管理秩序罪

【虚报注册资本罪】申请公司登记使用虚假证明文件或者采取其他欺诈手段虚报注册资本，欺骗公司登记主管部门，取得公司登记，虚报 注册资本数额巨大、后果严重或者有其他严重情节的，构成本罪。《最高人民检察院、公安部关于经济犯罪案件追诉标准的规定》规定的虚报注册资本案追诉标准如下：申请公司登记使用虚假证明文件或者采取其他欺诈手段虚报注册资本，欺骗公司登记主管部门，取得公司登记，涉嫌下列情形之一的，应予追诉：（1）实缴注册资本不足法定注册资本最低限额，有限责任公司虚报数额占法定最低限额的百分之六十以上，股份有限公司虚报数额占法定最低限额的百分之三十以上的；（2）实缴注册资本达到法定最低限额，但仍虚报注册资本，有限责任公司虚报数额在一百万元以上，股份有限公司虚报数额在一千万元以上的；（3）虚报注册资本给投资者或者其他债权人造成的直接经济损失累计数额在十万元以上的；（4）虽未达到上述数额标准，但具有下列情形之一的：①因虚报注册资本，受过行政处罚二次以上，又虚报注册资本的；②向公司登记主管人员行贿或者注册后进行违法活动的。

【虚假出资、抽逃出资罪】公司发起人、股东违反《公司法》的规定未缴付货币、实物或者未转移财产权，虚假出资，或者在公司成立后又抽逃其出资，数额巨大、后果严重或者有其他严重情节的构成虚假出资罪、抽逃出资罪。《最高人民检察院、公安部关于公安机关管辖的刑事案件立案追诉标准的规定》规定了虚假出资、抽逃出资案的追诉标准，公司发起人、股东违反《公司法》的规定未缴付货币、实物或者未转移财产权，虚假出资，或者在公司成立后又抽逃其出资，涉嫌下列情形之一的，应予立案追诉：（1）超过法定出资期限，有限责任公司股东虚假出资数额在三十万元以上并占其应缴出资数额百分之六十以上的，股份有限公司发起人、股东虚假出资数额在三百万元以上并占其应缴出资数额百分之三十以上的；（2）有限责任公司股东抽逃出资数额在三十万元以上并占其实

缴出资数额百分之六十以上的，股份有限公司发起人、股东抽逃出资数额在三百万元以上并占其实缴出资数额百分之三十以上的；（3）造成公司、股东、债权人的直接经济损失累计数额在十万元以上的；（4）虽未达到上述数额标准，但具有下列情形之一的：①致使公司资不抵债或者无法正常经营的；②公司发起人、股东合谋虚假出资、抽逃出资的；③两年内因虚假出资、抽逃出资受过行政处罚二次以上，又虚假出资、抽逃出资的；④利用虚假出资、抽逃出资所得资金进行违法活动的；⑤其他后果严重或者有其他严重情节的情形。

虚报注册资本罪，虚假出资罪、抽逃出资罪的公司仅适用于依法实行注册资本实缴登记制的公司。根据有关法律的规定，我国目前保留注册资本实缴登记制的公司类型主要有：金融类公司，例如各类商业银行、保险公司、小额贷款公司、财务公司、期货公司；特殊行业的公司，比如直销企业、劳务派遣企业等。

【欺诈发行股票、债券罪】在招股说明书、认股书、公司、企业债券募集办法中隐瞒重要事实或者编造重大虚假内容，发行股票或者公司、企业债券，数额巨大、后果严重或者有其他严重情节的构成本罪。

【违规披露、不披露重要信息罪】依法负有信息披露义务的公司、企业向股东和社会公众提供虚假的或者隐瞒重要事实的财务会计报告，或者对依法应当披露的其他重要信息不按照规定披露，严重损害股东或者其他人利益，或者有其他严重情节的，构成本罪。

【妨害清算罪】公司、企业进行清算时，隐匿财产，对资产负债表或者财产清单做虚伪记载或者在未清偿债务前分配公司、企业财产，严重损害债权人或者其他人利益的，构成妨害清算罪。

【隐匿、故意销毁会计凭证、会计账簿、财务会计报告罪】隐匿或者故意销毁依法应当保存的会计凭证、会计账簿、财务会计报告，情节严重的，构成隐匿、故意销毁会计凭证、会计账簿、财务会计报告罪。

【虚假破产罪】公司、企业通过隐匿财产、承担虚构的债务或者以其他方法转移、处分财产，实施虚假破产，严重损害债权人或者其他人利益的，构成虚假破产罪。

【非国家工作人员受贿罪】公司、企业或者其他单位的工作人员利用职务上的便利，索取他人财物或者非法收受他人财物，为他人谋取利益，数额较大的，构成本罪。

公司、企业或者其他单位的工作人员在经济往来中，利用职务上的便利，违反国家规定，收受各种名义的回扣、手续费，归个人所有的，以非国家工作人员受贿罪定罪处罚。

银行或者其他金融机构的工作人员在金融业务活动中索取他人财物或者非法收受他人财物，为他人谋取利益的，或者违反国家规定，收受各种名义的回扣、手续费，归个人所有的，依照刑法关于非国家工作人员受贿罪的规定定罪处罚。

国有公司、企业或者其他国有单位中从事公务的人员和国有公司、企业或者其他国有单位委派到非国有公司、企业以及其他单位从事公务的人员有前两款行为的，依照本法第三百八十五条、第三百八十六条关于受贿罪的规定定罪处罚。

【对非国家工作人员行贿罪】为谋取不正当利益，给予公司、企业或者其他单位的工作人员以财物，数额较大的，构成本罪。为谋取不正当商业利益，给予外国公职人员或者国际公共组织官员以财物的，依照本罪的规定处罚。行贿人在被追诉前主动交代行贿行为的，可以减轻处罚或者免除处罚。

【非法经营同类营业罪】国有公司、企业的董事、经理利用职务便利，自己经营或者为他人经营与其所任职公司、企业同类的营业，获取非法利益，数额巨大的，构成本罪。

【为亲友非法牟利罪】国有公司、企业、事业单位的工作人员，利用职务便利，有下列情形之一，使国家利益遭受重大损失的，构成本罪：（1）将本单位的盈利业务交由自己的亲友进行经营的；（2）以明显高于市场的价格向自己的亲友经营管理的单位采购商品或者以明显低于市场的价格向自己的亲友经营管理的单位销售商品的；（3）向自己的亲友经营管理的单位采购不合格商品的。

【签订、履行合同失职被骗罪】国有公司、企业、事业单位直接负责的主管人员，在签订、履行合同过程中，因严重不负责任被诈骗，致使国家利益遭受重大损失的，构成本罪。

【国有公司、企业、事业单位人员失职罪、国有公司、企业、事业单位人员滥用职权罪】国有公司、企业的工作人员，由于严重不负责任 或者滥用职权，造成国有公司、企业破产或者严重损失，致使国家利益遭受重大损失的，构成国有公司、企业、事业单位人员失职罪或者国有公司、企业、事业单位人员滥用职权罪。

【徇私舞弊低价折股、出售国有资产罪】国有公司、企业或者其上级主管部门直接负责的主管人员，徇私舞弊，将国有资产低价折股或者低价出售，致使国家利益遭受重大损失的，构成徇私舞弊低价折股、出售国有资产罪。

【背信损害上市公司利益罪】上市公司的董事、监事、高级管理人员违背对公司的忠实义务，利用职务便利，操纵上市公司从事下列行为之一，致使上市公司利益遭受重大损失的，构成背信损害上市公司利益罪：（1）无偿向其他单位或者个人提供资金、商品、服务或者其他资产的；（2）以明显不公平的条件，提供或者接受资金、商品、服务或者其他资产的；（3）向明显不具有清偿能力的单位或者个人提供资金、商品、服务或者其他资产的；（4）为明显不具有清偿能力的单位或者个人提供担保，或者无正当理由为其他单位或者个人提供担保的；（5）无正当理由放弃债权、承担债务的；（6）采用其他方式损害上市公司利益的。上市公司的控股股东或者实际控制人，指使上市公司董事、监事、高级管理人员实施前述行为的，依照本罪处罚。

四　破坏金融管理秩序罪

【擅自设立金融机构罪】未经国家有关主管部门批准，擅自设立商业银行、证券交易所、期货交易所、证券公司、期货经纪公司、保险公司或者其他金融机构的，构成擅自设立金融机构罪。

【伪造、变造、转让金融机构经营许可证、批准文件罪】伪造、变造、转让商业银行、证券交易所、期货交易所、证券公司、期货经纪公司、保险公司或者其他金融机构的经营许可证或者批准文件的，构成伪造、变造、转让金融机构经营许可证、批准文件罪。

【高利转贷罪】以转贷牟利为目的，套取金融机构信贷资金高利转贷他人，违法所得数额较大的，构成高利转贷罪。

【骗取贷款、票据承兑、金融票证罪】以欺骗手段取得银行或者其他金融机构贷款、票据承兑、信用证、保函等，给银行或者其他金融机构造成重大损失或者有其他严重情节的，构成骗取贷款、票据承兑、金融票证罪。

【非法吸收公众存款罪】非法吸收公众存款或者变相吸收公众存款，扰乱金融秩序的。

关于非法吸收公众存款的具体情形，《最高人民法院关于审理非法集资刑事案件具体应用法律若干问题的解释》第一条规定，违反国家金融管理法律规定，向社会公众（包括单位和个人）吸收资金的行为，同时具备下列四个条件的，除刑法另有规定的以外，应当认定为非法吸收公众存款或者变相吸收公众存款：（1）未经有关部门依法批准或者借用合法经营的形式吸收资金；（2）通过媒体、推介会、传单、手机短信等途径向社会公开宣传；（3）承诺在一定期限内以货币、实物、股权等方式还本付息或者给付回报；（4）向社会公众即社会不特定对象吸收资金。未向社会公开宣传，在亲友或者单位内部针对特定对象吸收资金的，不属于非法吸收或者变相吸收公众存款。实施下列行为之一的，以非法吸收公众存款罪定罪处罚：（1）不具有房产销售的真实内容或者不以房产销售为主要目的，以返本销售、售后包租、约定回购、销售房产份额等方式非法吸收资金的；（2）以转让林权并代为管护等方式非法吸收资金的；（3）以代种植（养殖）、租种植（养殖）、联合种植（养殖）等方式非法吸收资金的；（4）不具有销售商品、提供服务的真实内容或者不以销售商品、提供服务为主要目的，以商品回购、寄存代售等方式非法吸收资金的；（5）不具有发行股票、债券的真实内容，以虚假转让股权、发售虚构债券等方式非法吸收资金的；（6）不具有募集基金的真实内容，以假借境外基金、发售虚构基金等方式非法吸收资金的；（7）不具有销售保险的真实内容，以假冒保险公司、伪造保险单据等方式非法吸收资金的；（8）以投资入股的方式非法吸收资金的；（9）以委托理财的方式非法吸收资金的；（10）利用民间“会”、“社”等组织非法吸收资金的；（11）其他非法吸收资金的行为。

非法吸收公众存款具有下列情形之一的，应当依法追究刑事责任：（1）个人非法吸收或者变相吸收公众存款，数额在20万元以上的，单位非法吸收或者变相吸收公众存款，数额在100万元以上的；（2）个人非法吸收或者变相吸收公众存款对象30人以上的，单位非法吸收或者变相吸收公众存款对象150人以上的；（3）个人非法吸收或者变相吸收公众存款，给存款人造成直接经济损失数额在10万元以上的，单位非法吸收或者变相吸收公众存款，给存款人造成直接经济损失数额在50万元以上的；（4）造成恶劣社会影响或者其他严重后果的。具有下列情形之一的，属于数额巨大或者有其他严重情节：（1）个人非法吸收或者变相吸收公众存款，数额在100万元以上的，单位非法吸收或者变相吸收公众存款，数额在500万元以上的；（2）个人非法吸收或者变相吸收公众存款对象100人以上的，单位非法吸收或者变相吸收公众存款对象500人以上的；（3）个人非法吸收或者变相吸收公众存款，给存款人造成直接经济损失数额在50万元以上的，单位非法吸收或者变相吸收公众存款，给存款人造成直接经济损失数额在250万元以上的；（4）造成特别恶劣社会影响或者其他特别严重后果的。

非法吸收或者变相吸收公众存款的数额，以行为人所吸收的资金全额计算。案发前后已归还的数额，可以作为量刑情节酌情考虑。非法吸收或者变相吸收公众存款，主要用于正常的生产经营活动，能够及时清退所吸收资金，可以免予刑事处罚；情节显著轻微的，不作为犯罪处理。

【伪造、变造金融票证罪】有下列情形之一，伪造、变造金融票证的，构成伪造、变造金融票证罪：（1）伪造、变造汇票、本票、支票的；（2）伪造、变造委托收款凭证、汇款凭证、银行存单等其他银行结算凭证的；（3）伪造、变造信用证或者附随的单据、文件的；（4）伪造信用卡的。伪造、变造金融票证，涉嫌下列情形之一的，应予立案追诉：（1）伪造、变造汇票、本票、支票，或者伪造、变造委托收款凭证、汇款凭证、银行存单等其他银行结算凭证，或者伪造、变造信用证或者附随的单据、文件，总面额在一万元以上或者数量在十张以上的；（2）伪造信用卡一张以上，或者伪造空白信用卡十张以上的。

【妨害信用卡管理罪】有下列情形之一，妨害信用卡管理的，构成妨害信用卡管理罪：（1）明知是伪造的信用卡而持有、运输的，或者明知是伪造的空白信用卡而持有、运输，数量较大的；（2）非法持有他人信用卡，数量较大的；（3）使用虚假的身份证明骗领信用卡的；（4）出售、购买、为他人提供伪造的信用卡或者以虚假的身份证明骗领的信用卡的。妨害信用卡管理，涉嫌下列情形之一的，应予立案追诉：（1）明知是伪造的信用卡而持有、运输的；（2）明知是伪造的空白信用卡而持有、运输，数量累计在十张以上的；（3）非法持有他人信用卡，数量累计在五张以上的；（4）出售、购买、为他人提供伪造的信用卡或者以虚假的身份证明骗领的信用卡的；（5）使用虚假的身份证明骗领信用卡的。违背他人意愿，使用其居民身份证、军官证、士兵证、港澳居民往来内地通行证、台湾居民来往大陆通行证、护照等身份证明申领信用卡的，或者使用伪造、变造的身份证明申领信用卡的，应当认定为“使用虚假的身份证明骗领信用卡”。

【窃取、收买、非法提供信用卡信息罪】窃取、收买或者非法提供他人信用卡信息资料的，构成窃取、收买、非法提供信用卡信息罪。窃取、收买或者非法提供他人信用卡信息资料，足以伪造可进行交易的信用卡，或者足以使他人以信用卡持卡人名义进行交易，涉及信用卡一张以上的，应予立案追诉。

【伪造、变造国家有价证券罪】伪造、变造国库券或者国家发行的其他有价证券，数额较大的，构成伪造、变造国家有价证券罪。伪造、变造国库券或者国家发行的其他有价证券，总面额在二千元以上的，应予立案追诉。

【伪造、变造股票、公司、企业债券罪】伪造、变造股票或者公司、企业债券，数额较大的，构成伪造、变造股票、公司、企业债券罪。伪造、变造股票或者公司、企业债券，总面额在五千元以上的，应予立案追诉。

【擅自发行股票、公司、企业债券罪】未经国家有关主管部门批准，擅自发行股票或者公司、企业债券，数额巨大、后果严重或者有其他严重情节的，构成擅自发行股票、公司、企业债券罪。擅自发行股票或者公司、企业债券，涉嫌下列情形之一的，应予立案追诉：（1）发行数额在五十万元以上的；（2）虽未达到上述数额标准，但擅自发行致使三十人以上的投资者购买了股票或者公司、企业债券的；（3）不能及时清偿或者清退的；（4）其他后果严重或者有其他严重情节的情形。《最高人民法院关于审理非法集资刑事案件具体应用法律若干问题的解释》规定，未经国家有关主管部门批准，向社会不特定对象发行、以转让股权等方式变相发行股票或者公司、企业债券，或者向特定对象发行、变相发行股票或者公司、企业债券累计超过 200 人的，应当认定为擅自发行股票、公司、企业债券。

【内幕交易、泄露内幕信息罪】证券、期货交易内幕信息的知情人员或者非法获取证券、期货交易内幕信息的人员，在涉及证券的发行，证券、期货交易或者其他对证券、期货交易价格有重大影响的信息尚未公开前，买入或者卖出该证券，或者从事与该内幕信息有关的期货交易，或者泄露该信息，或者明示、暗示他人从事上述交易活动，情节严重的，构成内幕交易、泄露内幕信息罪。内幕交易、泄露内幕信息案，涉嫌下列情形之一的，应予立案追诉：（1）证券交易成交额累计在五十万元以上的；（2）期货交易占用保证金数额累计在三十万元以上的；（3）获利或者避免损失数额累计在十五万元以上的；（4）多次进行内幕交易、泄露内幕信息的；（5）其他情节严重的情形。

【利用未公开信息交易罪】证券交易所、期货交易所、证券公司、期货经纪公司、基金管理公司、商业银行、保险公司等金融机构的从业人员以及有关监管部门或者行业协会的工作人员，利用因职务便利获取的内幕信息以外的其他未公开的信息，违反规定，从事与该信息相关的证券、期货交易活动，或者明示、暗示他人从事相关交易活动，情节严重的，为利用未公开信息交易罪。利用未公开信息交易案，涉嫌下列情形之一的，应予立案追诉：（1）证券交易成交额累计在五十万元以上的；（2）期货交易占用保证金数额累计在三十万元以上的；（3）获利或者避免损失数额累计在十五万元以上的；（4）多次利用内幕信息以外的其他未公开信息进行交易活动的；（5）其他情节严重的情形。

【编造并传播证券、期货交易虚假信息罪】编造并且传播影响证券、期货交易的虚假信息，扰乱证券、期货交易市场，造成严重后果的，为编造并传播证券、期货交易虚假信息罪。编造并传播证券、期货交易虚假信息案，涉嫌下列情形之一的，应予立案追诉：（1）获利或者避免损失数额累计在五万元以上的；（2）造成投资者直接经济损失数额在五万元以上的；（3）致使交易价格和交易量异常波动的；（4）虽未达到上述数额标准，但多次编造并且传播影响证券、期货交易的虚假信息的；（5）其他造成严重后果的情形。

【诱骗投资者买卖证券、期货合约罪】证券交易所、期货交易所、证券公司、期货经纪公司的从业人员，证券业协会、期货业协会或者证券期货监督管理部门的工作人员，故意提供虚假信息或者伪造、变造、销毁交易记录，诱骗投资者买卖证券、期货合约，造成严重后果的，为诱骗投资者买卖证券、期货合约罪。诱骗投资者买卖证券、期货合约案，涉嫌下列情形之一的，应予立案追诉：（1）获利或者避免损失数额累计在五万元以上的；（2）造成投资者直接经济损失数额在五万元以上的；（3）致使交易价格和交易量异常波动的；（4）其他造成严重后果的情形。

【操纵证券、期货市场罪】有下列情形之一，操纵证券、期货市场，情节严重的，为操纵证券、期货市场罪：（1）单独或者合谋，集中资金优势、持股或者持仓优势或者利用信息优势联合或者连续买卖，操纵证券、期货交易价格或者证券、期货交易量的；（2）与他人串通，以事先约定的时间、价格和方式相互进行证券、期货交易，影响证券、期货交易价格或者证券、期货交易量的；（3）在自己实际控制的账户之间进行证券交易，或者以自己为交易对象，自买自卖期货合约，影响证券、期货交易价格或者证券、期货交易量的；（4）以其他方法操纵证券、期货市场的。操纵证券、期货市场案，涉嫌下列情形之一的，应予立案追诉：（1）单独或者合谋，持有或者实际控制证券的流通股份数达到该证券的实际流通股份总量百分之三十以上，且在该证券连续二十个交易日内联合或者连续买卖股份数累计达到该证券同期总成交量百分之三十以上的；（2）单独或者合谋，持有或者实际控制期货合约的数量超过期货交易所业务规则限定的持仓量百分之五十以上，且在该期货合约连续二十个交易日内联合或者连续买卖期货合约数累计达到该期货合约同期总成交量百分之三十以上的；（3）与他人串通，以事先约定的时间、价格和方式相互进行证券或者期货合约交易，且在该证券或者期货合约连续二十个交易日内成交量累计达到该证券或者期货合约同期总成交量百分之二十以上的；（4）在自己实际控制的账户之间进行证券交易，或者以自己为交易对象，自买自卖期货合约，且在该证券或者期货合约连续二十个交易日内成交量累计达到该证券或者期货合约同期总成交量百分之二十以上的；（5）单独或者合谋，当日连续申报买入或者卖出同一证券、期货合约并在成交前撤回申报，撤回申报量占当日该种证券总申报量或者该种期货合约总申报量百分之五十以上的；（6）上市公司及其董事、监事、高级管理人员、实际控制人、控股股东或者其他关联人单独或者合谋，利用信息优势，操纵该公司证券交易价格或者证券交易量的；（7）证券公司、证券投资咨询机构、专业中介机构或者从业人员，违背有关从业禁止的规定，买卖或者持有相关证券，通过对证券或者其发行人、上市公司公开做出评价、预测或者投资建议，在该证券的交易中谋取利益，情节严重的；（8）其他情节严重的情形。

【背信运用受托财产罪】商业银行、证券交易所、期货交易所、证券公司、期货经纪公司、保险公司或者其他金融机构，违背受托义务，擅自运用客户资金或者其他委托、信托的财产，情节严重的，构成背信运用受托财产罪。背信运用受托财产案，涉嫌下列情形之一的，应予立案追诉：（1）擅自运用客户资金或者其他委托、信托的财产数额在三十万元以上的；（2）虽未达到上述数额标准，但多次擅自运用客户资金或者其他委托、信托的财产，或者擅自运用多个客户资金或者其他委托、信托的财产的；（3）其他情节严重的情形。

【违法运用资金罪】社会保障基金管理机构、住房公积金管理机构等公众资金管理机构，以及保险公司、保险资产管理公司、证券投资基金管理公司，违反国家规定运用资金的，为违法运用资金罪。违法运用资金案，涉嫌下列情形之一的，应予立案追诉：（1）违反国家规定运用资金数额在三十万元以上的；（2）虽未达到上述数额标准，但多次违反国家规定运用资金的；（3）其他情节严重的情形。

【违法发放贷款罪】银行或者其他金融机构的工作人员违反国家规定发放贷款，数额巨大或者造成重大损失的，构成违法发放贷款罪。违法发放贷款案，涉嫌下列情形之一的，应予立案追诉：（1）违法发放贷款，数额在一百万元以上的；（2）违法发放贷款，造成直接经济损失数额在二十万元以上的。

【吸收客户资金不入账罪】银行或者其他金融机构的工作人员吸收客户资金不入账，数额巨大或者造成重大损失的，为吸收客户资金不入账罪。吸收客户资金不入账案，涉嫌下列情形之一的，应予立案追诉：（1）吸收客户资金不入账，数额在一百万元以上的；（2）吸收客户资金不入账，造成直接经济损失数额在二十万元以上的。

【违规出具金融票证罪】银行或者其他金融机构的工作人员违反规定，为他人出具信用证或者其他保函、票据、存单、资信证明，情节严重的，构成违规出具金融票证罪。违规出具金融票证案，涉嫌下列情形之一的，应予立案追诉：（1）违反规定为他人出具信用证或者其他保函、票据、存单、资信证明，数额在一百万元以上的；（2）违反规定为他人出具信用证或者其他保函、票据、存单、资信证明，造成直接经济损失数额在二十万元以上的；（3）多次违规出具信用证或者其他保函、票据、存单、资信证明的；（4）接受贿赂违规出具信用证或者其他保函、票据、存单、资信证明的；（5）其他情节严重的情形。

【对违法票据承兑、付款、保证罪】银行或者其他金融机构的工作人员在票据业务中，对违反票据法规定的票据予以承兑、付款或者保证，造成重大损失的，构成对违法票据承兑、付款、保证罪，对违法票据承兑、付款、保证案，造成直接经济损失数额在二十万元以上的，应予立案追诉。

【逃汇罪】公司、企业或者其他单位，违反国家规定，擅自将外汇存放境外，或者将境内的外汇非法转移到境外，数额较大的，构成逃汇罪。逃汇案，单笔在二百万美元以上或者累计数额在五百万美元以上的，应予立案追诉。

【骗购外汇罪】全国人大常委会《关于惩治骗购外汇、逃汇和非法买卖外汇犯罪的决定》规定，有下列情形之一，骗购外汇，数额较大的，构成骗购外汇罪：（1）使用伪造、变造的海关签发的报关单、进口证明、外汇管理部门核准件等凭证和单据的；（2）重复使用海关签发的报关单、进口证明、外汇管理部门核准件等凭证和单据的；（3）以其他方式骗购外汇的。伪造、变造的海关签发的报关单、进口证明、外汇管理部门核准件等凭证和单据，并用于骗购外汇的，依照本罪规定从重处罚。明知用于骗购外汇而提供人民币资金的，以共犯论处。骗购外汇，数额在五十万美元以上的，应予立案追诉。

【洗钱罪】明知是毒品犯罪、黑社会性质的组织犯罪、恐怖活动犯罪、走私犯罪、贪污贿赂犯罪、破坏金融管理秩序犯罪、金融诈骗犯罪的所得及其产生的收益，为掩饰、隐瞒其来源和性质，有下列行为之一的，构成洗钱罪：（1）提供资金账户的；（2）协助将财产转换为现金、金融票据、有价证券的；（3）通过转账或者其他结算方式协助资金转移的；（4）协助将资金汇往境外的；（5）以其他方法掩饰、隐瞒犯罪所得及其收益的来源和性质的。

五　金融诈骗罪

【集资诈骗罪】以非法占有为目的，使用诈骗方法非法集资，数额较大的，构成集资诈骗罪。《最高人民法院关于审理非法集资刑事案件具体应用法律若干问题的解释》规定，以非法占有为目的，使用诈骗方法实施本下列行为的，应当以集资诈骗罪定罪处罚：（1）不具有房产销售的真实内容或者不以房产销售为主要目的，以返本销售、售后包租、约定回购、销售房产份额等方式非法吸收资金的；（2）以转让林权并代为管护等方式非法吸收资金的；（3）以代种植（养殖）、租种植（养殖）、联合种植（养殖）等方式非法吸收资金的；（4）不具有销售商品、提供服务的真实内容或者不以销售商品、提供服务为主要目的，以商品回购、寄存代售等方式非法吸收资金的；（5）不具有发行股票、债券的真实内容，以虚假转让股权、发售虚构债券等方式非法吸收资金的；（6）不具有募集基金的真实内容，以假借境外基金、发售虚构基金等方式非法吸收资金的；（7）不具有销售保险的真实内容，以假冒保险公司、伪造保险单据等方式非法吸收资金的；（8）以投资入股的方式非法吸收资金的；（9）以委托理财的方式非法吸收资金的；（10）利用民间"会"、"社"等组织非法吸收资金的；（11）其他非法吸收资金的行为。

使用诈骗方法非法集资，具有下列情形之一的，可以认定为"以非法占有为目的"：（1）集资后不用于生产经营活动或者用于生产经营活动与筹集资金规模明显不成比例，致使集资款不能返还的；（2）肆意挥霍集资款，致使集资款不能返还的；（3）携带集资款逃匿的；（4）将集资款用于违法犯罪活动的；（5）抽逃、转移资金、隐匿财产，逃避返还资金的；（6）隐匿、销毁账目，或者搞假破产、假倒闭，逃避返还资金的；（7）拒不交代资金去向，逃避返还资金的；（8）其他可以认定非法占有目的的情形。集资诈骗罪中的非法占有目的，应当区分情形进行具体认定。行为人部分非法集资行为具有非法占有目的的，对该部分非法集资行为所涉集资款以集资诈骗罪定罪处罚；非法集资共同犯罪中部分行为人具有非法占有目的，其他行为人没有非法占有集资款的共同故意和行为的，对具有非法占有目的的行为人以集资诈骗罪定罪处罚。

个人进行集资诈骗，数额在十万元以上的，应当认定为"数额较大"；数额在三十万元以上的，应当认定为"数额巨大"；数额在一百万元以上的，应当认定为"数额特别巨大"。单位进行集资诈骗，数额在五十万元以上的，应当认定为"数额较大"；数额在一百五十万元以上的，应当认定为"数额巨大"；数额在五百万元以上的，应当认定为“数额特别巨大”。集资诈骗的数额以行为人实际骗取的数额计算，案发前已归还的数额应予扣除。行为人为实施集资诈骗活动而支付的广告费、中介费、手续费、回扣，或者用于行贿、赠与等费用，不予扣除。行为人为实施集资诈骗活动而支付的利息，除本金未归还可予折抵本金以外，应当计入诈骗数额。

【贷款诈骗罪】有下列情形之一，以非法占有为目的，诈骗银行或者其他金融机构的贷款，数额较大的，构成贷款诈骗罪：（1）编造引进资金、项目等虚假理由的；（2）使用虚假的经济合同的；（3）使用虚假的证明文件的；（4）使用虚假的产权证明作担保或者超出抵押物价值重复担保的；（5）以其他方法诈骗贷款的。以非法占有为目的，诈骗银行或者其他金融机构的贷款，数额在二万元以上的，应予立案追诉。

【票据诈骗罪】有下列情形之一，进行金融票据诈骗活动，数额较大的，构成票据诈骗罪：（1）明知是伪造、变造的汇票、本票、支票而使用的；（2）明知是作废的汇票、本票、支票而使用的；（3）冒用他人的汇票、本票、支票的；（4）签发空头支票或者与其预留印鉴不符的支票，骗取财物的；（5）汇票、本票的出票人签发无资金保证的汇票、本票或者在出票时作虚假记载，骗取财物的。进行金融票据诈骗活动，涉嫌下列情形之一的，应予立案追诉：（1）个人进行金融票据诈骗，数额在一万元以上的；（2）单位进行金融票据诈骗，数额在十万元以上的。

【金融凭证诈骗罪】使用伪造、变造的委托收款凭证、汇款凭证、银行存单等其他银行结算凭证的，构成金融凭证诈骗罪。使用金融凭证诈骗，涉嫌下列情形之一的，应予立案追诉：（1）个人进行金融凭证诈骗，数额在一万元以上的；（2）单位进行金融凭证诈骗，数额在十万元以上的。

【信用证诈骗罪】有下列情形之一，进行信用证诈骗活动的，为信用证诈骗罪：（1）使用伪造、变造的信用证或者附随的单据、文件的；（2）使用作废的信用证的；（3）骗取信用证的；（4）以其他方法进行信用证诈骗活动的。进行信用证诈骗活动，涉嫌下列情形之一的，应予立案追诉：（1）使用伪造、变造的信用证或者附随的单据、文件的；（2）使用作废的信用证的；（3）骗取信用证的；（4）以其他方法进行信用证诈骗活动的。

【保险诈骗罪】有下列情形之一，进行保险诈骗活动，数额较大的，构成保险诈骗罪：（1）投保人故意虚构保险标的，骗取保险金的；（2）投保人、被保险人或者受益人对发生的保险事故编造虚假的原因或者夸大损失的程度，骗取保险金的；（3）投保人、被保险人或者受益人编造未曾发生的保险事故，骗取保险金的；（4）投保人、被保险人故意造成财产损失的保险事故，骗取保险金的；（5）投保人、受益人故意造成被保险人死亡、伤残或者疾病，骗取保险金的。有第四项、第五项所列行为，同时构成其他犯罪的，依照数罪并罚的规定处罚。保险事故的鉴定人、证明人、财产评估人故意提供虚假的证明文件，为他人诈骗提供条件的，以保险诈骗的共犯论处。进行保险诈骗活动，涉嫌下列情形之一的，应予立案追诉：（1）个人进行保险诈骗，数额在一万元以上的；（2）单位进行保险诈骗，数额在五万元以上的。

六　危害税收征管罪

【逃税罪】纳税人采取欺骗、隐瞒手段进行虚假纳税申报或者不申报，逃避缴纳税款数额较大并且占应纳税额百分之十以上的，构成逃税罪。扣缴义务人采取前述手段，不缴或者少缴已扣、已收税款，数额较大的，依照逃税罪处罚。对多次实施逃税行为，未经处理的，按照累计数额计算。有前述逃税行为，经税务机关依法下达追缴通知后，补缴应纳税款，缴纳滞纳金，已受行政处罚的，不予追究刑事责任；但是，五年内因逃避缴纳税款受过刑事处罚或者被税务机关给予二次以上行政处罚的除外。逃避缴纳税款，涉嫌下列情形之一的，应予立案追诉：（1）纳税人采取欺骗、隐瞒手段进行虚假纳税申报或者不申报，逃避缴纳税款，数额在五万元以上并且占各税种应纳税总额百分之十以上，经税务机关依法下达追缴通知后，不补缴应纳税款、不缴纳滞纳金或者不接受行政处罚的；（2）纳税人五年内因逃避缴纳税款受过刑事处罚或者被税务机关给予二次以上行政处罚，又逃避缴纳税款，数额在五万元以上并且占各税种应纳税总额百分之十以上的；（3）扣缴义务人采取欺骗、隐瞒手段，不缴或者少缴已扣、已收税款，数额在五万元以上的。纳税人在公安机关立案后再补缴应纳税款、缴纳滞纳金或者接受行政处罚的，不影响刑事责任的追究。

纳税人缴纳税款后，以假报出口或者其他欺骗手段，骗取所缴纳的税款的，依照逃税罪定罪处罚。

【逃避追缴欠税罪】纳税人欠缴应纳税款，采取转移或者隐匿财产的手段，致使税务机关无法追缴欠缴的税款的，构成逃避追缴欠税罪。逃避追缴欠税，致使税务机关无法追缴欠缴的税款，数额在一万元以上的，应予立案追诉。

【骗取出口退税罪】以假报出口或者其他欺骗手段，骗取国家出口退税款，数额较大的，是骗取出口退税罪。纳税人缴纳税款后，采取欺骗方法，骗取所缴纳的税款的，依照《刑法》第二百零一条规定的逃税罪定罪处罚；骗取税款超过所缴纳的税款部分，依照本罪规定处罚。骗取国家出口退税款，数额在五万元以上的，应予立案追诉。

【虚开增值税专用发票、用于骗取出口退税、抵扣税款发票罪】虚开增值税专用发票或者虚开用于骗取出口退税、抵扣税款的其他发票的构成本罪。虚开增值税专用发票或者虚开用于骗取出口退税、抵扣税款的其他发票，是指有为他人虚开、为自己虚开、让他人为自己虚开、介绍他人虚开行为之一的。虚开增值税专用发票或者虚开用于骗取出口退税、抵扣税款的其他发票，虚开的税款数额在一万元以上或者致使国家税款被骗数额在五千元以上的，应予立案追诉。

【虚开发票罪】虚开增值税专用发票或者虚开用于骗取出口退税、抵扣税款的其他发票以外的其他发票，情节严重的，构成虚开发票罪。

【伪造、出售伪造的增值税专用发票罪】伪造或者出售伪造的增值税专用发票的，构成伪造、出售伪造的增值税专用发票罪。伪造或者出售伪造的增值税专用发票二十五份以上或者票面额累计在十万元以上的，应予立案追诉。

【非法出售增值税专用发票罪】非法出售增值税专用发票的，构成非法出售增值税专用发票罪。非法出售增值税专用发票二十五份以上或者票面额累计在十万元以上的，应予立案追诉。

【非法购买增值税专用发票、购买伪造的增值税专用发票罪】非法购买增值税专用发票或者购买伪造的增值税专用发票的，构成非法购买增值税专用发票、购买伪造的增值税专用发票罪。非法购买增值税专用发票或者购买伪造的增值税专用发票二十五份以上或者票面额累计在十万元以上的，应予立案追诉。

【非法制造、出售非法制造的用于骗取出口退税、抵扣税款发票罪】伪造、擅自制造或者出售伪造、擅自制造的可以用于骗取出口退税、抵扣税款的其他发票的，为非法制造、出售非法制造的用于骗取出口退税、抵扣税款发票罪。伪造、擅自制造或者出售伪造、擅自制造的可以用于骗取出口退税、抵扣税款的非增值税专用发票五十份以上或者票面额累计在二十万元以上的，应予立案追诉。

【非法出售用于骗取出口退税、抵扣税款发票罪】非法出售可以用于骗取出口退税、抵扣税款的其他发票的，构成非法出售用于骗取出口退税、抵扣税款发票罪。非法出售可以用于骗取出口退税、抵扣税款的非增值税专用发票五十份以上或者票面额累计在二十万元以上的，应予立案追诉。

【非法制造、出售非法制造的发票罪】伪造、擅自制造或者出售伪造、擅自制造的其他普通发票的，构成非法制造、出售非法制造的发票罪。伪造、擅自制造或者出售伪造、擅自制造的不具有骗取出口退税、抵扣税款功能的普通发票一百份以上或者票面额累计在四十万元以上的，应予立案追诉。

【非法出售发票罪】非法出售其他普通发票的，构成非法出售发票罪。非法出售普通发票一百份以上或者票面额累计在四十万元以上的，应予立案追诉。

七　侵犯知识产权罪

【假冒注册商标罪】未经注册商标所有人许可，在同一种商品上使用与其注册商标相同的商标，情节严重的，为假冒注册商标罪。假冒注册商标涉嫌下列情形之一的，应予立案追诉：（1）非法经营数额在五万元以上或者违法所得数额在三万元以上的；（2）假冒两种以上注册商标，非法经营数额在三万元以上或者违法所得数额在二万元以上的；（3）其他情节严重的情形。

【销售假冒注册商标的商品罪】销售明知是假冒注册商标的商品，销售金额数额较大的，构成销售假冒注册商标的商品罪。销售明知是假冒注册商标的商品，涉嫌下列情形之一的，应予立案追诉：（1）销售金额在五万元以上的；（2）尚未销售，货值金额在十五万元以上的；（3）销售金额不满五万元，但已销售金额与尚未销售的货值金额合计在十五万元以上的。

【非法制造、销售非法制造的注册商标标识罪】伪造、擅自制造他人注册商标标识或者销售伪造、擅自制造的注册商标标识，情节严重的，构成非法制造、销售非法制造的注册商标标识罪。伪造、擅自制造他人注册商标标识或者销售伪造、擅自制造的注册商标标识，涉嫌下列情形之一的，应予立案追诉：（1）伪造、擅自制造或者销售伪造、擅自制造的注册商标标识数量在二万件以上，或者非法经营数额在五万元以上，或者违法所得数额在三万元以上的；（2）伪造、擅自制造或者销售伪造、擅自制造两种以上注册商标标识数量在一万件以上，或者非法经营数额在三万元以上，或者违法所得数额在二万元以上的；（3）其他情节严重的情形。

【假冒专利罪】假冒他人专利，情节严重的，构成假冒专利罪。假冒他人专利，涉嫌下列情形之一的，应予立案追诉：（1）非法经营数额在二十万元以上或者违法所得数额在十万元以上的；（2）给专利权人造成直接经济损失在五十万元以上的；（3）假冒两项以上他人专利，非法经营数额在十万元以上或者违法所得数额在五万元以上的；（4）其他情节严重的情形。

【侵犯著作权罪】以盈利为目的，有下列侵犯著作权情形之一，违法所得数额较大或者有其他严重情节的，构成侵犯著作权罪：（1）未经著作权人许可，复制发行其文字作品、音乐、电影、电视、录像作品、计算机软件及其他作品的；（2）出版他人享有专有出版权的图书的；（3）未经录音录像制作者许可，复制发行其制作的录音录像的；（4）制作、出售假冒他人署名的美术作品的。

【销售侵权复制品罪】以盈利为目的，销售明知是《刑法》第二百一十七条规定的侵犯著作权的复制品，违法所得数额巨大的，构成销售侵权复制品罪。

【侵犯商业秘密罪】有下列侵犯商业秘密行为之一，给商业秘密的权利人造成重大损失的，构成侵犯商业秘密罪：（1）以盗窃、利诱、胁迫或者其他不正当手段获取权利人的商业秘密的；（2）披露、使用或者允许他人使用以前项手段获取的权利人的商业秘密的；（3）违反约定或者违反权利人有关保守商业秘密的要求，披露、使用或者允许他人使用其所掌握的商业秘密的。明知或者应知前述所列行为，获取、使用或者披露他人的商业秘密的，以侵犯商业秘密论。商业秘密，是指不为公众所知悉，能为权利人带来经济利益，具有实用性并经权利人采取保密措施的技术信息和经营信息。权利人，是指商业秘密的所有人和经商业秘密所有人许可的商业秘密使用人。侵犯商业秘密，涉嫌下列情形之一的，应予立案追诉：（1）给商业秘密权利人造成损失数额在五十万元以上的。（2）因侵犯商业秘密违法所得数额在五十万元以上的。（3）致使商业秘密权利人破产的。（4）其他给商业秘密权利人造成重大损失的情形。

八　扰乱市场秩序罪

【损害商业信誉、商品声誉罪】捏造并散布虚伪事实，损害他人的商业信誉、商品声誉，给他人造成重大损失或者有其他严重情节的，构成损害商业信誉、商品声誉罪，涉嫌下列情形之一的，应予立案追诉：（1）给他人造成直接经济损失数额在五十万元以上的；（2）虽未达到上述数额标准，但具有下列情形之一的：①利用互联网或者其他媒体公开损害他人商业信誉、商品声誉的；②造成公司、企业等单位停业、停产六个月以上，或者破产的。（3）其他给他人造成重大损失或者有其他严重情节的情形。

【虚假广告罪】广告主、广告经营者、广告发布者违反国家规定，利用广告对商品或者服务作虚假宣传，情节严重的，构成虚假广告罪。虚假广告宣传，涉嫌下列情形之一的，应予立案追诉：（1）违法所得数额在十万元以上的；（2）给单个消费者造成直接经济损失数额在五万元以上的，或者给多个消费者造成直接经济损失数额累计在二十万元以上的；（3）假借预防、控制突发事件的名义，利用广告作虚假宣传，致使多人上当受骗，违法所得数额在三万元以上的；（4）虽未达到上述数额标准，但两年内因利用广告作虚假宣传，受过行政处罚二次以上，又利用广告作虚假宣传的；（5）造成人身伤残的；（6）其他情节严重的情形。

《最高人民法院关于审理非法集资刑事案件具体应用法律若干问题的解释》规定，广告经营者、广告发布者违反国家规定，利用广告为非法集资活动相关的商品或者服务做虚假宣传，具有下列情形之一的，依照《刑法》第二百二十二条的规定，以虚假广告罪定罪处罚：（1）违法所得数额在十万元以上的；（2）造成严重危害后果或者恶劣社会影响的；（3）二年内利用广告做虚假宣传，受过行政处罚二次以上的；（4）其他情节严重的情形。

明知他人从事欺诈发行股票、债券，非法吸收公众存款，擅自发行股票、债券，集资诈骗或者组织、领导传销活动等集资犯罪活动，为其提供广告等宣传的，以相关犯罪的共犯论处。

【串通投标罪】投标人相互串通投标报价，损害招标人或者其他投标人利益，情节严重的，构成串通投标罪。投标人与招标人串通投标，损害国家、集体、公民的合法利益的，依照串通投标罪的规定处罚。投标人相互串通投标报价，或者投标人与招标人串通投标，涉嫌下列情形之一的，应予立案追诉：（1）损害招标人、投标人或者国家、集体、公民的合法利益，造成直接经济损失数额在五十万元以上的；（2）违法所得数额在十万元以上的；（3）中标项目金额在二百万元以上的；（4）采取威胁、欺骗或者贿赂等非法手段的；（5）虽未达到上述数额标准，但两年内因串通投标，受过行政处罚二次以上，又串通投标的；（6）其他情节严重的情形。

【合同诈骗罪】有下列情形之一，以非法占有为目的，在签订、履行合同过程中，骗取对方当事人财物，数额较大的，为合同诈骗罪：（1）以虚构的单位或者冒用他人名义签订合同的；（2）以伪造、变造、作废的票据或者其他虚假的产权证明作担保的；（3）没有实际履行能力，以先履行小额合同或者部分履行合同的方法，诱骗对方当事人继续签订和履行合同的；（4）收受对方当事人给付的货物、货款、预付款或者担保财产后逃匿的；（5）以其他方法骗取对方当事人财物的。进行合同诈骗，骗取对方当事人财物，数额在二万元以上的，应予立案追诉。

【组织、领导传销活动罪】组织、领导以推销商品、提供服务等经营活动为名，要求参加者以缴纳费用或者购买商品、服务等方式获得加入资格，并按照一定顺序组成层级，直接或者间接以发展人员的数量作为计酬或者返利依据，引诱、胁迫参加者继续发展他人参加，骗取财物，扰乱经济社会秩序的传销活动的，是组织、领导传销活动罪。涉嫌组织、领导的传销活动人员在三十人以上且层级在三级以上的，对组织者、领导者，应予立案追诉。传销活动的组织者、领导者，是指在传销活动中起组织、领导作用的发起人、决策人、操纵人，以及在传销活动中担负策划、指挥、布置、协调等重要职责，或者在传销活动实施中起到关键作用的人员。

【非法经营罪】违反国家规定，有下列非法经营行为之一，扰乱市场秩序，情节严重的，构成非法经营罪：（1）未经许可经营法律、行政法规规定的专营、专卖物品或者其他限制买卖的物品的；（2）买卖进出口许可证、进出口原产地证明以及其他法律、行政法规规定的经营许可证或者批准文件的；（3）未经国家有关主管部门批准非法经营证券、期货、保险业务的，或者非法从事资金支付结算业务的；（4）其他严重扰乱市场秩序的非法经营行为。《最高人民法院关于审理非法集资刑事案件具体应用法律若干问题的解释》规定，违反国家规定，未经依法核准擅自发行基金份额募集基金，情节严重的，依照《刑法》第二百二十五条的规定，以非法经营罪定罪处罚。进行非法经营活动，扰乱市场秩序，涉嫌下列情形之一的，应予立案追诉：（1）违反国家有关盐业管理规定，非法生产、储运、销售食盐，扰乱市场秩序，具有下列情形之一的：①非法经营食盐数量在二十吨以上的；②曾因非法经营食盐行为受过二次以上行政处罚又非法经营食盐，数量在十吨以上的。（2）违反国家烟草专卖管理法律法规，未经烟草专卖行政主管部门许可，无烟草专卖生产企业许可证、烟草专卖批发企业许可证、特种烟草专卖经营企业许可证、烟草专卖零售许可证等许可证明，非法经营烟草专卖品，具有下列情形之一的：①非法经营数额在五万元以上，或者违法所得数额在二万元以上的；②非法经营卷烟二十万支以上的；③曾因非法经营烟草专卖品三年内受过二次以上行政处罚，又非法经营烟草专卖品且数额在三万元以上的。（3）未经国家有关主管部门批准，非法经营证券、期货、保险业务，或者非法从事资金支付结算业务，具有下列情形之一的：①非法经营证券、期货、保险业务，数额在三十万元以上的；②非法从事资金支付结算业务，数额在二百万元以上的；③违反国家规定，使用销售点终端机具（POS机）等方法，以虚构交易、虚开价格、现金退货等方式向信用卡持卡人直接支付现金，数额在一百万元以上的，或者造成金融机构资金二十万元以上逾期未还的，或者造成金融机构经济损失十万元以上的；④违法所得数额在五万元以上的。（4）非法经营外汇，具有下列情形之一的：①在外汇指定银行和中国外汇交易中心及其分中心以外买卖外汇，数额在二十万美元以上的，或者违法所得数额在五万元以上的；②公司、企业或者其他单位违反有关外贸代理业务的规定，采用非法手段，或者明知是伪造、变造的凭证、商业单据，为他人向外汇指定银行骗购外汇，数额在五百万美元以上或者违法所得数额在五十万元以上的；③居间介绍骗购外汇，数额在一百万美元以上或者违法所得数额在十万元以上的。（5）出版、印刷、复制、发行严重危害社会秩序和扰乱市场秩序的非法出版物，具有下列情形之一的：①个人非法经营数额在五万元以上的，单位非法经营数额在十五万元以上的；②个人违法所得数额在二万元以上的，单位违法所得数额在五万元以上的；③个人非法经营报纸五千份或者期刊五千本或者图书二千册或者音像制品、电子出版物五百张（盒）以上的，单位非法经营报纸一万五千份或者期刊一万五千本或者图书五千册或者音像制品、电子出版物一千五百张（盒）以上的；④虽未达到上述数额标准，但具有下列情形之一的：两年内因出版、印刷、复制、发行非法出版物受过行政处罚二次以上的，又出版、印刷、复制、发行非法出版物的；因出版、印刷、复制、发行非法出版物造成恶劣社会影响或者其他严重后果的。（6）非法从事出版物的出版、印刷、复制、发行业务，严重扰乱市场秩序，具有下列情形之一的：①个人非法经营数额在十五万元以上的，单位非法经营数额在五十万元以上的；③个人违法所得数额在五万元以上的，单位违法所得数额在十五万元以上的；③个人非法经营报纸一万五千份或者期刊一万五千本或者图书五千册或者音像制品、电子出版物一千五百张（盒）以上的，单位非法经营报纸五万份或者期刊五万本或者图书一万五千册或者音像制品、电子出版物五千张（盒）以上的；④虽未达到上述数额标准，两年内因非法从事出版物的出版、印刷、复制、发行业务受过行政处罚二次以上的，又非法从事出版物的出版、印刷、复制、发行业务的。（7）采取租用国际专线、私设转接设备或者其他方法，擅自经营国际电信业务或者涉港澳台电信业务进行盈利活动，扰乱电信市场管理秩序，具有下列情形之一的：①经营去话业务数额在一百万元以上的；②经营来话业务造成电信资费损失数额在一百万元以上的；③虽未达到上述数额标准，但具有下列情形之一的：两年内因非法经营国际电信业务或者涉港澳台电信业务行为受过行政处罚二次以上，又非法经营国际电信业务或者涉港澳台电信业务的；因非法经营国际电信业务或者涉港澳台电信业务行为造成其他严重后果的。（8）从事其他非法经营活动，具有下列情形之一的：①个人非法经营数额在五万元以上，或者违法所得数额在一万元以上的；②单位非法经营数额在五十万元以上，或者违法所得数额在十万元以上的；③虽未达到上述数额标准，但两年内因同种非法经营行为受过二次以上行政处罚，又进行同种非法经营行为的；④其他情节严重的情形。

【强迫交易罪】以暴力、威胁手段，实施下列行为之一，情节严重的，构成强迫交易罪：（1）强买强卖商品的；（2）强迫他人提供或者接受服务的；（3）强迫他人参与或者退出投标、拍卖的；（4）强迫他人转让或者收购公司、企业的股份、债券或者其他资产的；（5）强迫他人参与或者退出特定的经营活动的。

【伪造、倒卖伪造的有价票证罪】伪造或者倒卖伪造的车票、船票、邮票或者其他有价票证，数额较大的，是伪造、倒卖伪造的有价票证罪。

【倒卖车票、船票罪】倒卖车票、船票，情节严重的，是倒卖车票、船票罪。

【非法转让、倒卖土地使用权罪】以牟利为目的，违反土地管理法规，非法转让、倒卖土地使用权，情节严重的，构成非法转让、倒卖土地使用权罪。非法转让、倒卖土地使用权，涉嫌下列情形之一的，应予立案追诉：（1）非法转让、倒卖基本农田五亩以上的；（2）非法转让、倒卖基本农田以外的耕地十亩以上的；（3）非法转让、倒卖其他土地二十亩以上的；（4）违法所得数额在五十万元以上的；（5）虽未达到上述数额标准，但因非法转让、倒卖土地使用权受过行政处罚，又非法转让、倒卖土地的；（6）其他情节严重的情形。

【提供虚假证明文件罪】承担资产评估、验资、验证、会计、审计、法律服务等职责的中介组织的人员故意提供虚假证明文件，情节严重的，构成提供虚假证明文件罪。提供虚假证明文件，涉嫌下列情形之一的，应予立案追诉：（1）给国家、公众或者其他投资者造成直接经济损失数额在五十万元以上的。（2）违法所得数额在十万元以上的。（3）虚假证明文件虚构数额在一百万元且占实际数额百分之三十以上的。（4）虽未达到上述数额标准，但具有下列情形之一的：①在提供虚假证明文件过程中索取或者非法接受他人财物的；②两年内因提供虚假证明文件，受过行政处罚二次以上，又提供虚假证明文件的。（5）其他情节严重的情形。

【出具证明文件重大失实罪】承担资产评估、验资、验证、会计、审计、法律服务等职责的中介组织的人员，严重不负责任，出具的证明文件有重大失实，造成严重后果的，为出具证明文件重大失实罪。出具的证明文件有重大失实，涉嫌下列情形之一的，应予立案追诉：（1）给国家、公众或者其他投资者造成直接经济损失数额在一百万元以上的；（2）其他造成严重后果的情形。

【逃避商检罪】违反进出口商品检验法的规定，逃避商品检验，将必须经商检机构检验的进口商品未报经检验而擅自销售、使用，或者将必须经商检机构检验的出口商品未报经检验合格而擅自出口，情节严重的，构成逃避商检罪。逃避商检，涉嫌下列情形之一的，应予立案追诉：（1）给国家、单位或者个人造成直接经济损失数额在五十万元以上的；（2）逃避商检的进出口货物货值金额在三百万元以上的；（3）导致病疫流行、灾害事故的；（4）多次逃避商检的；（5）引起国际经济贸易纠纷，严重影响国家对外贸易关系，或者严重损害国家声誉的；（6）其他情节严重的情形。

九　与公司治理密切相关的其他犯罪

【重大责任事故罪】在生产、作业中违反有关安全管理的规定，因而发生重大伤亡事故或者造成其他严重后果的，为重大责任事故罪。

【强令违章冒险作业罪】强令他人违章冒险作业，因而发生重大伤亡事故或者造成其他严重后果的，为强令违章冒险作业罪。

【重大劳动安全事故罪】安全生产设施或者安全生产条件不符合国家规定，因而发生重大伤亡事故或者 造成其他严重后果的，构成重大劳动安全事故罪。

【危险物品肇事罪】违反爆炸性、易燃性、放射性、毒害性、腐蚀性物品的管理规定，在生产、储存、运输、使用中发生重大事故，造成严重后果的，构成危险物品肇事罪。

【工程重大安全事故罪】建设单位、设计单位、施工单位、工程监理单位违反国家规定，降低工程质量标准，造成重大安全事故的，构成工程重大安全事故罪。

【消防责任事故罪】违反消防管理法规，经消防监督机构通知采取改正措施而拒绝执行，造成严重后果的，构成消防责任事故罪。

【不报、谎报安全事故罪】在安全事故发生后，负有报告职责的人员不报或者谎报事故情况，贻误事故抢救，情节严重的，构成不报、谎报安全事故罪。

【职务侵占罪；贪污罪】公司、企业或者其他单位的人员，利用职务上的便利，将本单位财物非法占为己有，数额较大的，为职务侵占罪。职务侵占，数额在五千元以上的，应予立案追诉。

国有公司、企业或者其他国有单位中从事公务的人员和国有公司、企业或者其他国有单位委派到非国有公司、企业以及其他单位从事公务的人员将本单位财物占为己有的，依照《刑法》第三百八十二条、第三百八十三条贪污罪的规定定罪处罚。

保险公司的工作人员利用职务上的便利，故意编造未曾发生的保险事故进行虚假理赔，骗取保险金归自己所有的，依照《刑法》第二百七十一条职务侵占罪的规定定罪处罚。国有保险公司工作人员和国有保险公司委派到非国有保险公司从事公务的人员利用职务上的便利，故意编造未曾发生的保险事故进行虚假理赔，骗取保险金归自己所有的，依照《刑法》第三百八十二条、第三百八十三条贪污罪的规定定罪处罚。

【挪用资金罪；挪用公款罪】公司、企业或者其他单位的工作人员，利用职务上的便利，挪用本单位资金归个人使用或者借贷给他人，数额较大、超过三个月未还的，或者虽未超过三个月，但数额较大、进行盈利活动的，或者进行非法活动的，构成挪用资金罪。公司、企业或者其他单位的工作人员，利用职务上的便利，挪用本单位资金归个人使用或者借贷给他人，涉嫌下列情形之一的，应予立案追诉：（1）挪用本单位资金数额在一万元至三万元以上，超过三个月未还的；（2）挪用本单位资金数额在一万元至三万元以上，进行盈利活动的；（3）挪用本单位资金数额在五千元至二万元以上，进行非法活动的。具有下列情形之一的，属于“归个人使用”：（1）将本单位资金供本人、亲友或者其他自然人使用的；（2）以个人名义将本单位资金供其他单位使用的；（3）个人决定以单位名义将本单位资金供其他单位使用，谋取个人利益的。

国有公司、企业或者其他国有单位中从事公务的人员和国有公司、企业或者其他国有单位委派到非国有公司、企业以及其他单位从事公务的人员有挪用资金行为的，依照本法第三百八十四条挪用公款罪的规定定罪处罚。

【强迫劳动罪】以暴力、威胁或者限制人身自由的方法强迫他人劳动的，为强迫劳动罪，处三年以下有期徒刑或者拘役，并处罚金；情节严重的，处三年以上十年以下有期徒刑，并处罚金。明知他人实施前述行为，为其招募、运送人员或者有其他协助强迫他人劳动行为的，依照强迫劳动罪的规定处罚。单位犯本罪的，对单位判处罚金，并对其直接负责的主管人员和其他直接责任人员，依照本罪的规定处罚。

【雇用童工从事危重劳动罪】违反劳动管理法规，雇用未满十六周岁的未成年人从事超强度体力劳动的，或者从事高空、井下作业的，或者在爆炸性、易燃性、放射性、毒害性等危险环境下从事劳动，情节严重的，构成雇用童工从事危重劳动罪，有本罪行为，造成事故，又构成其他犯罪的，依照数罪并罚的规定处罚。

【拒不支付劳动报酬罪】以转移财产、逃匿等方法逃避支付劳动者的劳动报酬或者有能力支付而不支付劳动者的劳动报酬，数额较大，经政府有关部门责令支付仍不支付的，构成拒不支付劳动报酬罪。

【伪造公司、企业、事业单位、人民团体印章罪】伪造公司、企业、事业单位、人民团体的印章的，构成伪造公司、企业、事业单位、人民团体印章罪。

【单位行贿罪】单位为谋取不正当利益而行贿，或者违反国家规定，给予国家工作人员以回扣、手续费，情节严重的，构成单位行贿罪。因行贿取得的违法所得归个人所有的，依照本法第三百八十九条、第三百九十条行贿罪的规定定罪处罚。